Kroatische Adriaküste

Zeit für das Beste

Highlights – Geheimtipps – Wohlfühladressen

»Kein Wölkchen am Himmel, die Kuppel über mir blau wie ein Schmetterlingsflügel, das Meer unten dunkler und voller Lichtblitze, darin die Inseln wie gewölbte Schilde.«

Friedrich Georg Jünger, *Dalmatinische Nacht* (1950)

Kroatische Adriaküste
Zeit für das Beste

Cornelia Fischer
Rainer Hackenberg

BRUCKMANN

Oben: Im Hafen von Lošinj.
Mitte: Wasserfallschleier der Plitwitzer Seen
Unten: Kapitänshäuser auf Susak

INHALT

Die Top Ten	6
Neustart für ein Urlaubsziel	8

ISTRIEN

1	Istriens Innerstes	26
2	Poreč	32
3	Pazin, Hum, Roč und Buzet	38
4	Vrsar	42
5	Limfjord	44
6	Rovinj	46
7	Nationalpark Brijuni	50
8	Pula und sein Süden	56
9	Istriens Südostküste	62

KVARNER

10	Zwischen Lovran und Voloskŏ	66
11	Rijeka	74
12	Senj	82
13	Cres	84
14	Lošinj	90
15	Susak	96
16	Premuda, Silba, Olib	98
17	Krk	100
18	Rab	106
19	Pag	110
20	Jadranska Magistrala	112
21	Velebit und Paklenica	114
22	Nationalpark Plitwitzer Seen	118

NORDDALMATIEN

23	Zadar, Nin und Vir	126
24	Der Archipel von Zadar	132
25	Die Kornaten	140
26	Ferieninsel Murter	148
27	Krka-Nationalpark	154
28	Šibenik und Primošten	160
29	Der Archipel vor Šibenik	164
30	Knin und die Dinara	166

MITTELDALMATIEN

31	Inselzitadelle Trogir mit Čiovo	172
32	Split	178
33	Brač, Šolta, Drevnik	186
34	Cetina und Naturpark Biokovo	194
35	Makarska Riviera	198
36	Hvar	204
37	Vis und die Blaue Grotte von Biševo	210

SÜDDALMATIEN

38	»Die Romantische«: Korčula	218
39	Der Pelješac	224
40	Ston	228
41	Mljet	232
42	Lastovo	236
43	Dubrovnik	238
44	Spaziergang auf der Stadtmauer von Dubrovnik	246
45	Die Elafiten	248
46	Cavtat und Konavle	252

NORDKROATIEN

47	Zagreb	256
48	Zagorje und Međimurje	264
49	Varaždin	268
50	Highlights in Slawonien	270

REISEINFOS

Die kroatische Adriaküste von A bis Z	276
Die kroatische Adriaküste für Kinder und Jugendliche	280
Kleiner Sprachführer	284
Register	286
Impressum	288

Oben: Die Küste südlich von Opatija
Mitte: Archaisch: die karstigen Bergrücken auf Rab
Unten: Abendstimmung auf Lošinj

DIE TOP TEN

SCHLEMMEN IN ISTRIEN (S. 26)
Kroatien ist ein Schlaraffenland: die istrischen Trüffel und Austern brauchen den Vergleich mit ihren französischen Artgenossen nicht zu scheuen. Viele Küchen haben in Istrien ihr Bestes gegeben – die italienische, die bäuerliche und die der Fischer. Herausgekommen ist eine selten leckere Menüfolge: Pršut, Risotto mit Tartufi, Muscheln, gegrillte Fische, Lamm und Wildspezialitäten an Njoki oder Fuži, und dazu die berühmten Weine der Region: Prost heißt hier »živjeli«!

DER LUNGOMARE LOVRAN-OPATIJA (S. 66)
Hier, zwischen den Kurorten Lovran und Opatija, promenierte am Meeresufer unter Palmen und Lorbeerbäumen schon vor 100 Jahren die Hautevolee Europas, und als ob die Zeiger der Uhren sich zurückgedreht hätten, strahlen aus alten, gepflegten Gärten Jugendstilvillen und Gründerzeithotels wie am ersten Tag.

DIE PERFEKTE INSEL: RAB (S. 106)
Ganz hoch in der Urlaubergunst: die »glückliche Insel« wartet mit Sonnenscheingarantie und Sandstränden, mit Wanderwegen und Unterhaltung für Jung und Alt auf und nicht zuletzt mit der malerischen Stadt Rab.

DIE JADRANSKA MAGISTRALA (S. 112)
Außerhalb der Hauptreisezeit in den Sommermonaten ist die Jadranska Magistrale eine der Traumstraßen der Welt, und eine Fahrt auf ihr wird zu einem unvergesslichen Erlebnis: im Minutentakt wechseln begeisternde Panoramablicke – auf die von steilen Bergen eingezwängte Küste, das tiefblaue Meer und die dalmatinische Inselwelt.

ABENTEUERLICHER VELEBIT (S. 114)
Die faszinierende Bergwelt des Karst ist nirgendwo einfacher zugänglich, als in den beiden Nationalparks im Velebit-Massiv: Paklenica begeistert Kletterfreunde, Naturliebhaber kommen im UNESCO-Welt-Biosphärenreservat »Nacionalni Park Sjeverni Velebit« rund um den Veliki Alan auf ihre Kosten.

DIE PLITWITZER SEEN (S. 118)
Eine weltberühmte Zaubervorstellung der kroatischen Natur. 16 Seen und dazwischen 92 Wasserfälle: die »Fallenden Seen« zeigen Wasser in allen blaugrünen Farbtönen und in allen möglichen Zuständen: ruhend, sprühend, rauschend, spritzend, tosend, sprudelnd.

DIE KORNATEN (S. 140)
Eine ganz eigene Welt: Die bildschöne Kette unberührter, karger unter Naturschutz stehender Inseln ist eine nautische Traumlandschaft für Segler und ein Eldorado für Individualisten, die ein Mal wie Robinson leben möchten. Die Unterwasserwelt der Inseln begeistert Taucher. Sie gehört zu den artenreichsten Gebieten der Adria.

»ANGESAGT«: HVAR (S. 204)
Zweifellos der Superstar unter Kroatiens schönsten Inseln: die sonnige Lavendelinsel mit der charmanten, venezianisch geprägten Stadt Hvar wurde vom internationalen Jetset entdeckt – Cafés, Bars, Hotels haben sich auf die luxusverwöhnte Klientel eingestellt.

HERRLICHES DUBROVNIK (S. 238)
Die Welterbe-Stadt ist ein »Muss« für jeden Europareisenden: in ihrem Hafen legen die größten internationalen Kreuzfahrtschiffe an. Glücklich, wer sie im Frühjahr oder Herbst besuchen und sich ihren vielen kulturell bedeutenden Sehenswürdigkeiten mit Muße widmen kann!

ZAGREB (S. 256)
Kroatiens liebenswerte Hauptstadt hat eine hohe Lebensqualität – und zwei Gesichter: da schmückt sich die geschäftige Unterstadt mit gepflegten Parkboulevards und klassizistischen Repräsentationsbauten und bietet mit der Ilica eine attraktive Shoppingmeile von europäischem Format. Und von ihr abgehoben ist die altehrwürdige Oberstadt nicht nur Sitz von Parlament und Erzbischof, sondern auch der Platz für den »Bauch von Zagreb«: den malerischen Dolac-Markt.

Oben: Der Archipel von Zadar
Mitte: Der Sommer in Gläsern: Verkaufsstand mit Eingelegtem
Unten: Das Hotel Therapia in Crikvenica hat nostalgisches Flair.

Neustart für ein Urlaubsziel

Kroatien, das charaktervolle kleine Land zwischen Adria und Pannonischer Ebene nimmt unter den Reiseländern Europas eine ganz besondere Stellung ein. Da lockt zum einen die mediterrane Bilderbuchwelt mit Denkmal-Städten, Sonneninseln und einer spektakulären Natur, zum anderen schleichen sich Berührungsängste ein: der Balkan als Kriegsherd ist bei vielen noch lebhaft in Erinnerung.

Dieser Kontrast – die faszinierende Landschaft und die Schönheit des kulturellen Erbes auf der einen Seite, eine politische Altlast als Resultat einer jahrhundertelangen verhängnisvollen Geschichte auf der anderen Seite – scheint sich einem idealen Urlaubsziel zu widersetzen. Doch liegt gerade in dieser Spannung eine Herausforderung, die von Kroatien und seiner tüchtigen Bevölkerung in den letzten fünfzehn Jahren auf eine beeindruckende Art und Weise angenommen worden ist. Alles veränderte sich binnen kurzer Zeit zum Positiven hin: der Adriastaat hat sich aufs Feinste herausgeputzt, die weltoffene Mittelmeerkultur hat über Nationalismus und Separatismus den Sieg davon getragen. Als Kroatien 2005 offiziell dem kulturräumlichen Begriff Mitteleuropa zugeschlagen wurde, fiel nicht wenigen Kroaten ein Stein vom Herzen. Im Dezember 2011 unterschrieb Kroatien den EU-Beitrittsvertrag. Am 1. Juli 2013 wird Kroatien der 28. Mitgliedsstaat der EU.

»Destination des Jahres«

Diesen Titel, jährlich vergeben vom Verband der Europäischen Reisebüros und Reiseveranstalter, heimste 2011 Kroatien ein. Zugrunde liegen Top-

Steckbrief Kroatien

Lage: Kroatien liegt auf der Balkanhalbinsel in der Übergangszone von Ostmitteleuropa nach Südosteuropa; das Staatsgebiet umfasst einen kontinentalen Nordteil und einen schmalen, extrem langgezogenen südlichen Küstenstreifen, der durch einen 3 km breiten, zu Bosnien-Herzegowina gehörenden Korridor (Neum) unterbrochen ist.

Fläche: Festlandsteil 56 542 km^2, Meeresterritorium 31 067 km^2

Küstenlänge: 6278 km, davon 4398 km Küste von Inseln

Hauptstadt: Zagreb

Landesflagge:

Amtssprache: Kroatisch; in Istrien und in Rijeka auch Italienisch, in Nordostslawonien gibt es ungarische Sprachinseln.

Einwohner: Die amtliche Zahl lautet 4 429 078 Einwohner. Nur vier Städte weisen eine sechsstellige Einwohnerzahl auf: die Hauptstadt Zagreb (779 145 Einwohner). Es folgen mit deutlich weniger Einwohnern Split, Rijeka und Osijek.

Währung: Kuna (HRK); 1 Kuna = 100 Lipa

Zeitzone: MEZ und MSZE

Geografie: Drei Landschaftszonen charakterisieren Kroatien: die pannonische Tiefebene mit kontinentalem Klima, die dinarische Gebirgsregion und die adriatische Küstenregion mit mediterranem Klima.

Staat und Verwaltung: Kroatien ist eine parlamentarische Mehrparteienrepublik. Das Parlament (Sabor) hat 152 Abgeordnete aus einzelnen Wahlkreisen; die Auslandskroaten verfügt über einen eigenen Wahlkreis. Staatsoberhaupt ist der Präsident, er wird unmittelbar durch das Volk gewählt. Verwaltungstechnisch ist Kroatien in 20 Gespanschaften eingeteilt, die sich ihrerseits in 426 Gemeinden bzw. 124 Städte gliedern.

Wirtschaft und Tourismus: Seit der Unabhängigkeit Kroatiens findet ein Umbauprozess von der ehemals sozialistischen Wirtschaftsform hin zur Marktwirtschaft statt. 59 % der Wirtschaftsleistung stammen aus dem Dienstleistungszweig, 32 % aus der Industrie und 9 % aus der Landwirtschaft. Der Tourismus ist neben dem Schiffsbau der wichtigste Wirtschaftszweig.

Religion: Der überwiegende Teil der Bevölkerung gehört der röm.-kath. Kirche an (87 %), 4,4 % der orthodoxen Kirche, 1,3 % dem Islam.

Bevölkerung: Laut letzter Volkszählung (2001) besaßen 99 % die kroatische Staatsangehörigkeit, 89 % bezeichneten sich als Kroaten. Minderheit sind mit 4,5 % die Serben, gefolgt von vielen anderen Ethnien, die alle jeweils unter 1 % liegen: Italiener, Bosnier, Ungarn, Albaner, Slowenen, Roma, Montenegriner und Mazedonier.

Oben: Uralte Steinhütte auf einem Feld bei Rovinj
Mitte: Am Strand bei Dubrovnik
Unten: In der dalmatinischen Mittagshitze steht alles still.

Zahlen: 1185 Inseln, 2786 Sonnenstunden im Jahr, 17 Kultur- und Naturgüter mit dem UNESCO-Gütesiegel, 10,6 Millionen Besucher. Das ergibt zusammen ein Kapital, auf das Kroatiens gesamtes Wirtschaftssystem setzt: der Tourismus ist die sprudelndste Geldquelle des Landes, ein Fünftel des Bruttoinlandsproduktes verdankt sich ihm, dementsprechend kräftig wird in ihn investiert. 500 Hotels, 80 Ferienresorts, 300 Campingplätze, Apartmentanlagen und zahllose Privatquartiere.

Das Land wartet auf neue Reisende, auf neue Entdecker. Dieses Buch soll dazu verführen, Kroatien zu besuchen. Es soll Begleiter für alle Erkundungen sein, zu Highlights führen, Wege zeigen zu den besten Gaststätten, spektakulärsten Naturschönheiten, schönsten Stränden. Wer schon mal dort war, der trägt für immer das einzigartige Kroatien-Feeling in sich: sonnenwarme Städte mit Kulturdenkmälern, die bis in die Antike zurückreichen, opulente Tafelrunden, warmherzige Menschen. Ein azurblaues Meer. Ein funkelnder Sternenhimmel. Jeder Sommer ein Jahrhundertsommer.

Istrien oder Dalmatien oder ...

Kroatien, das sind nicht nur die beiden Adria-Regionen Istrien und Dalmatien, die freilich mit speziellen Highlights punkten. Istrien, die herzförmige Halbinsel im Nordwesten Kroatiens, ist sicherlich schon alleine wegen ihrer Nähe zu Zentraleuropa attraktiv. Sie lockt mit kulinarischen Sensationen, italienischer Leichtigkeit, pittoresken Städtchen, einem unberührten Hinterland. Verlockend nah ist die Gelegenheit zum »Insel-Hopping« in die Kvarner-Bucht mit den beliebten Urlaubszielen Cres, Lošinj, Krk und Rab.

Dalmatien setzt auf Superlative: es hat mehr National- und Naturparks, es hat die schönsten

Neustart für ein Urlaubsziel

Strände an einer schier unendlichen Küste, es hat mit der Dinara den höchsten Berg und mit Ist die kleinste bewohnte Insel Kroatiens. Überhaupt liegt die überwiegende Anzahl der Inseln vor der dalmatinischen Küste. Einige sind über Dämme oder Brücken bequem erreichbar. Der Rest von ihnen wird mit Fähren angesteuert.

Doch auch das Landesinnere Kroatiens ist außerordentlich reizvoll, mit den Wäldern und Karstflüssen von Lika, mit den Plitwitzer Seen, mit der Kornkammer Slawonien und der malerischen Hügellandschaft des Hrvatsko zagorje.

Urlaub in Kroatien

Die Begrüßung »Dobro Došli« werden Sie von den gastfreundlichen Einheimischen sehr oft hören. »Willkommen« zu sagen, das hat in Kroatien Tradition: Der moderne Tourismus begann im 19. Jahrhundert mit dem Ausbau der Landstraßen und Eisenbahnlinien. Das erste komfortable Hotel wurde 1840 in Opatija eröffnet. Heute steht Kroatien als Reiseziel ganz oben auf der Liste der Urlauber. Längst hat es das Image als Billigreiseland für Camper hinter sich gelassen. Dort, wo vor zwanzig Jahren noch sozialistisch-verwahrloste Ferienanlagen die schönsten Badeplätze besetzt hielten, haben Investoren gründlich aufgeräumt. Mit Erfolg. Die wettbewerbsorientierte Tourismusbranche setzt auf Qualität, Sterne-Niveau, »Rund-um-die-Uhr-Animation« und: Wachstum.

Noch vor zehn Jahren konnte man in Kroatien einsame Strände und Badebuchten finden. Heute ist ein Großteil der zugänglichen Festlandküste mit Hotelanlagen und Apartmenthäusern dicht gespickt. Leichter findet sich das Gefühl der »splendid isolation« auf den Inseln. Cres, Brač, Hvar, Korčula, Vis – hier gibt es noch kleine ur-

Oben: Sportangler auf See
Mitte: In der Altstadt von Rovinj geht man auf Pflastersteinen aus römischer Zeit.
Unten: Ein klassisches Souvenir: Pager Spitzen

Oben: Strandleben auf der Insel Vir
Mitte: In Zadar: ein Maraschinobecher vor dem Bild der Kathedrale
Unten: Dancing Night im Hotel Park, Split

sprüngliche Fischerdörfer. Individualreisende haben es nicht schwer, Ferienwohnungen, durchaus auch mit Motorboot, zu mieten. Oft gelingt es sogar noch vor Ort, im Gespräch mit einem Einheimischen, einen tollen Tipp für ein Quartier oder eine Hauskonoba zu erhalten.

Sonne und Strand

Nach offizieller Zählung weist Kroatien die enorme Küstenlänge von 4057 km auf, natürlich sind da alle Ufermeter der Inseln mit einberechnet. Die überwiegende Zahl der fast 1200 Inseln sind winzig kleine Eilande oder aus dem Meer aufragende Felsriffe, wo Robinsons ihr Glück finden. Vor der dalmatinischen Küste liegen hunderte Inseln – allein der Kornaten-Archipel zählt etwa 150. Die stark gegliederte Festlandküste bietet eine reizvolle Vielfalt an Stränden: Felsbuchten, Kieselstrände, selten aber doch auch Sandstrände. Tief eingeschnittene Meeresbuchten, Halbinseln und Landzungen prägen die bewegte Küstenlinie in Istrien und im Kvarner. Hier bestimmen Fels- und Kiesstrände das Uferbild, Sonnenhungrige lassen sich auf den von Wind und Wasser geschliffenen Felsplatten nieder, tiefgrün funkelt das Meer.

Türkisblau wie in der Karibik leuchtet das Meer an den Sandstränden Dalmatiens. Landschaftlich besonders reizvoll sind die Strände an der Makarska-Riviera, für die das direkt hinter der Küste aufragende Biokovo-Gebirge den malerischen Kontrast liefert. Der Strand von Brela an der Riviera von Makarska gehört zu den bekanntesten Stränden in Kroatien, ebenso das weit ins Meer hinausragende berühmte »Goldene Horn« auf der Insel Brač. Zahlreiche Strände Kroatiens werden seit Jahren mit dem internationalen Umweltsymbol »Blaue Flagge« ausgezeichnet. Die Badesaison geht von Mitte Mai bis Mitte Oktober.

Neustart für ein Urlaubsziel

Aktivurlaub

Urlauber, die in den großen Hotelanlagen gebucht haben und denen das sich in der Sonne aalen irgendwann doch zu langweilig wird, können aus einem vielseitigen Angebot sportlicher Aktivitäten wählen: die Resorts setzen mit Tennisplätzen, Swimmingpools, Korbball- und Fußballplätzen, Minigolf-Bahnen, Trimmpfaden und Animationsprogrammen aller Art voll auf den Fitness-Trend. Der Karst präsentiert sich küstenseitig in Form von eindrucksvoll kargen, felsigen Gebirgszügen wie dem Velebit. Landeinwärts dagegen zeigt er ein gänzlich anderes, grünes Gesicht. Aktivurlauber müssen sich im Karst nicht nur mit Wandern oder Radfahren begnügen, das sportliche Angebot reicht von Klettern über Jagen bis zu Rafting oder Höhlenerkundungen. Der nautische Tourismus ist eine Trumpfkarte, die Kroatien eindrucksvoll ausspielt: Insgesamt 98 Häfen können angelaufen werden, davon 58 Marinas. Die Gesamtkapazität aller kroatischen Marinas beträgt 16 848 Liegeplätze im Meer und 5209 Landliegeplätze.

Geografie

Das Staatsgebiet Kroatiens grenzt im Nordwesten an Slowenien, im Norden an Ungarn, im Nordosten an Serbien, im Osten an Bosnien und Herzegowina und im Südosten an Montenegro. Mit seiner Inselwelt reicht es tief in die Adria hinein und teilt sich hier mit Italien eine lange Seegrenze.

Istrien

Mit rund 3200 km² bildet das herzförmig in die Adria gebettete Karstland die größte Halbinsel der Adria. Der Küstensaum zwischen Umag und Pula, der zu den frequentiertesten Ferienregionen des Mittelmeerraumes gehört, wird als die neue Côte d'Azur gehandelt. Warum? Weil Traumbuchten,

Oben: Auf der Überfahrt nach Pag
Mitte: Sonnenlage: Apartmenthäuser in Rabac
Unten: Üppige Pflanzenpracht

Oben: Unterwegs in den Kornaten
Mitte: Pfefferoni- und Knoblauchzöpfe findet man auf jedem Markt.
Unten: Malerischer Winkel im Bergstädtchen Labin

sauberes Wasser, romantische Städtchen und schicker Lifestyle in einem Atemzug genannt werden mit dem Zauberwort »erschwinglich«. Wenige Kilometer landeinwärts gelangt man bereits in dünn besiedeltes Hinterland, erwachen uralte Städtchen, aus deren Mitte ein Kirchturm ragt und die fast alle auf einem Hügel thronen, nur sommers zu Leben.

In der kalten Jahreszeit versinken sie wieder hinter ihren dicken Festungsmauern in Winterschlaf. Istrien haben viele Zivilisationen ihren kulturellen Stempel aufgedrückt. Slawen und Römer, Italiener und Österreicher haben die Sprache und Kultur Istriens mit geschaffen. Italienisch beherrschen viele Istrianer wie ihre Muttersprache, und auch in den Kochtöpfen ist das romanische Erbe ebenso deutlich zu spüren wie das der Donaumonarchie.

Kvarner

Im Nordwesten Istrien streifend, nach Süden Dalmatien zugewandt, ist Kvarner die mittlere der drei großen touristischen Regionen entlang der kroatischen Küste. Ursprünglich bezeichnete der Name nur den Meeresteil der Adria zwischen Istrien und der Insel Cres; im weiteren Sinne heißt mittlerweile die gesamte Meeresregion mit dem Insel-»Quartett« Cres, Lošinj, Krk und Rab sowie das angrenzende Festland Kvarner, und die Touristikbranche rechnet auch noch die Gespanschaft Primorsko-Goranska mit dem dünn besiedelten Mittelgebirge Gorski Kotar (»Kroatische Schweiz«) im Hinterland dazu.

Dalmatien

Der 330 km lange Küstenstreifen an der Adria bildet den Südwesten Kroatiens. Hier finden sich sowohl raue Karstgebirge mit steil ins Meer abfal-

Neustart für ein Urlaubsziel

lenden Felsen als auch sanfte Strände und fruchtbare Ebenen. Im Meer liegen hunderte Adria-Inselchen, sie stellen immerhin 2000 der insgesamt 12 000 km² Dalmatiens.

Die Inseln

Kroatien hat mit seinem Inselreich einen unvergleichlichen Schatz. Einen Schatz aus lauter verschiedenen Kostbarkeiten: da sind bewaldete Inseln und Inseln aus nacktem Stein, Inseln mit Seen und Inseln ganz ohne Trinkwasser, Inseln mit Steilküsten und Inseln mit flachen Sandstränden, Inseln mit uralten Städten und Inseln ohne jegliche Spuren von Zivilisation, Inseln für Pauschalurlauber und Inseln für den Jetset, autofreie Inseln und Inseln mit Fährhäfen. Bis man ein Kenner der ostadriatischen Inselwelt ist, braucht es viele Jahre: Sie ist ein guter Grund, immer wieder nach Kroatien zu fahren.

Nordkroatien und Slawonien

Zugegeben, der kontinentale Teil von Kroatien liegt im Schatten der Adria, der beliebtesten Urlaubsregion Kroatiens. Dennoch ist auch dieser Landesteil sehr interessant und vielgestaltig: Eingebettet in die idyllische Landschaft des Hrvatsko zagorje mit seinen Weingärten, Wiesen und Hügeln sind historische Schlösser und zahlreiche Thermalquellen; das erdige Međimurje an der Grenze zu Ungarn und Slowenien ist ein Eldorado für Angler und Jäger.

In Slawonien und Baranja, im Osten Kroatiens, dehnt sich eine authentische bäuerliche Landschaft in endlos scheinenden, fruchtbaren Ebenen aus, deren natürliche Grenzen die Flüsse Save, Drau und Donau zu den Nachbarstaaten Ungarn, Bosnien-Herzegowina und Serbien bilden.

Oben: Die altkroatische Heiligkreuzkirche in Nin
Mitte: Meeresfrüchte stehen immer auf der Menükarte.
Unten: Weit draußen in der Adria: die Insel Vis

Geschichte im Überblick

1200 v. Chr. An der Adriaküste lässt sich die indogermanische Volksgruppe der Illyrer nieder.

500 v. Chr. Gründung griechischer Handelsniederlassungen.

168 v. Chr. Die Römer unterwerfen die dalmatischen Illyrer und richten die Provinz Illyricum ein.

34 v. Chr. Der spätere römische Kaiser Augustus erobert das gesamte Gebiet zwischen Adriaküste und pannonischer Ebene.

8 v. Chr. Kaiser Augustus richtet die Provinz Dalmatia ein.

536 Dalmatien und Istrien gelangen unter byzantinische Herrschaft.

600 Das zentralasiatische Reitervolk der Awaren dringt auf den Balkan ein.

7. Jh. Das slawische Volk der Kroaten wird vom byzantinischen Kaiser Herakleios nach Illyrien und Dalmatien gerufen, um ihm beim Kampf gegen die Awaren beizustehen.

9. Jh. Der Name der Kroaten wird erstmals urkundlich erwähnt.

846 Fürst Trpimir begründet in Nin die erste kroatische Herrscherdynastie.

925 Fürst Tomislav, der Enkel von Fürst Trpimir wird zum ersten König von Kroatien gekrönt.

1102 Kroatien gerät durch ein Abkommen in Personalunion zu Ungarn, der Ungarnkönig Koloman krönt sich in Biograd zum »König von Ungarn, Kroatien und Dalmatien«.

1409 Venedig kauft Zadar; in der Folgezeit dominiert der venezianische Einfluss entlang der Adriaküste.

15./16. Jh. Kroatien und Ungarn erleiden schwere Gebietsverluste durch die Expansion des Osmanischen Reiches. Istrien erlebt unter dem Einfluss Venedigs seine Blütezeit.

1527 Der kroatische Adel wählt Ferdinand I. von Habsburg zu seinem König.

1593 Das vereinte kroatische und habsburgische Heer schlägt bei Sisak die Türken.

1797 Mit dem Frieden von Campoformio löst Österreich Venedig als Ordnungsmacht an der östlichen Adria ab. Das Königreich Dalmatien verbleibt bis zum Ende der Donaumonarchie 1918 ein österreichisches Kronland, mit Unterbrechung zur Zeit der Napoleonischen Kriege 1805–1814/15.

1868 Kroatien erhält als Teil der k. u. k.-Monarchie weitgehende Autonomie und ein eigenes Parlament.

1918 Nach dem Ende des 1. Weltkriegs fallen Istrien, Cres und Lošinj an Italien; Kroatien wird mit Serbien im »Königreich der Serben, Kroaten und Slowenen«

vereinigt (ab 1929 »Königreich Jugoslawien«).

1934 Kroatische Nationalisten ermorden den serbischen König Alexander.

Zweiter Weltkrieg 1941 dringt die Deutsche Wehrmacht in Jugoslawien ein, große Teile Dalmatiens fallen an Italien, in Restkroatien errichtet die Ustascha mit Hilfe von Hitler und Mussolini eine totalitäre Diktatur. Kommunistische Partisanen organisieren den antifaschistischen Widerstand unter Führung von Josip Broz Tito.

1945 Bei Wahlen erhält die kommunistische Volksfront 90 % der Stimmen; Tito ruft die »Sozialistische Föderative Volksrepublik Jugoslawien« aus.

1953 Tito wird Staatspräsident der »Sozialistischen Föderativen Republik Jugoslawien« mit Kroatien als Teilrepublik.

4. Mai 1980 Tod Titos. Der Zusammenhalt des Landes beginnt zu bröckeln; Erstarken nationalistischer Strömungen.

1990 Die antiserbische »Kroatisch-Demokratische Union« (HDZ) gewinnt unter Franjo Tuđjman die erste freie Wahl.

1991 Franjo Tuđjman (1922–1999) erklärt Kroatiens Unabhängigkeit. Die von Serben dominierte Jugoslawische Volksarmee will die Abspaltung der »Souveränen Republik Kroatien« verhindern. Die Krajna-Serben erobern Ostslawonien und das dalmatinische Hinterland.

1992 Kroatien wird von der EU völkerrechtlich anerkannt und daraufhin Mitglied der UN.

1993 Die kroatische Armee erobert die serbisch besetzten Gebiete zurück.

1995 Friedensvertrag von Dayton.

2000 Bei den Wahlen erringt das oppositionelle Bündnis aus Sozialdemokraten und Liberalen über 40 % der Stimmen, Kroatiens wird eine parlamentarische Demokratie.

2004 Beginn der Beitrittsverhandlungen mit der Europäischen Union.

2009 Kroatien wird Mitglied in der NATO; nach dem Rücktritt von Premierminister Ivo Sanader wird Jadranka Kosor (HDZ) zur Premierministerin gewählt.

9.12.2011 Kroatien unterzeichnet in Brüssel den EU-Beitrittsvertrag.

4.12.2011 Bei den Parlamentswahlen erhält die Sozialdemokratische Partei (SDP) 45 % der Stimmen; Zoran Milanovic bildet eine linksliberale Allianz.
Die sehr schlechte Wirtschaftslage mit einer Auslandsverschuldung von 103 % des Bruttoinlandsproduktes, die Korruption der politischen Führungsmitglieder und die hohe Arbeitslosigkeit werden als Gründe für den erneuten Machtwechsel genannt.

1. Juli 2013 Kroatien wird 28. Mitgliedsstaat der Europäischen Union.

Oben: Lesereife Malvasia-Trauben
Mitte: Fischerboot im Hafen von Rovinj
Unten: Kroatiens Flora ist überaus vielfältig.

Pflanzenwelt und Tierreich

Es gibt wohl nur wenige Regionen, in denen die Natur auf so engem Raum einen solchen Reichtum bietet wie Kroatien. Mit seiner biologischen Artenvielfalt nimmt Kroatien einen Spitzenplatz unter den Ländern Europas ein, einzelne Gebiete zählen sogar zu den artenreichsten Gegenden der Welt.

Natürlich ist die Flora und Fauna des kroatischen Küstengebietes mediterran, da sie jedoch biogeographisch an die eurosibirische Region angrenzt, begegnet sich hier die mediterrane, mitteleuropäische und alpine Pflanzenwelt. Besonders dicht ist die Biodiversität im Velebit und im Biokovo. Dort, wo auf den Inseln und entlang der Küste, wie in anderen Gebieten des Mittelmeeres auch, in vergangenen Jahrhunderten die Wälder abgeholzt und niedergebrannt wurden, hat sich die Macchia mit ihrer typischen Gestrüppmischung aus Mastixsträuchern, Salbei, Lavendel, Rosmarin, Disteln, Myrte und Ginster entwickelt, die in der Sommerhitze ihre ätherischen Öle freisetzt. Dann zieht sich der würzige Duft kilometerweit ins Festland hinein.

Seit dem 19. Jahrhundert wurde es geradezu ein Hobby kroatischer Naturliebhaber subtropische Gewächse hierher zu verpflanzen: Agaven, Aloen, Oleander, Palmen, Tamarisken, Granatäpfel, Eukalyptus, Orangen und Zitronen, Kamelien und Bougainvilleas fühlen sich im kroatischen Klima so wohl, dass man sie heute als landestypische Pflanzen empfindet.

Im Küstenbereich reifen wegen des milden Winters Obst und Gemüse fast zwei Monate früher als im kontinentalen Landesteil, hier gedeihen auch andere Mittelmeerkulturen wie Feigen, Mandeln, Johannisbrotbäume und die berühmten Maraska-Sauerkirschen. Nicht selten bietet sich dem Rei-

Neustart für ein Urlaubsziel

senden der fantastische Kontrast eines üppigen »Garten Eden« vor den kahlen Karstfelsen der Küstengebirgszüge. Doch finden sich in Kroatien auch dichte Wälder: Der Wald von Motovun ähnelt mit seinem Eichenbestand den slawonischen Wäldern; die Wälder des größten istrischen Gebirges Učka führen in Baum-Gürteln zum Gipfel: Esskastanien und Lorbeerbäume werden von Hainbuchen und Eichen abgelöst. Das regenreiche, von vielen Bächen durchzogene Gorski kotar weist eine Waldfläche von 63 % auf.

Wegen des Doppelklimas ist auch die Tierwelt Kroatiens mannigfaltig. Vogelfreunde geraten in Kroatien ins Schwärmen: Alpen- und Felsensegler sind zu beobachten, Weißkopfgeier und Gänsegeier, Goldadler, Grasmücke, Lerche und viele andere Singvögel. Auf dem Vransko-See bei Biograd findet man neben Wasserhühnern, Tauchenten und anderen Schwimmvögeln eine große Reiher-Kolonie. Zahlreiche Vögel nisten auch im Unterlauf der Neretwa, wo Zugvögel wie der afrikanische Kuckuck und die Trappe überwintern, und die Feuchtgebiete Slawoniens zählen für eine Vielzahl von Vögeln zu den wichtigsten Schutzzonen Europas überhaupt.

Unter den besonderen Säugetieren sind die Braunbären und Wölfe in den Gebirgsregionen die Stars, in den Höhen des Biokovo-Gebirges trifft man auf Mufflons und Gämsen, auf der Halbinsel Pelješac und auf den Inseln Mljet und Korčula lebt der Schakal, der hier den entferntesten Punkt seiner Verbreitung in Europa erreicht. Auf Mljet, Korčula und Pelješac raschelt der graue Mungo im Gebüsch, der Anfang des 20. Jahrhunderts zur Vernichtung von Giftschlangen aus Indien eingeführt wurde. Die Aufgabe hat er prima erledigt. Unter Schutz gestellt ist die größte Schlange Europas, die über 2 m lange, ungiftige Vierstreifennatter. Säugetiere leben auch in der Adria: der geschützte Delphin und der

Oben: Landschaftsimpression im Kvarner
Mitte: Spielende Bärenkinder in ihrem Reservat in Kuterevo
Unten: Bougainvillea-Blütenrausch auf der Insel Lošinj

Oben: Amphitheater in Pula
Mitte: Rijeka besitzt prächtige historische Stadthäuser.
Unten: Archäologische Fundstücke im Museum von Vis

mediterrane Seebär, eine seltene Robbenart, die sich an den Ufern unbewohnter Inseln und Riffe südlich von Hvar aufhält. Der typische Karst-Höhlenbewohner ist der Grottenolm. Viele Sagen umgeben das absonderliche, pigmentlose Lebewesen, das in völliger Dunkelheit in unterirdischen Karstgewässern lebt. Erstmals entdeckt wurde der Grottenolm 1768 – seit damals ist er der Stolz eines jeden kroatischen Höhlenführers.

Kunst und Kultur

Kroatien ist überreich an Kulturdenkmälern aller Epochen, und weil es, an der Schnittstelle zwischen Orient und Okzident, stets ein ethnischer Schmelztiegel war, findet sich hier auf engstem Raum ein Schatzhaus unterschiedlichster historischer Relikte. Sechs davon sind so bedeutend, dass sie in die UNESCO-Liste des Weltkulturerbes aufgenommen wurden: das illyrisch-altgriechische Grabungsfeld Starogradsko polje auf der Insel Hvar, der spätantike Diokletianpalast in Split, die byzantinische Euphrasius-Basilika in Poreč, die großartig erhaltenen Altstädte von Dubrovnik und Trogir sowie die Kathedrale Sv. Jakov in Šibenik.

Das Schicksal der Kroaten ist seit jeher von der Lage als Grenzland bestimmt. Im 4. Jahrhundert verlief hier im östlichen Adriaraum die Grenze zwischen dem West- und dem Oströmischen Kaiserreich; im 9. Jahrhundert jene zwischen dem Frankenreich und dem byzantinischen Reich, und ab Beginn der Neuzeit drei kriegerische Jahrhunderte lang jene zwischen dem christlichen Europa und dem Osmanenreich. Damit war die vom heutigen Staat so spürbar verklärte mittelalterliche Zeit vorbei, als Kroatien vom 9. bis zum 12. Jahrhundert ein stolzes unabhängiges Königreich war und mit der glagolitischen Schrift ein bedeutendes kulturell eigenständiges Zeichen setzte.

Neustart für ein Urlaubsziel

Städtereisende kommen in Kroatien aus dem Staunen nicht heraus. Nirgendwo sonst in Südosteuropa gibt es eine so vielschichtige urbane Kultur. Jede Stadt hat ihre Eigenart. Pula und Split tragen die Signatur der römischen Antike. Frühbyzantinische Zeugnisse sind in Poreč zu bewundern. Zur ersten Jahrtausendwende wurde unter dem ungarisch-kroatischen König Ladislav I. der Grundstein des Zagreber Doms gelegt. Die prächtigsten Gebäude Istriens und Dalmatiens stammen aus der Zeit der venezianischen Herrschaft, die vom 14. bis zum 18. Jahrhundert währte.

Geniale Baumeister wie Juraj Dalmatinac und Nikola Firentinac schufen an der Stilwende von der Gotik zur Renaissance so herrliche Bauwerke wie den Dom von Šibenik oder die Pforte von Sv. Petar in Trogir. Nicht nur Dubrovnik, das sich bereits 1358 von Venedig emanzipierte und als Seerepublik Ragusa zu Macht und Reichtum gelangte, hat eine authentisch erhaltene Altstadt, sondern auch die wunderbar musealen Inselstädte Pag, Hvar und Korčula. Ein Sprachrohr der Geschichte ist die eindrucksvolle Festungsarchitektur an Land und auf See: von den 50 Festungsanlagen, die gegen den Türkensturm errichtet worden sind, sind die monumentalen Fortifikationen von Šibenik und Karlovac die wohl bedeutendsten. Viele Städte Nordkroatiens sind im Kern barock: am üppigsten blühte im 18. Jahrhundert Varaždin auf, das damals für kurze Zeit die Hauptstadt Kroatiens war.

Kroatien ist stolz auf sein reiches kulturelles Erbe und setzt es stolz in Szene: Dubrovnik wird zur Zeit der Sommerfestspiele ebenso zu einer einzigartigen Kulisse wie das Amphitheater von Pula den großartigen Rahmen für das Filmfestival abgibt oder die barocken Kirchen und Paläste in Varaždin zum Schauplatz eines herbstlichen Musikfestivals werden. Und natürlich bewahren die 225

Oben: Split ist eine Stadt der Jugend.
Mitte: Antike Statue in der Archäologischen Sammlung in Nin
Unten: Dort sind auch mittelalterliche Schiffe zu bewundern.

Oben: Der venezianische Löwe ist an der kroatischen Adria oft zu finden.
Mitte: Byzantinische Mosaiken der Euphrasius-Vasilika in Poreč
Unten: Reiterrelief an der Fassade des Rathauses von Pula

Museen und Galerien Kroatiens einen Kulturschatz von unfassbarem Wert: mit zu den wichtigsten Einrichtungen zählen das bereits 1820 gegründete Museum Kroatischer Archäologischer Denkmäler in Split, das hochbedeutende Exponate aus der Zeit des mittelalterlichen Königtums besitzt, das Archäologische Museum in Zadar mit seinen frühgeschichtlichen und antiken Sammlungen und das Museum des Dominikanerklosters in Dubrovnik. Der Kunst der Gegenwart ist das spektakuläre, 2009 eröffnete Museum für zeitgenössische Kunst in Zagreb gewidmet. Und dann begegnet dem Kulturreisenden überall noch ein Name: Ivan Meštrović (1883–1962). Die Skulpturen des bekanntesten kroatischen Bildhauers des 20. Jahrhunderts sind in Kroatien allgegenwärtig. Am berührendsten begegnet man dem Künstler aber wohl in seinem einstigen Zagreber Atelier.

In der Literatur wird Kroatien immer wieder thematisiert, oder dient als Schauplatz eindrucksvoller Geschichten, wie z.B.:
Friedrich Georg Jünger: *Dalmatinische Nacht*. Erzählungen. Tübingen 1950.
Heimito von Doderer: Roman No 7. *Die Wasserfälle von Slunj*. München 1963.
Miroslav Krleža: *Illyricum Sacrum*. Klagenfurt 1996
Miroslav Krleža: *Zadars Gold und Silber*. Klagenfurt 2007
Predrag Matvejevic: *Das andere Venedig*. Klagenfurt 2007
Marica Bodrozic: *Der Windsammler*. Erzählungen. Suhrkamp Verlag, Frankfurt a. M. 2007
Mirko Kovač: *Die Stadt im Spiegel*. Roman. Köln 2007
Alida Bremer u.a. (Hrsg.): *Südliche Luft: 20 Liebeserklärungen an Kroatien*. Berlin 2008
Elisabeth Bremekamp/Karlheinz Pütz (Hrsg.): *Fern vom Lärm der Welt*. 44 Liebeserklärungen an Nerezine. Ein Lesebuch. Köln 2011

Neustart für ein Urlaubsziel
Nationalparks und Naturschutz

Kroatien besitzt acht Nationalparks mit einer Gesamtfläche von 36 000 Hektar und dazu noch elf Naturparks. Die Liste des UNESCO-Weltnaturerbes führt der Nationalpark Plitvička jezera (Plitwitzer Seen) an, er ist der älteste und bekannteste kroatische Nationalpark. Das 145 km lange Gebirgsmassiv des Velebit weist gleich drei geschützte Gebiete auf: den größten Teil des Gebirges nimmt der Velebit-Naturpark ein, der sich auf der UNESCO-Liste internationaler Biosphärenreservate befindet. Hier leben Braunbären, Wölfe und Luchse in freier Wildbahn. An der Südseite des Velebit erstreckt sich der wegen seiner Nähe zum Meer und seiner grandiosen Schluchten besonders attraktive Nationalpark Paklenica. Der Nationalpark Nördlicher Velebit ist der biologisch wertvollste Teil der Gipfelregion. Schließlich sind auf dem Festland auch noch der Nationalpark Risnjak, ein überwiegend bewaldetes Gebirgsmassiv nördlich von Rijeka, und der Nationalpark Krka mit seinem spektakulären Karstfluss für Wanderer anziehend.

Von den kroatischen Inseln sind vor der Westküste Istriens die Brijuni-Inseln, in Mitteldalmatien die Kornati als geologisch dichteste Inselgruppe im Mittelmeerraum und die grüne Insel Mljet als Nationalparks deklariert. Als Naturparks ausgewiesen sind die Telašćica-Bucht im Südosten der Insel Dugi Otok und der gesamte Lastovo-Archipel in Süddalmatien. Neben Waldreservaten (das Učka-Gebirge im Osten Istriens, das slawonische Papuk-Gebirge, der Biokovo-Gebirgszug entlang der Makarska-Riviera und das pittoreske Berggebiet Žumberak bei Zagreb) sind die beiden Sumpfgebiete im Donaubecken Kopački rit und Lonjsko polje als Naturparks unter besonderen Schutz gestellt. Vogelfreunde begeistern sich auch im Naturpark Vransko jezero, dem größten natürlichen See Kroatiens, an der Artenvielfalt.

Oben: Der Brijuni-Archipel
Mitte: Ausgrabungen aus der Antike auf Veli Brijun
Unten: Die Seen im Landesinneren liegen oft reizvoll versteckt inmitten von Wäldern.

ISTRIEN

1 Istriens Innerstes
Eine Genusstour — 26

2 Poreč
Kulturjuwel mit altem Pflaster — 32

3 Pazin, Hum, Roč und Buzet
Kroatische Schrift und istrischer Schinken — 38

4 Vrsar
Bischöfliche Ferienresidenz und Mekka der Nackedeis — 42

5 Limfjord
Ein stilles Refugium — 44

6 Rovinj
Venedigs kleine Schwester — 46

7 Nationalpark Brijuni
Titos subtropischer Inseltraum — 50

8 Pula und sein Süden
Wo schon die Römer badeten — 56

9 Istriens Südostküste
Ein spannender Winkel — 62

ISTRIEN

1 Istriens Innerstes
Eine Genusstour

Seine Naturschätze machen Istrien zu einem Schlaraffenland. Da werden Fasane, Rebhühner und Wachteln mit dem bereits von Vergil gepriesenen istrischen Olivenöl zubereitet, mit Trüffeln garniert und zu Malvazija oder Teran gereicht. Weil Liebe bekanntlich durch den Magen geht, nähert man sich diesem an Geschichte und Kultur so reichen Fleckchen Erde sicherlich am besten mit einer Genusstour.

Die alten Römer sprachen vom »Ziegenland«, und dass die Istrier viel später die Ziege als heraldisches Symbol wählten, mag der Dankbarkeit geschuldet sein, die sie dem genügsamen Milchtier entgegen brachten. Wenn Sie während Ihrer Istrien-Tour Mousse von Ziegenquark probieren oder getrüffelten Ziegenkäse kosten, dann wissen Sie, warum die Wappenziege vergoldet ist. Genuss und Eile, das ist ein Widerspruch. Für eine solche Rundreise braucht es Muße: wo es sich leben lässt wie Gott in Kroatien, dort sollten alle Sinne offen sein für kostbare Erlebnisse. Rechnen Sie also mindestens eine Übernachtung ein, um Zeit für alle Genüsse zu haben, die Istrien bietet.

Von Umag nach Buje

Umag ist ein guter Ausgangspunkt für die Rundfahrt, denn wer möchte nicht – jedenfalls zur Hochsaison – aus dem Rummel entfliehen. Eigentlich hat das Städtchen eine Altstadt, die mehr bietet als Lokale und Geschäfte. Da ist die 1515 errichtete Rochuskapelle und der noch ältere Campanile, da sind die zwei mächtigen mittelalterlichen Wehrtürme und die barocke Pfarrkirche. Damit nicht genug, liegen ein paar Kilometer

Seite 24/25: Ein absolutes Highlight: der Blick auf die Altstadt Rovinjs
Mitte: Weinberge, ein Hügel und oben ein kleines Städtchen, hier Buje
Unten: Umag ist ein ideales Urlauberstädtchen.

Istriens Innerstes

nördlich von Umag die Ausgrabungen der römischen Siedlung Sipar. Auffallender aber ist, dass der ganze 30 Kilometer lange Küstenabschnitt von Kap Savudrija bis Novigrad mit Hotels, Campingplätzen und Apartmentanlagen gespickt ist, und Umag im Zentrum davon liegt.

Lieber mal weg von der lauten Wasserfront, hinaus aufs Land! Denn riechen könne man die Adria, so meinte einmal der Schriftsteller Milo Dor, bis dreißig Kilometer ins Binnenland. Dort thronen malerische Städtchen auf den grünen Hügelkuppen, Alleen, Weingärten, Zypressen verleihen der Landschaft ein kultiviertes, toskanisches Gepräge. Es ist nicht weit in das mittelalterliche Buje, das seinem Hügel wie auf einem breiten Kamelhöcker aufsitzt. Vom Trg Slobode genießt man an klaren Tagen einen herrlich weiten Blick hinunter aufs Meer, manchmal sogar hinüber bis nach Caorle. Die Bilder vom Strandgedrängel bleiben dabei vollkommen ausgeblendet.

Ein venezianischer Palazzo erzählt vom 15. Jahrhundert, dort wo die Pfarrkirche Sv. Servola aufragt, stand einst ein römischer Tempel. Das kleine Volkskundemuseum bietet Gelegenheit, sich über den Olivenanbau und das mühsame Bauernleben in der »guten, alten Zeit« einen Eindruck zu verschaffen. Dem theoretischen Wissen muss sogleich die sinnliche Erfahrung folgen, schließlich geraten bei den istrischen Olivenölen selbst die verwöhntesten Feinschmecker ins Schwärmen. So gilt Tranquilino Beletic mit seinem Betrieb Al Torcio als einer der besten Olivenölerzeuger der Welt.

Etwas abseits von Buje, in einer Stichstraße, die leicht übersehen werden kann, lohnt die »Casa Romantica La Parenzana« dem hungrigen Gast den Besuch mit landestypischer Küche und herrlichen Weinen aus der Gegend. Benannt wurde das

AUTORENTIPP!

ISTRIENS WINZER SIND TOP

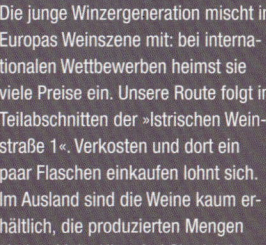

Die junge Winzergeneration mischt in Europas Weinszene mit: bei internationalen Wettbewerben heimst sie viele Preise ein. Unsere Route folgt in Teilabschnitten der »Istrischen Weinstraße 1«. Verkosten und dort ein paar Flaschen einkaufen lohnt sich. Im Ausland sind die Weine kaum erhältlich, die produzierten Mengen sind zu klein. Hier sind Sie richtig:

Moreno Coronica. Der Schwerpunkt liegt auf der fruchtigen autochthonen Rebsorte Malvazija istarska. Koreniki 86, 52470 Umag, Tel. 052/73 03 57

Vinarija Veralda. Das Weingut ist berühmt für seine seltenen Sorten, den Rotwein Ancellotta und den halbtrockenen Weißwein Verduzzo. Kršin 4, 52474 Brtonigla, Tel. 052/77 41 11, www.veralda.hr

Franko Radovan. Der Chardonnay, Cabernet Sauvingnon und Teran des jungen Winzers wurde schon oft mit Goldmedaillen dekoriert. Radovani 14, 52463 Višnjan, Tel. 052/46 21 66

Moreno Degrassi. Der beste Rotwein hier ist ein Cuvée und heißt »Terre blanche«. Basanija, 52475 Savudrija, Tel. 052/75 98 44

AUTORENTIPP!

DIE FRESKEN VON BERAM

Von Motovun sind es nur 16 km zu der anrührendsten Sehenswürdigkeit Istriens: zu Meister Vinzenz und seinem Totentanz. Die Bewohner des Dörfchens Beram wissen die suchenden Blicke der fremden Besucher zu deuten. Nicken Sie auf die Frage »freske?«, wird man Ihnen den Weg zur Familie Sestan zeigen, die den Schlüssel zur Waldkapelle hat. Die gesamte Wandfläche von Sv. Marija na Škriljinah (»Maria im Fels«) wurde 1474 von Vinzenz aus Kastav bemalt, signiert hat er sein Fresko über der seitlichen Eingangstür. Sicherlich, auch die Fresken an der Süd- und Nordwand, die das Leben von Maria und Jesus darstellen, verdienen Aufmerksamkeit, aber der Totentanz an der Westseite greift dem Betrachter direkt ins Herz: mit welch frischer Naivität hat der Künstler hier seine Zeitgenossen dargestellt, wie müssen da ohne Unterschied des Standes Kaufmann, Wirt, König, Bettler, Kardinal und Papst mit den musizierenden Gerippen den Reigen tanzen. Bloß einer fehlt: der Bauer!

Die Fresken von Beram. Den Schlüssel zur Waldkapelle bewahrt die Fam. Sestan auf (Haus Nr. 38).

ISTRIEN

Haus nach seiner Lage an der ehemaligen k. u. k. Bahnstrecke Triest-Poreč. Heute verbindet auf deren Trasse ein Radweg Buje mit dem Burgenstädtchen Motovun, dem Künstlerdorf Grožnjan und dem Trüffelmekka Livade. Manche meinen, es sei eine der schönsten Radstrecken am Mittelmeer.

Momjan und Brtonigla

Von Buje empfiehlt sich in nordöstlicher Richtung ein Abstecher in das reizende Winzerdorf Momjan, auf ein Glas des goldgelben Momjaner Muskateller. Man sagt, der Wein mit dem intensiven Nelkenbouquet sei ein vorzügliches Aphrodisiakum. Im Nachbarort San Mauro lebt bei der Familie Sinković »Jack«, Istriens einziges Trüffelschwein.

In südwestlicher Richtung geht es bergauf nach Brtonigla. Das schon 1104 wegen seiner dunklen Erde als »Schwarzer Garten« erwähnte Bauerndorf entstand in der Nachbarschaft eines Benediktinerklosters. Die angenehm luftige Lage schätzten später die Bischöfe von Novigrad, die hier ihre Sommerresidenz errichteten. An den sonnigen Hängen reiften gewiss schon damals die Weintrauben, und die Gegend war und ist wegen ihres Wildreichtums berühmt.

Im Frühling, wenn hier das Weinfest des Malvazija Istra gefeiert wird, kommt wilder Spargel mit frischen Kräutern auf den Tisch, zu Ostern gibt es gebratenes Spanferkel oder das traditionelle Osterlamm. Im Herbst erfreuen Wachteln und Fasane die Feinschmecker, oder Ragout von Hasen oder Hirsch, begleitet von intensiv duftendem, dunkelrotem Teran oder strohgelbem Malvazija des Weinguts Veralda. Nach der Weinlese endlich beginnt die Zeit des »Weißen Trüffels«, nicht genug damit ist dann auch die Hauptzeit der Tintenfische, der Seezungen und Krabben …

Istriens Innerstes

Višnjan und Grožnjan

Eine Viertelstunde Fahrzeit auf der E 751 entfernt, südlich des Mirnatals, schneidet ein anderer Meister seines Fachs die Reben: der freundlich bescheidene Franko Radovan gilt Weinkennern als »istrischer Trumpf im Hintergrund«. Ein Stückchen östlich von Višnjan kreuzt die Landstraße die D21, die sich in immer steileren Kurven durch den Wald in das Künstlerdörfchen Grožnjan hinaufwindet, das schon zu Titos Zeiten ein Herzeigeobjekt für die Revitalisierung Inneristriens war. Über dem zauberhaften, von einer ovalen Stadtmauer umgebenen mittelalterlichen Ort schwebt zur Zeit der Sommermusikschule eine vielstimmige Klangwolke. Mehr als 30 Galerien laden zum Schauen, Unterhalten und Kunstkaufen ein. Den Rest des Jahres gehören die winkeligen Gassen und kleinen Plätze den knapp zweihundert Einwohnern und den ebenso vielen Katzen. Der Blick von hier oben schweift ins Mirnatal, auf die Kuppen der Učka-Wälder, und bleibt hängen beim Anblick einer »weißen Stadt«: Das ist Motovun, das absolute, unverzichtbare Gourmetziel.

Trüffel aus Livade und Motovun

Die beste Trüffelzeit ist Mitte September bis Ende Januar, wenn Tuber Magnatum Pico, die berühmte weiße Trüffel, aufgespürt wird. Der Weg ist bestens ausgeschildert: TARTUFI. Und wieder: TARTUFI. Vis-à-vis von Motovun liegt das wenig attraktive Straßendorf Livade. Es ist das Heimatdorf des Trüffelpapstes Giancarlo Zigante. Und deshalb steht an der Straßenkreuzung sein berühmtes Restaurant. Seit dieser Glückspilz 1999 in der Nähe eine 1,31 Kilo schwere Trüffel gefunden hat, ist der Name des umtriebigen Geschäftsmannes zur Marke geworden. In allen größeren Orten Istriens, sogar in München und selbstverständlich im Internet unterhält Zigante Shops, in denen

Oben: Die ursprünglichen Bergdörfer in Istriens Hinterland lohnen die Entdeckungsreise.
Mitte: Mittelalterliche Loggia in Grožnjan
Unten: Glockenturm und Stephanskirche in Motovun

ISTRIEN

Tartufi, Tartufi-Öl und Tartufi-Pasten zu haben sind. Ob er wohl daran denkt, dass seine Kasse klingelt, weil im 19. Jahrhundert der österreichische »k. u. k. Marinewaldagent« Josef Ressel (genau, der Erfinder der Schiffsschraube), beauftragt mit der Aufforstung Inneristriens, hier entlang der Mirna die Eichen pflanzte?

Motovun jedenfalls hat Ressel mit einer Gedenktafel geehrt. Und weil man den schönsten Blick auf ein Tal immer von oben genießt, darf man die abenteuerliche Serpentinenauffahrt dorthin nicht scheuen: Motovun ruht 277 Meter hoch auf einem Felsen; zum Glück gibt es auf der ehemaligen Bastei des Kastells zwischen dem ersten und zweiten Festungsring einen Parkplatz. Die sichere Lage mit Rundumblick wussten schon die Kelten zu schätzen, nach ihnen die Römer, Goten, Byzantiner, Langobarden, Venezianer. Die wunderschöne Stadt, gegliedert in eine romanisch-gotische Unterstadt und die Oberstadt mit der Burg, hat ihren mittelalterlichen Charakter bewahrt.

Eine holprige, kopfsteingepflasterte Gasse führt steil hinauf zum Kastell, links wie rechts locken Geschäfte zum Souvenirkauf und Weinstuben zur Einkehr. Doch rufen bedeutende Baudenkmäler zur Besichtigung auf: als Architekt der dreischiffigen Kirche Sv. Stjepan (1614) wird kein Geringerer als Palladio genannt, älter sind das Rathaus und der Campanile neben der Kirche (13. Jahrhundert), die Stadtloggia (14. Jahrhundert) und der Polesini-Palast (16. Jahrhundert). Zum Sightseeing gehört auch der Rundgang auf der knapp 500 Meter langen inneren Mauer, und eigentlich sollte man ihn zur Stunde des Sonnenuntergangs machen, und sich entschließen, hier zu übernachten. Dann steht einem opulenten Abendschmaus mit Maneštra, Pršut, Njoki, und ja, auch Tartufi, nichts mehr im Wege.

Oben: Das Hotel Kastel in Motovun ist eine erste Adresse für Genussreisende.
Unten: Wehrtürme und Stadttore: Nach Motovun kommt man auf mittelalterlichen Pflasterwegen.

Istriens Innerstes

Infos und Adressen

ESSEN UND TRINKEN

Astarea. Im urigen Lokal werden Tintenfischrisotto und Seeteufel auf offenem Feuer gekocht und gebraten. Ronkova 6, 52474 Brtonigla, Tel. 052/77 43 84, www.konoba-astarea-brtonigla.com

Damir & Ornela. Die exquisite Fischkonoba ist Kult, Tische nur bei Reservierung! Ul. Zidine 5, 52441 Novigrad, Tel. 052/75 81 34

Konoba Loggia. Dorfgasthaus auf dem Marktplatz von Oprtalj, eine viertel Autostunde von Grožnjan entfernt: original istrische Hausmannskost vom Feinsten. 52428 Oprtalj, Tel. 052/64 42 19

Konoba Marino. Authentische istrische Küche; in idyllischer ländlicher Lage mit Wasserfall, Grotte und einer alten Wassermühle. Kremenje 96b, 52462 Momjan, Tel. 052/77 90 47, www.konoba-marino-kremenje.hr

Konoba Morgan. Nach der Ortsausfahrt Richtung Buje rechts versteckt sich dieses hervorragende Wildspezialitätenrestaurant. Reservierung ratsam! Bracanija 1, 52474 Brtonigla, Tel. 052/77 45 20

Restaurant Pepenero. Küchenchef Marin Rendić hat ein ausgesprochenes Faible für die Molekularküche. Sv. Antona 4, 52441 Novigrad, Tel. 052/75 85 42, www.pepenero.cittar.hr

Torci 18. Restaurant mit Pension hinter der Stadtmauer. Istrische Küche mit Gemüse, Salaten der Saison und vor allem Olivenöl. Torci 34, 52441 Novigrad, Tel. 052/75 71 74, www.torci18.hr

Zigante. In der Küche des berühmten 2-Hauben-Lokals steht Damir Modrusan. 4-Sterne-Apartments in einem Steinhausanbau. Livade 7, 52427 Livade-Levade, Tel. 052/66 43 02, www.zigantetartufi.com

ÜBERNACHTEN

Hotel Sol Aurora. 4 Sterne, All-Inclusive-Hotel direkt am Meer, in den Katalogen vieler Reiseveranstalter. Katoro bb, 52470 Umag, Tel. 052/71 70 00

Casa Romantica La Parenzana. 16 Zimmer in einem renovierten historischen Steinhaus. Hauseigene Konoba mit regionalen Spezialitäten, zubereitet unter der »Cripnja« (Tonhaube). Volpia 3, 52460 Buje, Tel. 052/77 74 60, www.parenzana.com.hr

Hotel Kastel. Wohlfühlen mit Restaurant, Wellness und Spa. Trg. Andrea Antico 7, 52424 Motovun, Tel. 052/68 16 07, www.hotel-kastel-motovun.hr

Landhotel San Rocco. Oberklasse-Landhotel mit Pool und Sauna, fünf Kilometer vom Meer entfernt, das dazu gehörende Restaurant ist ein Gourmetziel. Srednja Ulica 2, 52474 Brtonigla-Verteneglio, Tel. 052/72 50 00, www.san-rocco.hr

EINKAUFEN

Agro-millo. Besichtigung und Verkostung direkt beim Olivenölerzeuger, aber nur nach vorheriger Anmeldung, denn der Besuch muss in den bäuerlichen Alltag eingeplant werden. Baredine 16, 52460 Buje, Tel. 052/77 42 56, www.agro-millo.hr

Al Torcio. Kostbares Olivenöl von uralten Bäumen! Strada Comtessa 22a, 52441 Novigrad, Tel. 052/75 80 93, www.altorcio.hr

INFORMATION

Touristisches Informationszentrum Istrien.
Pionirska 1, 52440 Poreč, Tel. 052/45 27 97, www.istra.hr

Weithin leuchten die reifen Kürbisse.

ISTRIEN

2 Poreč
Kulturjuwel mit altem Pflaster

Was wohl der Marquis Polesini dazu sagte, ließe man ihn bei einem Panoramaflug aus der Pilotenkanzel runterschauen? Würde er seine paradiesische Riviera noch erkennen, die sich auf einer Länge von 50 Kilometern zum größten Badeplatz Istriens verwandelt hat? Ja doch, das da unten, auf der tropfenförmigen Landzunge, das muss sein »Parenzo« sein, und davor, im Tiefblau der Adria, das Nikola-Inselchen und die Klippe Barbaran.

Der Unternehmungsgeist des italienischen Adeligen steht am Anfang des 160 Jahre später so boomenden Tourismus: Nachdem 1844 die Dampfschiffgesellschaft Österreichischer Lloyd eine Ausflugslinie eingeführt hatte, die auch Poreč ansteuerte, ließ der Marquis an der Uferpromenade einen Palast errichten, wo illustre Besucher der Euphrasius-Basilika standesgemäß absteigen konnten. Das elegante Haus gibt es heute noch, es firmiert unter dem Namen »Valamar Riviera Hotel & Residence« und zählt nach wie vor zum Besten, was einem Gast vor Ort geboten wird. Spätestens als dann 1910 mit dem Bau des ersten großen Hotels Riviera (es trägt heute den stolzen Namen »Grand Hotel Palazzo«) auf der Südseite der Stadt ein Seebad eröffnet wurde, setzte der Gästestrom ein. In der Tito-Ära waren der Ort und seine Umgebung schließlich endgültig zum Urlaubsort für jedermann geworden.

Mitte: Eine einzigartige Stadtlandschaft: die Halbinsel Poreč
Unten: Der gotische Sincic-Palast an der Decumanus

Heute ist die Porečer Riviera ein Hotspot des kroatischen Tourismus, der in der Hochsaison bei weitem mehr Gäste als Einwohner zählt. Viele von ihnen kommen mit der Touristenbahn, die vom Campingplatz Zelena Laguna bis zur Marina Poreč

verkehrt, in die Weltkulturerbe-Stadt, um zu bummeln, zu shoppen, einem Sommernachtskonzert zu lauschen.

Welterbe und Ferienstädtchen

Auch wenn sich da und dort, wo der Zweite Weltkrieg dem Stadtbild Bombenwunden zufügte, moderne Architektur eingeschlichen hat, auch wenn die Gegenwart des Ferienstädtchens recht quirlig ist, Poreč besitzt eine zeitlose Würde. Dieses Kulturjuwel entdecken, das heißt in dem verschachtelten Städtchen mit offenen Augen durch die Gassen zu schlendern, die noch mit Steinen aus der Römerzeit gepflastert sind, auf dem Marktplatz Trg J. Rakovca je nach Jahreszeit an Pfirsichen zu schnuppern oder geröstete Kastanien zu naschen, hier ein gotisches Fenster zu bewundern, da einen romanischen Torbogen oder Holzbalkon.

Museal ist Poreč keineswegs, dazu ist es viel zu sehr erfüllt von mediterraner Lebensart und levantinischer Geschäftigkeit. Doch die Stadt weist eine Geschichte auf, die tief im Mythos der Vorzeit ankert: Ob nun der Trojaner Paris die Siedlung wirklich gegründet hat, spielt dabei keine Rolle. Die Annalen von Poreč sind auch so eindrucksvoll

Oben: Blick über die Altstadtdächer hinüber zur Insel Sv Nikola
Mitte: Das wunderbar restaurierte Theater von Poreč
Unten: Kurios: das Romanische Haus

Eufrasijeva: das herrliche byzantinische Apsismosaik

AUTORENTIPP!

FOTOJAGD AUF EINEN LÖWEN
Eine istrische Rätselralley könnte sich Löwen zum Suchobjekt nehmen. Man begegnet ihnen unentwegt: der geflügelte Markuslöwe, markante Symbolfigur venezianischer Herrschaft, ist ein Leitmotiv der kroatischen Küstenregion. Dem aufmerksamen Betrachter fällt ein interessanter Unterschied auf: einmal ruht die Pranke der in Stein gemeißelten Raubkatze auf der aufgeschlagenen, ein anderes Mal auf der zugeklappten Bibel. So gibt sie Auskunft darüber, ob sich ihre Herren hier in friedlichen oder kriegerischen Zeiten festsetzten, denn auf den Seiten des aufgeschlagenen Buches ist zu lesen: PAX TIBI MARCE EVANGELISTA MEUS (»Friede sei mit Dir, Markus, mein Evangelist«).
Wo er in Poreč ist? Nun, ein kleiner Hinweis: Der Namensvetter Nicolo Lion errichtete den Wehrturm, der am Anfang der Decumanus den Markuslöwen trägt.

genug. Fest steht, dass die Römer eine von ihnen vorgefundene Siedlung in ein Castrum umgebaut haben, das später zur blühenden Handelskolonie »Julia Parentium« wurde. Bis auf den heutigen Tag hat sich das antike Straßennetz mit der Decumanus und der sie kreuzenden Cardo Maximus erhalten, Trümmer von Tempeln, Tafeln und Statuen sind in der Dekumanska 9 zu besichtigen.

Die Eufrasijeva

Eine Wende in der Stadtgeschichte leitete die Ausbreitung des Christentums ein. Sie ist mit Maurus, dem ersten Bischof von Poreč, verknüpft, der hier zur Zeit des Diokletian den Märtyrertod erlitt. Aus dieser Zeit, als die Anhänger des neuen Glaubens sich noch heimlich zum Gebet treffen mussten, stammt das berühmte Fischmosaik von Poreč. Als etwa 150 Jahre später Byzanz die Herrschaft über Istrien antrat, ließ Bischof Euphrasius die erste, dem heiligen Maurus geweihte Kirche durch eine monumentale Basilika aus feinstem Marmor ersetzen. Biegt man von der Decumanus in die Gasse Sv. Eleuterija ein, so fällt dieses auf der Liste des UNESCO-Welterbes stehende Bauwerk aus dem 6. Jahrhundert kaum auf, so sehr

Poreč

Spaziergang durch die Altstadt

Die meisten Besucher beginnen ihren Rundgang durch das Weltkulturerbe am 1447 errichteten **fünfeckigen Wehrturm »Peterokutna kula«** A. Er diente zur Verstärkung eines älteren Mauerturms und zeigt genau in jene Richtung, aus der die Bewohner von Poreč den Ansturm der Türken befürchteten. Weitere Zeugnisse aus der venezianischen Zeit von »Parenzo« legen die vielen Palazzi ab, die entlang der **Decumanus** B, der Cardo und im mittelalterlichen Zentrum am Platz Matije Gupca zu entdecken sind.

Ein geradezu magischer Ort ist die **Euphrasius-Basilika** C, einer der größten Kulturschätze Kroatiens. Ihr Besuch verschlägt jedem Besucher die Sprache, nur wenige Meter von der lärmenden Decumanus herrschen hier Stille und Staunen.

Die Besichtigung der **Franziskanerkirche** D bedeutet einen Geschichtssprung und radikalen Stilkontrast. Die ursprünglich gotische Kirche und das dazugehörende Kloster wurden später barockisiert. Im schönen Festsaal, der heute für Kunstausstellungen und Konzerte Verwendung findet, tagte zur Zeit der Österreichisch-Ungarischen Monarchie das Istrische Parlament.

Barock ist auch das Ambiente des **Heimatmuseums** H im Sinčić-Palast. Hier sind prähistorische Funde, antike und mittelalterliche Exponate sowie eine ethnographische Sammlung zu sehen. Längs der mittelalterlichen Stadtmauer führt die **Obala** E in weitem Bogen um die Altstadt herum, gibt den Blick auf das Meer frei, auf die Masten der vertäuten Segelboote und die kleine grüne Insel Sveti Nikola. Cafés an der mit Palmen bepflanzten Riva laden zu einem Ristretto ein. Oder lässt man sich lieber in einem der Korbstühle auf dem **Trg Marafor** F nieder? Er war einst das Forum Romanum, die Säulenreste gehörten einst dem Neptuntempel, der niedlich kleine Tempel im Park an der Stadtmauer war dem Kriegsgott Mars geweiht. Sie fühlten sich hier sicher, die alten Römer.

Das im 11.–13. Jahrhundert errichtete **Romanische Haus** G erreicht man, kurz bevor der Decumanus in den Trg Marafor mündet.

Atrium der Euphrasius-Basilika

A **Fünfeckturm**

B **Decumanus**

C **Euphrasius-Basilika.** Während des Gottesdienstes ist keine Besichtigung gestattet, geöffnet täglich 7–20 Uhr.

D **Franziskanerkirche und Istrischer Landtag**

E **Obala** und **Riva**

F **Trg Marafor**

G **Romanisches Haus**

H **Zavižajni muzej Poreštine** (Heimatmuseum) Dekumanska 9; geöffnet täglich 9–12 Uhr, im Sommer auch 18–22 Uhr. Tel. 052/43 15 85

AUTORENTIPP!

EINE ERFRISCHUNGSTOUR: DIE JAMA-TROPFSTEINHÖHLE

Sieben Kilometer östlich von Poreč, in der Nähe des Dorfes Nova Vas, befindet sich 66 Meter unter der Erde die spektakuläre Tropfsteinhöhle Jama Baredine.
Ein Führer mit Taschenlampe öffnet die Türe, dann geht es einen Schacht hinunter. Nach einer hohen Eingangshalle geht es hinunter in den »Roten Saal«, die Tropfsteine werden vom »Weißen Turm von Pisa« bis zum »Spaghettisaal« immer länger und länger, zuletzt bilden im »Vierten Saal« die 100 000 Jahre alten Tropfsteinfahnen einen weißen Vorhang. Die letzte Sensation hier ist der »Figurensaal« mit dem »Schneemann«, einer »Madonna« im See und einem bleichen Grottenolm. Wieder an der Oberfläche und im Sonnenlicht, können sich Unermüdliche dann auch noch (gegen eine Extragebühr) im »Speleo-Climbing« versuchen.

Jama Baredine. Geöffnet April–Okt. 10–16 Uhr, im Sommer 9.30–18 Uhr. Führung ca. 1 Std., Eintritt für Erwachsene 35 HRK. Nova Vas, 52440 Poreč, Tel. 052/42 13 33.
www.baredine.com

ISTRIEN

ist der Kirchenkomplex samt Baptisterium und Bischofspalast mit dem steinernen Winkelwerk der Stadtarchitektur verschmolzen.

Einzig das byzantinistische Mosaik über dem Eingangstor weist den Weg. Doch auch dann muss man sich in diesem spätantiken Bau erst orientieren. Narthex und Atrium bilden Vorräume, links des Atriums sind das oktogonale Baptisterium und der Glockenturm zu sehen. Am besten, man besteigt ihn gleich und verschafft sich von oben einen Eindruck über die Gebäude. Nördlich hinter dem Atrium befindet sich der Bischöfliche Palast, die dreischiffige Basilika mit ihren drei Apsiden ist nach Osten ausgerichtet: »ex oriente lux«. Im Inneren des Sakralbaus wird der Blick sofort vom Altarraum gefangen: Über dem Triumphbogen der Mittelapsis sieht man Christus mit den Zwölf Aposteln, in der Kuppel thront Maria mit dem Kind, umgeben von Heiligen, in die sich selbstbewusst auch der Bauherr mit dem Kirchenmodell im Arm eingereiht hat. Zusammengesetzt ist diese Bilderfolge aus Millionen von Edelsteinen und schimmernden Perlmutt- und Goldplättchen.

MAL EHRLICH

MASSENABSPEISUNG UNTER DECK

Mit zu den Highlights eines Istrienurlaubs zählt eine Ausflugsfahrt mit einem Schiff. Denn von See aus präsentieren sich die wunderbaren Küstenstädte von ihrer schönsten Seite. Aber sondieren Sie das breite Angebot. Auf manchem Kutter weiß man nicht, ob der Dieselgestank aus der Kombüse oder aus dem Motorraum des Schiffes kommt. Die gegrillten Makrelen auf Krautsalat jedenfalls sind von zweifelhafter Qualität. Besser, Sie heuern eines der Taxiboote von Kleinunternehmern an und kaufen vorher am Markt ihr Picknick ein.

Poreč

Infos und Adressen

ESSEN UND TRINKEN
Mario. Auch bei Einheimischen beliebten Lokal mit solider istrischer Hausmannskost. Pulska 43, 52440 Poreč, Tel. 052/43 48 88

Peterokutna kula. Historisches Ambiente im fünfeckigen Stadtturm, toller Blick hinunter auf das Altstadttreiben. Decumanus 1, 52440 Poreč, Tel. 052/45 13 78, www.kula-porec.com.hr

Restaurant Dvi murve. Branzino und Boskarin sind die Spezialitäten in diesem hellen, schicken Restaurant. Grožnjanska 17, 52440 Poreč, Tel. 052/43 41 15, www.dvimurve.hr

Sveti Nikola. An der Uferpromenade von Poreč: ein attraktiver Mix aus phantastischer Lage, gehobenem Interieur und kreativer Saisonküche. Obala Maršala Tita 23, 52440 Poreč, Tel. 052/42 30 18, www.svnikola.com

ÜBERNACHTEN
Grand Hotel Palazzo. Nicht umsonst gilt das 1910 erbaute und vor zwei Jahren gründlich renovierte 4-Sterne-Haus als Wahrzeichen des De-luxe-Tourismus in Istrien. Obala Maršala Tita 24, 52440 Poreč, Tel. 052/85 88 00, www.hotel-palazzo.hr

Valamar Riviera Hotel/Valamar Villa Parentino. Das ehemalige Nobelhotel Neptun wurde von der Hotelkette Valamar übernommen und 2010 unter neuem Namen total modernisiert; 105 Zimmer, ein Bootstaxi verkehrt zum Hotel-Badestrand auf Sveti Nikola. Wenige Schritte weiter betreibt Valamar mit der Villa Parentino ein De-luxe-Etablissement mit 8 Premium-Suiten; die Villa Polesini wird u. a. für Hochzeitsgesellschaften vermietet. Obala maršala Tita 15, 52440 Poreč, Tel. 052/40 80 40, www.valamar.com, www.villa-polesini.com

AUSGEHEN
Torre Rotonda. Im mächtigen Runden Turm von 1474 ist heute ein schickes Café mit Aussichtsterrasse eingerichtet. Narodni trg 3a, 52440 Poreč, Tel. 098/25 57 31, www.torrerotonda.com

Cocktail-Bar Comitium. Geöffnet ab 17 Uhr. Ein idealer Ort um das Altstadtgewimmel gemütlich zu beobachten. Trg Marafor 15, 52440 Poreč, Tel. 052/45 33 39

INFORMATION
Touristisches Informationszentrum Poreč. Zagrebačka 9, 52440 Poreč, Tel. 052/45 12 93, www.istria-porec.com

Die Hafenpromenade von Poreč

ISTRIEN

3 Pazin, Hum, Roč und Buzet
Kroatische Schrift und istrischer Schinken

Zentralistrien ist berühmt für seine sonnigen Bergkuppen, auf denen mittelalterliche Städtchen mit alten Burgen thronen. Immer mehr Radfahrer suchen im stimmungsvollen Hügelland eine sportliche Herausforderung und gesellen sich in den Konobas zu Kulturreisenden, die nach der rätselhaften Glagoliza fahnden. Die Feinschmecker sitzen natürlich auch schon da, schließlich ist Tinjan die Heimat des Pršut und Buzet die »Trüffelhauptstadt« Istriens.

Von Poreč ist es nur ein Katzensprung nach Tinjan, das touristisch neuerdings mit dem sagenumwobenen Blutsauger Jure Grando auf den Vampir-Hype setzt. Dabei spielt Tinjan traditionell eine ganz andere Trumpfkarte aus: den Pršut, hier auch »Vijulin« genannt. Eine Kostprobe der schmackhaften Violine muss also sein, bevor die Landpartie entlang der »Weinstraße 3« in das zwölf Kilometer entfernte Pazin weitergeht.

Pazin

Die Hauptstadt Istriens, hoch über einem 100 Meter tiefen Karstschlund gelegen, hieß früher »Mitterburg«, womit die geographische Lage und die Hauptsehenswürdigkeit in einem Wort erfasst sind. Die bis zur Felskante vorstoßende Festung sah viele Herren in ihren wuchtigen Mauern: zu den ersten zählten die Bischöfe von Poreč, später kamen die Habsburger, die das Kastell zur Füllung ihres Säckels als Lehen an verschiedene Fürstenhäuser gaben. Della Torre, Khevenhüller, Fugger,

Unten: Spektakulär hält sich Pazin über dem Abgrund der 120 Meter tiefen Schlucht.

Pazin, Hum, Roč und Buzet

Eine Veranda ist praktisch!

Flangini, Porzia, Auersperg, wie auch immer sie hießen, die Herren beuteten das Land aus. Bauernaufstände waren an der Tagesordnung. Über das schwere Alltagsleben der kroatischen Bevölkerung Istriens gibt das sehenswerte Ethnographische Museum Auskunft: Bis zum Beginn des 20. Jahrhunderts stellten die Leute hier alles, was sie zum Leben brauchten, selbst her – Töpfe, Stoffe, Möbel, Nahrung, Schuhe, Spaten, Pflüge.

Hum und Roč

Über die Weiler Cerovlje und Lupoglav erreicht man nach einer gut halbstündigen Fahrt Hum. Der 1102 erstmals erwähnte Ort ist mit gerade mal 18 Einwohnern die »kleinste Stadt der Welt«. Durch das niedrige Stadttor gelangt man nur zu Fuß in das sorgfältig renovierte Denkmal-Städtchen hinein. Fast nichts hat sich hier seit dem Mittelalter verändert, wäre da nicht ab und an ein Stromkabel zu sehen oder eine neue Dachrinne. Wer rasten möchte, muss in die Humska Konoba, sie ist das einzige Lokal am Platz. Vom Wirt erhalten Sie den Schlüssel zur etwas außerhalb gelegenen Friedhofskapelle, die mit byzantinischen Fresken und glagolitischen Inschriften beeindruckt.

AUTORENTIPP!

EINE VIOLINE ZUM ESSEN

»Vijulin«, so nennt man in seiner engsten Heimat Tinjan den feinen, aromatischen Pršut, dem jährlich im Oktober ein eigenes Fest gewidmet ist. Mit der geigenförmigen Delikatesse verbindet sich nicht der italienische Prosciutto, wie man vermuten könnte, sondern die Legende von Bura, einer stolzen Schönen, die zur Strafe ihres Hochmuts vom Blitz getroffen wurde. Ihr Seufzen ist der kalte, raue Wind Bora. Und nur in dessen Luftzug, bei einem Mindestabstand von 12 Kilometern zum Meer und über eine Zeitspanne von wenigstens 12 Monaten, trocknet der Rohschinken, der ausschließlich mit Meersalz, Pfeffer, Rosmarin, Knoblauch und Lorbeer gewürzt wird. Seit Jahrhunderten ist die Verarbeitungsmethode dieselbe; heute ist der dunkelrote Pršut ein autochthoner Markenartikel Istriens. Man bekommt ihn überall als Vorspeise angeboten, als Zutat zur »Fritaja«, dem istrischen Omelette, zur »Maneštra« oder auch nur in Olivenöl kross gebraten. Guten Appetit – Dobar tek!

Pršut-Fest. Aktuelle Informationen gibt es unter www.tinjan.hr

ISTRIEN

Vertiefen können Sie Ihre ersten Kenntnisse der eckigen altkroatischen Schrift auf der etwa sieben Kilometer langen, ruhigen Verbindungsstraße von Hum nach Roč. Die 1977 an ihr angelegte »Aleja glagoljasa« stellt mit elf Steinskulpturen altkroatische Schriftgelehrte vor. Auch Roč, mit seinen 170 Einwohnern geradezu eine Großstadt gegenüber Hum, hat seinen wehrhaften mittelalterlichen Charakter bewahrt. Große Teile der Stadtmauer sind erhalten, beim Sightseeing stößt man auf römische Grabsteinfragmente, eine romanische Kapelle und in der Pfarrkirche Sveti Antun auf ein Votivkreuz aus dem 12. Jahrhundert, in das ein glagolitisches ABC hineingeritzt ist – sicherlich hat es der Buchdrucker, der hier im Ort 1483 mit dem Novak-Missale das erste gedruckte kroatische Buch schuf, gründlich studiert.

Buzet

Die »grüne« Route von Roč nach Buzet ist die eindeutig schönere, man vermeidet auf ihr die uninteressante Neustadt im Talboden. Buzets Grundriss hat die Form eines Hufeisens. Durch das Stadttor Vela Vrata (1547) gelangt man in ein Gassenlabyrinth, das hinauf zum Stadtplatz führt. Nicht alle der würdigen Patrizierhäuser aus der Blütezeit von Buzet sind restauriert. Hübsch ist die Zisterne aus dem Jahr 1789 mit dem Markuslöwen. Von der Aussichtskanzel rechts neben der Kirche Sveti Jura (1611) genießt man einen herrlichen Blick auf das bewaldete Mirna-Tal, wo Trüffelhunde nach den begehrten Knollen schnüffeln. Buzet poliert sein Image als »Trüffelhauptstadt Istriens« jedes Jahr am zweiten September-Wochenende mit der »Subotina«. Die größte Attraktion des nostalgisch aufgezogenen Festes ist aber dann doch unten in der Neustadt, wo am Trg Fontana in einer riesigen Pfanne ein gigantisches Gratisomelett für alle zubereitet wird – mit Trüffelspänen!

Oben: Die glagolitische Schrift wurde im 9. Jahrhundert geschaffen.
Unten: Eng aneinandergebaut sind die Häuser in Hum, der »kleinsten Stadt der Welt«.

Pazin, Hum, Roč und Buzet

Infos und Adressen

SEHENSWÜRDIGKEITEN
Etnografski Muzej Istre. Öffnungszeiten: Di–Do 10–15 Uhr; Fr 11–16 Uhr; Sa, So 10–16 Uhr, Montag geschlossen. Eintritt für Erwachsene 25 HRK. Trg Istarskog razvoda 1275. br. 1, 52000 Pazin, Tel. 052/62 22 20, www.emi.hr

ESSEN UND TRINKEN
Konoba Điđi. Urige Konoba am Kirchenplatz von Tinjan. Tinjan 17, 52444 Tinjan, Tel. 052/62 61 96

Konoba Kotlić. Reizende Ausflugstaverne, gelegen an einem Wasserfall der Mirna – herrlich für ein Erfrischungsbad! Geöffnet Anfang Mai–Ende Oktober, Montag Ruhetag. Kotli 3, 52425 Kotli, Tel. 099/351 70 77

Restoran Leader. Auf der Straße nach Buzet hat Josip Baricevic in ländlicher Umgebung einen rustikalen Trulli-Ferienpark mit Reitpferden eingerichtet. Das Restaurant wartet mit regionalen Spezialitäten auf, natürlich auch mit Trüffelgerichten. Lupoglav 8, 52426 Lupoglav, Tel. 052/68 53 00, www.leaderlupoglav.com

Gostionica Toklarija. Gourmet-Treff in einer alten Olivenmühle aus dem 14. Jahrhundert: feinste Trüffel- und Wildspezialitäten. Dienstag geschlossen, Reservierung empfohlen! Sovinjsko Polje 11, 52420 Buzet, Tel. 052/66 30 31

Konoba Volte. Aus der Richtung Cerovle kommend rund 5 Kilometer von Buzet entfernt: klassische kulinarische Highlights Istriens und dazu einen wunderbaren Blick in die Landschaft. Kozari bb, 52420 Buzet, Tel. 052/66 52 10

ÜBERNACHTEN
Hotel Vela Vrata. Das alte Haus im historischen Kern von Buzet wurde behutsam renoviert; die Karte des Restaurants ist klein, denn alles wird frisch zubereitet. Šetalište Vladimira Gortana 7, 52420 Buzet, Tel. 052/49 47 50, www.velavrata.net

INFORMATION
Touristisches Informationszentrum Zentralistrien. Franine i Jurine 14, 52000 Pazin, Tel. 052/62 24 60, www.istria-central.com

Tafelfreuden in der »Humska Konoba« in Hum

ISTRIEN

4 Vrsar
Bischöfliche Ferienresidenz und Mekka der Nackedeis

»Wir kommen wieder!« – Für Tausende Stammgäste ist das grüne Küstenstück zwischen dem Ferienort Funtana und dem Limfjord zur zweiten Heimat geworden. Malerische, mit Zypressen bewaldete Inselchen sind vor die Küste hingetupft. An deren höchster Stelle lädt das schmucke alte Städtchen Vrsar zum Bummeln ein. Schon Giacomo Casanova fand, dass es sich hier gut leben ließe.

Ein Stück sonnenwarmer Erde, das die Sehnsüchte vieler nach Meer, Erholung und Freiheit stillt. Dass für diese vielen Besucher Urlaubsquartiere geschaffen werden müssen, ist die Kehrseite der Medaille. Fährt man die Küstenlinie mit dem Boot ab, dann lässt sich das Ausmaß der Besiedelung durch die Tourismusindustrie erst so richtig erkennen.

Boomender Tourismus

Mit den Resorts Belvedere und Petalon sowie dem Campingplatz Valkanela versorgt die Maistra AG eine riesige Zahl Feriengäste. Dazu kommt noch Koversada, das seit den 60er-Jahren zu einem der größten FKK-Zentren Europas herangewachsen ist. Von Vrsar bis zum Limfjord tummeln sich Sonnenanbeter vieler Nationalitäten und fühlen sich pudelwohl in ihrer nackten Haut. So überrascht es nicht, dass sich hierorts noch Relikte des alten Jugoslawien-Tourismus erhalten haben: In den Ferienorten nördlich und östlich von Vrsar stehen bis heute vor den großen Kneipen die »Sexy Ferkel«-Schilder am Straßenrand: kroatische Küchenfolklore, die nach wie vor ihre Liebhaber findet.

Mitte: Vrsar, sonnenüberflutet
Unten: Wertvolles bauliches Relikt aus einer glanzvollen Geschichte: die für Istrien typische Vorhalle der Kirche

Vrsar

Vrsar hat viel zu erzählen

Der Name Vrsar ist sehr alt. Man vermutet, dass dem mittelalterlichen Siedlungsnamen Ursari das altmediterrane Wort »ur« für »Quelle« zu Grunde liegt. Der Küstenstrich mit seinen Süßwasserquellen war den Seeleuten in alten Zeiten wohlbekannt, weil überlebenswichtig. Schon in der Antike war Vrsar ein bedeutender Handelsplatz. Im Mittelalter war hier ein Durchhaus, die Herren kamen und gingen, Goten, Byzantiner, Slawen, Langobarden, Franken. Schließlich gelang es den Bischöfen von Poreč, ein großes Stück Land mit Vrsar mittendrin als »Territorium sancti« unter ihre Obhut zu stellen, und zwar ganze 800 Jahre lang: Nicht einmal Venedig gelang es, den schlauen Bischöfen diese fette Pfründe zu entreißen. Weiden, Wälder, Fischereien, Salinen und Ölmühlen versorgten das Bistum, und auch die Steinbrüche brachten gutes Geld ein. Ein Premium-Kunde war Venedig, dessen Paläste, Kirchen und Brücken mit Steinen aus Vrsar errichtet wurden. Erst im 19. Jahrhundert mussten die Bischöfe ihre Ferienresidenz an die Familie Vergotini zu verkaufen; nach einer Zeit des Verfalls strahlt der luxussanierte Palazzo heute so schön wie nie zuvor.

Vrsar hätte noch viele Geschichten zu erzählen, wie jene vom romanischen Stadttor, das aus istrischem Eichenholz ist: bis heute kann man in der Umgebung der Stadt tausendjährige schwarze Eichen finden. Oder jene von der Kirche Sveta Marija: Das unscheinbare Gotteshaus an der rechten Seite der Hafenbucht ist eines der bedeutendsten romanischen Baudenkmäler Kroatiens. Die meisten haben keinen Blick dafür übrig; sie beobachten das Anlegen der Yachten in der Marina oder steuern die Taxiboote an, die von hier zu den Badeinseln pendeln. Oder sie wollen nur durch die alten Gassen schlendern, in den kleinen Shops stöbern, am *trg degrassi* dem entspannten Treiben zusehen.

Infos und Adressen

ESSEN UND TRINKEN
Gostionica More. Preiswertes Familienrestaurant. Ulica Antice Gasparini 3, 52450 Vrsar, Tel. 052/44 51 03

I K'litu. Altes Steinhaus mit rustikaler Atmosphäre. Flengi 17, 52450 Flengi, Tel. 052/44 46 32

Konoba Bare. Regionale Küche. Kamenarija 4, 52452 Funtana, Tel. 052/44 51 93, www.konoba-bare.hr

Konoba Petra. Schon lange ein Feinschmecker-Tipp! Kapetanova stancija 3, 52450 Vrsar, Tel. 052/44 23 66

Restoran Trošt. Direkt am Yachthafen. Obala Maršala Tita 1A, 52450 Vrsar, Tel. 052/44 51 97, www.restoran-trost.hr

ÜBERNACHTEN
Hotel Pineta. Renovierter Bau der Tito-Ära. Pentalon bb, 52450 Vrsar, Tel. 052/63 75 00, www.maistra.com

Villa Vrsar. B&B mit sehr gutem Restaurant im Haus. Brostolade 23, 52450 Vrsar, Tel. 052/44 22 28

Camping Koversada. Die größte FKK-Anlage Kroatiens mit ausgezeichneter Infrastruktur. Tel. 052/44 13 78, www.campingrovinjvrsar.com

AUSFLUGSTIPP
Skulptura Park Dušan Džamonja. Uralte Bäume, Meerblick sowie monumentale Stein- und Metallobjekte. Di–So 9–11 und 18–21 Uhr, freier Eintritt. Tel. 052/44 11 87

INFORMATION
Touristisches Informationszentrum Vrsar. Rade Končara 46, 52450 Vrsar, Tel. 052/44 17 46, www.infovrsar.com

ISTRIEN

5 Limfjord
Ein stilles Refugium

Zwischen den touristisch maximal erschlossenen Hotspots um Vrsar und Rovinj liegt eine merkwürdig stille und unbesiedelte Naturlandschaft: der Limfjord. Auf einer Länge von zehn Kilometern nur bewaldete Ufer, Karstfelsen und das plane, dunkelgrüne Wasser. Keine Straßen, keine Hotels, keine Häuser. Aber unter Wasser reifen teure Gourmet-Spezialitäten.

Nur Wanderwege führen zu zahlreichen Höhlen und Piratenschlupfwinkeln – Höhlen, die den Menschen der Jungsteinzeit als Schutzbehausung dienten und sehr viel später dann den Piraten als Schlupfwinkel. Die bis zu 150 Meter ansteigenden Abhänge dieses berühmtesten Adriafjordes wirken beinahe dschungelartig, auf der südlichen Seite sind sie bewachsen mit Laubbäumen, auf der nördlichen mit immergrünen Bäumen. Den Namen gaben dem Fjord die Römer, die den »Wassergraben« als natürliche Grenze – Limes – zwischen ihren Kolonien Parentium (Poreč) und Pola (Pula) nahmen.

Fjord? Kanal? Ria!

Eigentlich ist der bis zu 600 Meter breite Limski Kanal, wie er von den Einheimischen genannt wird, ja kein Fjord, sondern eine Ria, also ein Fluss-Mündungstrichter, der zu einer Meeresbucht geworden ist: Die Pazincica grub in Jahrmillionen auf ihrem Weg in die Adria nicht nur das Lim-Tal, sondern auch den Meeresarm, der an seiner tiefsten Stelle gleich beim Eingang enorme 33 Meter misst. Wegen der zahlreichen unterirdischen Quellen ist das Wasser des Fjords sehr sauerstoffreich, sein Salzgehalt ist gering: ideale Bedingungen für

Mitte: Beiderseits des 10 km tief ins Land hineinreichenden Fjords breiten sich dichte Wälder aus.
Unten: Purer Genuss: die Limfjord-Austern

Limfjord

das Gedeihen delikater Austern. Und aufgrund des mikrobiologischen Futterreichtums ist das Gewässer auch der ideale Laichplatz für viele Fischarten. Da überrascht es nicht, dass der Limski Kanal schon seit 2000 Jahren von Fischern bewirtschaftet wird. Und damit das Wasser weiterhin so sauber bleibt, gilt hier ein striktes Badeverbot.

Für Kenner: Limski-Austern

Von der alten Hauptstraße Buje-Pula hat man den schönsten Blick auf den unterhalb liegenden Fjord. Die einzige Straße hinunter zum Wasser windet sich in vielen Kurven. An ihrem Ende nehmen zwei Restaurants die Besucher auf, und dazu auch jene, die mit den Ausflugsschiffen aus Vrsar und Rovinj hierher geschippert sind.

Vor die Wahl gestellt, Austern oder Fisch, sollte man sich für beides entscheiden. Wo sonst sollte man Austern essen als hier? Denn die seltene »europäische Rundauster« (ostrea edulis) aus dem Limfjord ist eine ganz besondere Delikatesse. Feinschmecker rühmen sie als die unvergleichlich Beste: nicht ganz so salzig wie die Austern aus dem Atlantik und auch nicht schleimig, sondern feiner und fester. Deshalb wird die Limski-Auster gegessen, und nicht geschlürft! Nirgendwo sind sie frischer als hier.

Natürlich sind der Winter und der Frühling die beste Jahreszeit für Austernkenner, doch dank konstanter Kontrolle der Wasserqualität und Mollusken können die Muscheln auch im Sommer unbedenklich verzehrt werden. Wer jetzt auf den Geschmack gekommen ist, und mehr über die Austernzucht erfahren möchte, könnte an einer Austernexkursion teilnehmen. Emil Sošić, der ausgezeichnet Deutsch spricht, nimmt Interessierte zu seiner Austernbank mit.

Infos und Adressen

ESSEN UND TRINKEN

Konoba Marija Matošević. Bewirtet wird nur bei Voranmeldung. Wer sich hier zu Tisch setzt, den erwartet herzliche Gastfreundschaft und eine unvergesslich köstliche vielgängige Tafel. Krunčići, 52448 Sveti Lovreč, Tel. 052/44 81 86

Restoran Fjord. Terrassenrestaurant am Zufahrtsende der Straße in den Limfjord, oberhalb der »Strandpromenade«. Hinter dem Restaurant kann in der Fischereigenossenschaft »Marimirna« frischer Fisch eingekauft werden. Limski kanal, 52448 Sveti Lovreč, Tel. 052/44 82 22

Restoran Viking. Nicht minder legendäres Fischrestaurant, direkt am Fjord. Der Betonbau der 70er-Jahre wirkt nicht gerade anheimelnd, das macht aber der Genuss der Muschelplatten, Garnelen und Krabben mehr als wett. Limski kanal, 52448 Sveti Lovreč, Tel. 052/44 82 23

ÜBERNACHTEN

Hotel Dva Baladura. Kleines Landhotel mit hübschmen Pool, 10 Zimmern, Restaurant. Pilkovici 26 /27, 52352 Kanfanar, Tel. 052/80 37 20, www.dvabaladura.hr

WINZER

Vina Matošević. Ivica Matoševic ist einer der renommiertesten Winzer Istriens, sein Topprodukt der »Malvazija Istarska«. Krunčići 2, 52448 Sveti Lovreč, Tel. 052/44 85 58, www.matosevic.com

INFORMATION

Für den Limfjord sind die Informationszentren von Vrsar bzw. Rovinj zuständig.

ISTRIEN

6 Rovinj
Venedigs kleine Schwester

Hier ist alles, was die Menschen am Mittelmeer lieben, zu einem hinreißenden Konzentrat verdichtet: ein pittoreskes Stadtlabyrinth aus pastellfarbenen Häusern und engen, verwinkelten Gassen, gelegen auf einem tropfenförmigen Stadthügel, vom Blau des Himmels und des Meeres umhüllt.

Postkartenklischee oder Wirklichkeit? Den Tausenden Touristen, die sich im gemächlichen Bergsteigertempo durch die steilen, steingepflasterten Straßen der Altstadt schieben, stellt sich diese Frage vermutlich auch nicht. Oben vom Domplatz aus geht es noch höher hinauf: Der 60 Meter hohe Turm von Sveta Eufemija ist ein Muss. Von dort schweift der Blick hinunter auf die ziegelfarbige Dachlandschaft. Davor ruht die Meeresfläche, in die 22 Inseln gestreut sind: Urlaubsparadiese wie Crveni Otok, die Rote Insel, oder Sveta Katharina oder Sveti Ivan mit dem Leuchtturm.

Der kroatische Schriftsteller Mirko Kova hat Rovinj das »Saint-Tropez« der nördlichen Adria genannt, und wenn man durch die Grisia schlendert, wird man ihm zustimmen: Maler, Töpfer, Feinschmiede schaffen emsig an den begehrten Souvenirs, stellen ihre Werke in Ateliers und Galerien aus, hängen ihre Gemälde unter freiem Himmel an den Nagel.

Unten: Rovinj ist wohl einer der schönsten Orte der gesamten kroatischen Adria.

Die Heilige Euphemia

Seit über 250 Jahren dreht sich »Sveta Fuma« auf der Spitze des höchsten Campaniles Istriens im Wind. Blickt sie hinüber nach Venedig, dann wehen den Fischern günstigen Winde, zeigt sie dem

Rovinj

Rundgang

Hafenflair und Geschichtsunterricht bietet der **Trg Maršala Tita** Ⓐ mit seiner Mischung aus venezianischer und altösterreichischer Architektur, wie der roten Uhrturm und das schmucke Rathaus zeigen. Im Barockpalast des Grafen Califfi (17./18. Jh.), lohnt das Stadtmuseum einen Besuch.

Rovinj befestigte sich bereits im 7. Jahrhundert mit einer Stadtmauer. Anstelle des äußeren Stadttores zum alten Fischermarkt wurde im 17. Jahrhundert der barocke **Balbi-Bogen** Ⓑ eingesetzt. Von hier führt die Grisia direkt hinauf zum **Dom Sveta Eufemija** Ⓒ. Eine Alternative den Stadthügel zu erklimmen wäre es, vom Hafen aus der Obala Pina Budičina bis zum **Trg pod lukovima** Ⓓ zu folgen, dem »Platz unter den Bögen«, einem der schönsten Winkel von Rovinj. Das älteste Bauwerk Rovinjs, die romanische Kirche Sveti Trojstvo, findet sich außerhalb des Altstadthügels in südöstlicher Richtung vom Stadtplatz: durch die Karera, die »Fass-Straße«, gelangt man zum sorgfältig restaurierten **Trg na Lokri** Ⓔ, dem »Pfützenplatz«.

Ⓐ **Trg Maršala Tita** mit **Zavižajni Muzej Grada Rovinja (Stadtmuseum)**. Geöffnet Di–Sa 10.30– 14 Uhr. Trg Maršala Tita 11, Tel. 052/81 67 20

Ⓑ **Balbi-Bogen**

Ⓒ **Dom Sveta Eufemija**

Ⓓ **Trg pod lukovima**

Ⓔ **Trg na Lokri**

ISTRIEN

AUTORENTIPP!

SIGHTSEEING PER MOTORBOOT

Von der Seeseite genießt man zweifellos die schönste Perspektive auf die Silhouette der Altstadt mit ihrem von Zypressen und Pinien umgebenen Campanile.
Um diese Ansicht genießen zu können, sollte man etwas tiefer in die Tasche greifen und eine individuelle Sightseeing-Tour buchen: das Angebot reicht von einem Kurztrip bis zu einer ausgedehnten, dreistündigen Ausflugsfahrt, Limfjord und Poreč inklusive.

Motorbootfahrten. 3 Stunden kosten für bis zu 6 Personen ca. 240 € (www.andre-tours.com).
Oder Sie versuchen einfach Ihr Glück im Fischerhafen auf der südlichen Seite der Altstadt. Fragen Sie einen der einheimischen Bootsmänner, ob er Sie hinausschippert, vielleicht sogar mit ein paar Stunden Badeaufenthalt auf einer der Inseln. Der Preis ist dann Verhandlungssache, ebenso der Abholtermin.

Meer den Rücken, dann stürmt der Jugo und die Seeleute bleiben besser zu Hause. Doch es ist nicht nur die vier Meter hohe Kupferstatue, deren Schutz sich die Gläubigen anvertrauen. Im Inneren der Kirche ruht die Heilige selbst in einem weißen Sarkophag aus dem 4. Jahrhundert, der im Jahr 800 auf wundersame Weise an die Klippen von Rovinj gespült wurde. Seither ist Euphemia, die im Jahr 304 bei Konstantinopel den Märtyrertod erlitt, nicht nur die Stadtpatronin von Rovinj, sondern die Schutzheilige von ganz Istrien und Sveta Eufemija das Ziel zahlreicher Pilger. Besonders am 16. September, ihrem Festtag.

Geschichte und Geschichten

Wer die Ähnlichkeit des Campanile mit dem Glockenturm von San Marco feststellt, wer an den Häusern Stilmerkmale von der Romanik bis zum Historismus entdeckt, dem öffnet sich die Geschichte Rovinjs wie ein Buch. Die Besiedelungsgeschichte des Ortes listet die Illyrer und Römer auf, die Patriarchen von Aquilea und die Byzantiner. 1283 nahm Venedig von der Stadt Besitz und blieb über 500 Jahre ihr Hausherr.

Trotz Kriegen, Piraten und Pest entwickelte Rovinj sich immer weiter, 1763 wurde die schmale Meerenge zwischen der Stadtinsel und dem Festland zugeschüttet. Ab 1813 gehörte Rovinj zu Österreich und fand später unter dem k. u. k. Doppeladler mit Eisenbahn und Dampfschiff Anschluss an das Industriezeitalter – und den Tourismus. In dieser Zeit wurde der größte botanische Garten Istriens am »Goldenen Kap« angelegt. Von den Wirren der beiden Weltkriege verschont, haben vielleicht sogar die mageren Jahre des Kommunismus dazu geholfen, dass Rovinj seine ursprüngliche Schönheit bis auf den heutigen Tag zu bewahren vermochte.

Rovinj

Infos und Adressen

ESSEN UND TRINKEN

Wine Vault. Chefkoch Tomislav Gretić und Sommelier Emil Perdec haben dem Restaurant des Hotels Monte Mulini zu 16 Hauben im Gault Millau verholfen. A. Smareglie bb, 52210 Rovinj, Tel. 052/63 60 17, www.winevault.com.hr

Restaurant Monte. Danijel Dekiç experimentiert mit eigenständiger, kreativer Küche: so kombiniert er Zucchini mit Tintenfischen und Kokosnuss-Curryschaum. Montalbano 75, 52210 Rovinj, Tel. 052/83 02 03, www.monte.hr

In der Konoba Veli Jože

Konoba Veli Jože. Sympathische Kneipe in der Altstadt, mit Blick hinüber zur Katharinen-Insel. Sv. Kriza 1, 52210 Rovinj, Tel. 052/81 63 37

Restoran Blu. Schickes Lounge-Ambiente, Blick aufs Meer und kreative Speisekarte. Val de Lesso 9, 52210 Rovinj, Tel. 052/81 12 65, www.blu.hr

ÜBERNACHTEN

Lone. Das 2011 eröffnete 5-Sterne-Designhotel ist das Flaggschiff des kroatischen Tourismus: eine Neuinterpretation der jugoslawischen Hotelarchitektur der 70er-Jahre. Luje Adamovića 31, 52210 Rovinj, Tel. 052/63 20 00, www.lonehotel.com

Villa Angelo D'Oro. Restauriertes barockes Bischofspalais in einer ruhigeren Altstadtgasse. Hauseigenes Boots-Taxi zu den Stränden, Restaurant. Švalba 40, 52210 Rovinj, www.rovinj.at

Villa Tuttorotto. Feines Altstadthotel mit nur 7 Zimmern, alle mit Hafenblick. Eine Oase diskreter Ruhe. Dvor Massatto 4, 52210 Rovinj, Tel. 052/81 51 81, www.villatuttorotto.com

Monte Mulini. 5-Sterne-Hotel mit entsprechend stolzen Preisen, doch das Luxury-Leisure-Publikum zahlt die tolle Lage am Zlatni Rt ohne mit der Wimper zu zucken. A. Smareglia bb, 52210 Rovinj, Tel. 052/63 60 00, www.montemulinihotel.com

Hotel Katharina. Auf der autofreien Insel Sv. Katarina, der Hotelkomplex umfasst das geschichtsträchtige Schloss des exzentrischen österreichisch-ungarischen Grafen Milewski und einen Neubau. Die Verbindung zum Festland erfolgt stündlich mit einer kostenlosen Fähre. 52210 Rovinj, Tel. 052/80 41 00, www.maistra.com

AUSGEHEN

Cocktailbar Valentino. Chillen auf Felsen und Klippen – die Bar genießt Kultstatus. Santa Croce 28, 52210 Rovinj, Tel. 052/83 06 83, www.valentino-rovinj.com

INFORMATION

Touristisches Informationszentrum Rovinj. Obala Pina Budicina 12, 52210 Rovinj, Tel. 052/81 15 66, www.tzgrovinj.hr

Die Fanggründe vor Rovinj sind ergiebig.

ISTRIEN

7 Nationalpark Brijuni
Titos subtropischer Inseltraum

Türkis das Meer, verschwenderisch grünend die Parklandschaft, Tempelruinen, Dinosaurierspuren, und als einziges Auto ein 53er Cadillac mit schicken Weißwandreifen: Der Nationalpark Brijuni hat jede Menge zu bieten und zählt gewiss zu den beliebtesten Reisezielen Kroatiens. Dort, wo es erlaubt ist, tummeln sich Sonnenanbeter, Naturliebhaber und Tito-Pilger.

Der klimatisch besonders begünstigte Archipel unmittelbar vor der Südwestküste Istriens ist in vielerlei Hinsicht bemerkenswert: Die Gruppe aus 14 Inseln bildete sich erst vor etwa 10 000 Jahren als Abspaltung vom Festland. 250 Vogelarten, 700 Pflanzenarten, so lautet die offizielle Zählung. Zahlreiche Lebensformen und Kulturen haben ihre Spuren hinterlassen. So fand man neben versteinerten Fußabdrücken von Dinosauriern die Relikte uralter Erdhüttensiedlungen, die etwa 2000 v. Chr. entstanden sind. In der Antike entwickelten sich die Inseln zu einem Ort der Sommerfrische für reiche römische Bürger aus Pula. Überreste von Villen und Tempeln legen Zeugnis ab von dieser ersten luxuriösen Nutzung von Brijuni. Ostgoten, Byzantiner, Franken und Venezianer waren die nächsten, die es sich hier gut gehen ließen.

Paradise forever?

Nostalgiker, nichts wie hin! Bevor endgültig mit Titos Erbe aufgeräumt wird. Bald wird das touristische Megaprojekt »Brijuni Riviera« den 23 Kilometer langen Küstenstrich vor dem Brijuni-Archipel mit Luxushotels, Apartmentanlagen und zwei Marinas aufschließen. Die Inseln entziehen sich zwar als Nationalpark den Begehrlichkeiten der

Mitte: Römische Ruinen auf Veli Brijun
Unten: Der berühmte versteinerte Abdruck der Dinosaurier-Pranke auf Kap Barban

Nationalpark Brijuni

Eine der eleganten Gästevillen des Marschall Tito

Investoren, doch ist geplant, auch auf ihnen die bestehenden Kapazitäten auf ein »höheres Niveau« zu heben. Wenn Sie also noch einen Zipfel Zeitgeschichte mitbekommen möchten, dann sollten Sie bald hierher kommen. Die Villa Lovorka wurde bereits aufgefrischt, in wenigen Jahren sollen auch die restlichen Hotels und Villen runderneuert sein.

Einst und jetzt

So richtig angefangen mit dem Tourismus hat alles 1893, als der österreichische Stahlmagnat Paul Kupelwieser die Inseln kaufte, die grassierende Malaria mit Hilfe des berühmten Bakteriologen Robert Koch ausrottete und auf »Brioni« einen botanischen Garten pflanzte. Bald waren hier am herrlichen Sandstrand ein Luxushotel, ein Casino, eine Pferderennbahn und ein Hafen für das »k. u. k. Yachtgeschwader« errichtet. »Tout le monde« gab sich in dem mondänen Seebad die Klinke in die Hand. Und dann geriet das Eiland zum ersten Mal in die Weltpolitik. Erzherzog Franz Ferdinand von Österreich machte ein paar Tage Urlaub auf Brioni, bevor er nach Sarajevo weiterreiste. Dort wurde er ermordet. Das Attentat auf den Thronfolger wurde zum Auslöser des Ersten Weltkriegs, in dem als

AUTORENTIPP!

GOLFEN IN VELI BRIJUN

Golffans aufgepasst: Veli Brijun wartet mit einem der schönsten Golfplätze des Landes auf. Seine Bahnen bieten spektakuläre Blicke aufs Meer, jedes Handicap findet seine sportliche Herausforderung.
Das milde Klima erlaubt eine ganzjährige Saison auf dem 18-Loch-Golfplatz (PAR 71 SSS 71). 2008 wurden alle Löcher des »Old Golf Course« nach den historischen Entwürfen von 1922 rekonstruiert: Wo sich einst die Crème de la Crème der europäischen Aristokratie zum Abschlag traf, geht es heute sehr viel lockerer zu.
Green Fee ist in Fažana in der Geschäftsstelle des Nationalparks zu kaufen, und schon können Sie nach Brijuni übersetzen. Gehen Sie, nachdem Sie das Schiff verlassen haben, den Uferweg hinter dem Hotel Karmen entlang. Nach einem halben Kilometer spazieren Sie am Green-Loch Nr. 12 vorbei, dann überqueren Sie ein paar Minuten später eine kleine Brücke über einen Fischteich, und schon sind Sie am Ziel: dem Golfhaus mit Rezeption, Bar, Garderobe und Leihschlägern.

18-Loch-Golfplatz PAR 71 SSS 71.
Ca. 500 m hInter dem Hotel Karmen.

AUTORENTIPP!

PRIVATES PICKNICK öko

Natürlich dürfen Sie im Nationalpark nicht irgendwo Ihre Decke ausbreiten und den Picknickkorb öffnen. Die meisten Inseln sind ohnehin für Besucher gesperrt. Trotzdem gibt es eine Chance auf ein paar Stunden »Privacy«.
Der Nationalpark Brijuni bietet Gästen einen ganz besonderen »Catering-Service« an festgelegten und (das muss man dazu sagen) wirklich besonders schönen Plätzen auf Veli und Mali Brijun sowie auf Sv. Jerolim. Alles, was zum »Tischleindeckdich« dazugehört, wird gepackt, angeliefert und nachher wieder abserviert, und selbstverständlich erfolgt auch der Personentransport zum Picknick geregelt.

Picknick im Nationalpark. Informationen gibt es an der Rezeption des Hotel Neptun-Istra oder in Reiseagenturen, z. B. bei Fissa-Brijuni. Gervaisova 36, 52100 Pula, Tel. 052/21 36 52, www.fissa-brijuni.hr

In kroatischen Häfen kann man prima frischen Fisch einkaufen.

ISTRIEN

Unteroffizier auch Josip Broz kämpfte, der später den Namen Tito annahm und nach dem Zweiten Weltkrieg Staatspräsident seines Jugoslawiens wurde. Als solcher machte er den Archipel kurzerhand zu seiner Privatresidenz. Und wieder kamen die Schönen und Mächtigen hierher: Sophia Loren, Josephine Baker, Willy Brandt, Indira Gandhi, Fidel Castro, Ho Chi Minh.

Tagesausflug nach Veli Brijun

Von dem hübschen alten Fischerort Fažana aus ist es nur ein Katzensprung: Brijunis nur drei Kilometer vom Festland entfernte Hauptinsel wird das ganze Jahr über vom frühen Morgen bis in die Nacht hinein von Schiffen im Pendelverkehr angesteuert.

Urlauber, die eine Besichtigungstour ab Fažana buchen, können sich auf Veli Brijun nur in der Gruppe bewegen, Dauer etwa drei Stunden, mit charmanter Reiseführerin. Was Sie zu sehen bekommen, ist die »Gästeinsel« von Tito; der Staatschef selbst residierte auf der nicht zugänglichen Insel Vanga, gegenüber Veli Brijun. Zunächst geht es zu Fuß zu der kleinen Kirche Sv. Germana (1481) am Hafen, wo Ihnen die Fresken vielleicht schon aus Beram bekannt vorkommen, sie sind tatsächlich Kopien.

Anschließend folgt die Gruppe, dem »Deutsch«-Täfelchen hinterher, zum »Muzej«: In dem renovierten venezianischen Kastell aus dem 16. Jahrhundert sind archäologische Fundstücke und viele ausgestopfte Tiere zu besichtigen, und natürlich eine Fotodokumentation über Tito. Doch das Bild des hofierten Führers der »Dritten Welt« ist heute vergilbt. Sie können sich ja trotzdem für ein paar Kuna in den offenen Cadillac des Marschalls setzen, danach gibt es davon ein Foto fürs Familien-

Nationalpark Brijuni

album. Dann heißt es »Bitte einsteigen«. Mit dem elektrischen Touristenbähnle im Hollywood-Look geht es zum Safaripark am nördlichen Ende der Insel: viele der hier lebenden Tiere – heilige indische Kühe, Nilantilopen, Lamas, Zebras etc. – sind Nachkommen von lebendigen Staatsgeschenken, die ausländische Regierungschefs Jugoslawiens Präsidenten verehrten, zwei sind noch das Original: die Elefantenwitwe Lanka, die ihren 2011 verendeten Partner Sony überlebt hat, und der Gelbhaubenkakadu Koki, der auch 30 Jahre nach dem Tod seines Herrchens noch so lachen und husten kann wie Tito.

Auch außerhalb des Safariparks wimmelt es nur so von Rehen, Hirschen, Pfauen. Weiter geht die Tour zu den Überresten des byzantinischen Castrum an der Westküste, neben diesem blitzt durch üppiges Grün die »Weiße Villa«, in der Tito, Ägyptens Präsident Nasser und Indiens Staatschef Nehru am 19. Juli 1956 die sogenannte »Deklaration von Brijuni«, das Gründungsdokument der damaligen »Blockfreien Staaten« unterzeichneten. Heute gibt hier auch noch die kroatische Regierung Staatsempfänge. Durch urwaldähnliche Vegetation bewegt sich die Elektrobahn weiter. Eukalyptus, Lorbeer, Myrte und Heckenrosen duften um die Wette. Auch auf diesem Teil der Strecke geben sich die Eichhörnchen und Hasen nicht scheu. Wisente und Schaufelhirsche äsen aromatische Macchia.

Dann drehen sich alle Köpfe wie auf Kommando zu einem Methusalem: doch der 1600 Jahre alte Olivenbaum ist über jeglichen Rummel erhaben. In der exotisch schönen Verige-Bucht werden noch die Ruinen einer kaiserlichen römischen Villa aus dem 1. Jahrhundert gezeigt. Und schon ist man wieder am Hafen. Noch schnell eine Erfrischung, dann legt das Schiff zum Festland ab.

Oben, Mitte und Unten: Den Safaripark ließ der passionierte Jäger Tito anlegen. Alle Tiere sind Nachkommen von »lebendigen Staatsgeschenken«.

ISTRIEN

Oben: Fazana ist der Startpunkt zum Nationalpark.
Mitte: Die altehrwürdige St. Germanus-Kirche auf Veli Brijun
Unten: Nur das Meeresrauschen … auch im Nationalpark findet man ein ruhiges Plätzchen.

Und wo war jetzt der Fußabdruck vom Dinosaurier? Tja, leider, der ist auf dem Kap Barban und das ist bei der Ausflugstour nicht dabei.

Lieber aktiv und individuell?

Möchten Sie Veli Brijun lieber auf eigene Faust erkunden, dann können Sie mit einem Fahrrad oder Segway (zu mieten in den Hotels Neptun oder Karmen) auf dem gut ausgebauten Wegenetz unterwegs sein. Das Angebot für aktiven Sport spiegelt, bis auf das Jagen, Titos Freizeitvergnügen: Bogenschießen, Badminton, Boccia, Tennis. Schöne Bademöglichkeiten gibt es etwa zehn Minuten vom Hotel Neptun entfernt, wo man auch Paddelboote mieten kann. Da die Insel rundum mit traumhaften Buchten gesegnet ist, gibt es überall Plätze zum unbeschwerten Strandvergnügen. Und wenn Sie die Insel ausgiebig genießen möchten, in den spürbar ruhigeren Abend- und Morgenstunden, dann checken Sie in einem der Hotels ein, oder, wenn das nötige Kleingeld in Ihrer Tasche klimpert, buchen Sie wie Jon Bon Jovi oder Angelina Jolie eine der phantastischen Villen. Über Nacht halten sich niemals mehr als 300 Besucher auf Brijuni auf.

> ## MAL EHRLICH
> **VERORDNETER HERDENTRIEB**
> Die herrlichen kroatischen Nationalparks stecken in einem Dilemma: Massentourismus und Naturschutz sind eigentlich inkompatibel. Man begegnet dem Problem – nicht nur auf Brijuni – mit »Besucherlenkung«. Das soll auf der einen Seite den Erhalt und Schutz der Natur gewährleisten, anderseits Erholung und Besichtigung ermöglichen. Eine gute Strategie wäre es, die Maßnahmen so zu setzen, dass sie vom Besucher nicht als Zwang empfunden werden, sondern zum Naturerlebnis beitragen.

Nationalpark Brijuni

Infos und Adressen

ESSEN UND TRINKEN
Alle Restaurants werden von der Nationalparkverwaltung betrieben. Kontaktdaten wie Verwaltung.

Restoran Galija. In unmittelbarer Nähe des Landungsstegs; schmackhafte mediterrane Küche.

Restoran Karmen. Hotelrestaurant an der Hafenfront, geöffnet nur in den Sommermonaten.

Restoran Plaža. Direkt an der Küste mit Blick auf das Festland gelegen. Wie in den anderen Restaurants auch gute Fischgerichte und istrische Weine.

Restoran Školja. Einfaches Ausflugslokal, das einzige an der Westküste. Abends herrscht eine entspannte Atmosphäre bei Musik und Kerzenschein.

Restoran Neptun/Restoran Venera. Die beiden Restaurants im Hotel Neptun werden häufig von geschlossenen Gesellschaften frequentiert.

ÜBERNACHTEN
Hotel Neptun-Istra, Hotel Karmen. Zwei dreistöckige Hotels, die noch den »Charme« der Tito-Ära konserviert haben. Das »Istra« wird vermutlich 2012 renoviert neueröffnet. Bei Buchung in der Regel Verpflichtung zu einem Mindestaufenthalt von 3 bis 5 Tagen! Brijunska 10, 52214 Brijuni

Sozialistisch-bombastisch – das Hotel Neptun von innen ...

... und von außen

Hotel Marina. Feines, 2011 eröffnetes Hotel in einem uralten Steinhaus direkt am Hafen von Fažana; ausgezeichnetes Restaurant mit leichter mediterraner Küche. Trg stare škole 2, 52212 Fažana, Tel. 052/52 10 71, www.marina-fazana.com

Villetta Phasiana. Mitglied der Vereinigung »Schlosshotels & Herrenhäuser« – das bedeutet Premium-Ausstattung mit WLAN. Trg Svetog kuzme i damjana 1, 52212 Fažana, Tel. 052/52 05 58, www.villetta-phasiana.hr

SCHIFFSVERBINDUNGEN
Veli Brijuni ist mit dem direkt gegenüber liegenden Festlandort Fažana durch eine ständige Schiffslinie verbunden, Fahrzeit ca. 15 Minuten. Auch von Pula und Rovinj werden Ausflugsfahrten zum Nationalpark Brijuni angeboten. Verbindliche Anmeldung und Buchung von Ausflügen unter der Telefonnummer bzw. Email-Adresse der Nationalparkverwaltung oder in der Geschäftsstelle des Nationalparks an der Schiffsanlegestelle in Fažana.

INFORMATION
Nacionalni Park Brijuni. 52214 Brijuni. Tel. 052/52 58 88, izleti@brijuni.hr, www.brijuni.hr

ISTRIEN

8 Pula und sein Süden
Wo schon die Römer badeten

Wenn Sie sich wie in Rom fühlen möchten, dann besuchen Sie doch Pula. Istriens älteste und größte Stadt müsste eigentlich viel berühmter sein. Denn an ihrem Nordeingang befindet sich das kolossalste Bauwerk Kroatiens: die aus dem 1. Jahrhundert stammende Arena.

Das strahlende, aus weißem Kalkstein errichtete Architekturwunder ist das sechstgrößte antike Amphitheater und zählt zu den besterhaltenen seiner Art. Kaiser Augustus war dessen erster Bauherr, und Vespasian vollendete es auf Wunsch seiner aus Pula stammenden Geliebten Antonia Cenida. Vor 23 000 Zuschauern wurden hier die Löwen und Panther auf die Gladiatoren gehetzt. Der Gang durch die Katakomben vermittelt bis heute eine haarsträubende Ahnung von dem dekadenten mörderischen Treiben.

Massenunterhaltung

Knapp 200 Jahre währte die römische Herrschaft in Pula. Nach ihrem Untergang blieb die Arena trotz bewegter Zeiten unversehrt bestehen. Bis die Venezianer kamen.

Sie nutzten das monumentale Zirkusrund als Steinbruch für die Fundamente der Lagunenstadt, auch verschifften sie einige Quader zur Errichtung des Campanile am Markusplatz. 1583 beschloss der bauwütige Senat Venedigs, die Arena überhaupt komplett abzureißen und das Steinmaterial nach Venedig zu verbringen. Dass das Gebäude auch heute noch der Unterhaltung dient, dass hier vor 5000 Zuschauern Opernaufführungen und das Pula Film Festival stattfinden, dass Norah

Unten: Monumental und zugleich filigran: das antike Amphitheater von Pula

Pula und sein Süden

Jones oder Andrea Bocelli die aufsteigenden Ränge mit Publikum füllen, das verdankt die Stadt dem venezianischen Senator Gabriele Emo, dem diese harte Aktion denn doch zu weit ging. Er bekam dafür eine Gedenktafel am nordwestlichen Stadtturm.

Recycling der Geschichte

Architekturinteressierte kommen in Pula voll auf ihre Kosten: Sie erkennen in Rissen und Abbrüchen, im Flickwerk der Altstadtgemäuer einen permanenten Umschichtungsprozess. Ein Recycling von Baumaterialien, quer durch die Jahrhunderte. So hatte »Pola« natürlich auch ein römisches Capitol. Es stand, so wie es sich gehörte, mitten im Zentrum der Siedlung auf der Hügelkuppe. Doch es wurde von den Vasallen der Patriarchen von Aquilea, der Familie Castropola, für den Bau einer Festung verwendet. Im 17. Jahrhundert errichtete Venedig dann auf den Mauern des inzwischen verfallenen Forts ein Kastell, das zweihundert Jahre später von den Habsburgern nochmals verstärkt wurde.

Dann, als weiteres Beispiel, das römische Theater: dessen Fassade war ursprünglich über hundert Meter lang, aber auch seine Steine wurden für den Bau des Kastells vor Ort verschleppt, und seine Säulen und sein Marmorschmuck sind in Venedig in S. Maria della Salute zu bewundern. Man muss sich wundern, dass der irische Dichter James Joyce, der doch sonst so detailversessen war, von Pula als »komischem, alten Nest« sprach. Man trägt es dem berühmten Gast, der hier 1904/1905 für ein paar Monate als Sprachlehrer an der Berlitz-School tätig war, nicht weiter nach. Im Gegenteil, heute sitzt er in Bronze gegossen im Café Uliks am Trg Portarata und kann von dort den Sergierbogen studieren.

Oben: Der acht Meter hohe Triumphbogen der Sergier am Trg Portarata
Unten: Das römische Fußbodenmosaik »Bestrafung der Dirke«

ISTRIEN

AUTORENTIPP!

BAUERNMARKT AUF DEM NARODNI TRG ÖKO

Knoblauch-Zöpfe, Pfefferoni-Zöpfe, Feigen-Zöpfe: Die beliebten Mitbringsel sind ein mindestens ebenso beliebtes Fotomotiv. Der große Bauernmarkt auf dem Narodni trg gilt bei den Einheimischen als der billigste und beste Markt ganz Istriens. Vor der Jugendstil-Markthalle breiten sich die Obst- und Gemüsestände mit Tonnen der jeweils frischesten Saisonprodukte aus, dazu gibt es Blumen, Kleiderschürzen, Küchenutensilien, Schuhe, Souvenirs. Drinnen auf tausend Quadratmetern über sechzig Läden, häufig zweisprachig ausgeschildert: »Mešnica – Macelleria«. Das braucht es nicht. Eher wüsste der ob der Vielfalt verwirrte Mitteleuropäer gerne, wie all die Meerestiere, Würste, Fleischstücke und Innereien heißen. Im oberen Stockwerk, rund um das Denkmal der Marktfrau, finden sich kleine Bistros und Cafés. Hier muss man sich niederlassen und in die Atmosphäre mit allen Sinnen eintauchen. Erfreulicherweise sind die Preise erstaunlich günstig.

Bauernmarkt auf dem Narodni trg.
Tgl. 6 Uhr–Einbruch der Dunkelheit

Achtzig Kilometer Ferien

Südlich von Pula erstreckt sich eine zerfranste Küste, die sich um den südlichsten Punkt Istriens, das Rt Kamenjak, weiter hinzieht bis zum Rt Marlera am jenseitigen Ende der Medulin-Bucht. Dabei zeigt der Küstenrand von den »Goldenen Klippen« Zlatne stijene bis Premantura durchaus noch ein Gleichgewicht von Natur und touristischer Erschließung. Einzige Ausnahme: die direkt vor den Toren Pulas liegende Halbinsel Verudela mit ihren leuchtend weißen, senkrecht in die Adria abstürzenden Karstfelsen ist zu einem Hotel-Knotenpunkt ausgebaut worden. Doch selbst hier verlaufen sich die Gäste auf den traumhaft schönen Spazierwegen.

Banjole, Pomer, Medulin hingegen, einst kleine Fischerorte, sind Signalworte des Mittelmeer-Tourismus. Die mehr als 70 Kilometer lange Riviera bis zum in die Kvarner Bucht hineinreichenden Kap Marlera ist besonders bei Familien sehr beliebt. Viele Pluspunkte lassen sich aufzählen: keine Seeigel, nicht bloß Kies und Klippen, sondern auch der flache Sandstrand Bijaca. Das zersiedelte Gebiet bietet die ganze Palette an Unterkünften. Alleine im Hafen »Fontana« von Medulin buhlen 40 Restaurants mit Pljeskavica und Pršut um hungrige Gäste. Keine Sportmöglichkeit, die nicht im Angebot ist, Discotheken wummern bis in die frühen Morgenstunden, im Lunapark gehen die Lichter nicht aus.

Am Ende der Welt

Das gegenteilige Stimmungsbild liefert der beschauliche Naturpark Kap Kamenjak. Hier ist nur sein Eingang, das Fischerdorf Premantura auf dem Rücken der Halbinsel ein Tummelplatz. Der Kirchplatz von Sveti Lovre, dessen Campanile Jahrhunderte lang den Fischern und Seefahrern zur Orien-

Pula und sein Süden

Rundgang

Das **Amphitheater** Ⓐ, in dessen Nähe sich gute Parkmöglichkeiten befinden, ist der beste Startpunkt für einen Spaziergang auf den Spuren der Römer. Stadteinwärts hält man sich links und gelangt zur elegant verzierten Porta Gemina, einem der ursprünglich zwölf antiken Stadttore.

Selbst wenn man sich den Besuch des daneben liegenden **Archäologischen Museums** Ⓑ spart und lieber durch den Museumsgarten schlendert, stößt man auf römische Spuren: Hier lehnt sich an den Hang des Festungshügels ein kleines Theater an. Entlang der Reste der antiken Stadtbefestigung weitergehend, kommt man zum archaischen **Tor des Herkules** Ⓒ, dem ältesten der Stadttore (1. Jh.).

Wie schnell hierorts der Reichtum wuchs und sich damit die Architektur verfeinerte, beweist der großartige **Sergierbogen** Ⓓ am lebhaften Trg Portarata. 29.–27. v. Chr. nach dem Sieg bei Actium errichtet, spiegelt er die Pracht des Augusteischen Zeitalters wider. In einem sanften Bogen windet sich die enge Ulica Sergijevaca in Richtung Meer.

Ein kleines Hinweisschild »Rimski Mozaik« sollte im Altstadtgetümmel nicht übersehen werden: Das vor fünfzig Jahren freigelegte **Dirke-Mosaik** Ⓔ (3. Jh.) wirkt mit seinen feinen Fisch- und Vogeldarstellungen wie ein versteinerter Teppich. Natürlich lohnen auch ein Abstecher zur frühchristlichen **Basilika Maria Formosa** Ⓕ, zum spätmittelalterlichen Franziskanerkloster oder in die 2011 eröffnete neue **Galerie Sveta Srca** Ⓖ, wo eine Dauerausstellung zum Thema »Pula – Die Geburtsstunde der Stadt« zu sehen ist.

Geradeaus geht es zum Trg Republike, dem antiken Forum. An der Nordseite dieses Zentrums steht der **Augustus-Tempel** Ⓗ, daneben das 1296 errichtete **Alte Rathaus** Ⓘ, in dessen Rückseite der antike Dianatempel eingebaut wurde. Rund um den Platz laden viele Straßencafés zum Erholen ein, am originellsten ist das Kunstkafé Kvajner.

Ⓐ **Amphitheater.** Eingang von der Istarska Ulica/Ulica Flavijevska; geöffnet tägl. von 7.30–21 Uhr, Eintritt: 40 HRK

Ⓑ **Archeološki Muzej.** Archäologisches Museum Istriens; geöffnet Mo–Sa 9–20 Uhr, So 9–15 Uhr; Eintritt 40 HRK, Carrarina ulica 3

Ⓒ **Tor des Herkules.** Trg Giardini

Ⓓ **Sergierbogen**

Ⓔ **Dirte-Mosaik**

Ⓕ **Basilika Maria Formosa.** Ecke Ulica Maksimijanova/Ulica Flaciusova.

Ⓖ **Galerie Sveta Srca.** Geöffnet tägl. 9–23 Uhr. De Villeov uspon 2

Ⓗ **Augustus-Tempel.** Dauerausstellung römischer Skulpturen und Plastiken; geöffnet nur im Sommer Mo–Fr 9.30–13.30 und 17–20 Uhr, Sa–So 9.30–13 Uhr; Eintritt 10 HRK

Ⓘ **Altes Rathaus**

AUTORENTIPP!

HAFENRUNDFAHRT IN PULA
Die bewegte Geschichte der Hafenstadt vermittelt am besten eine Hafenrundfahrt. Pula war im 19. und zu Beginn des 20. Jahrhunderts, als Österreich sechstgrößte Seemacht der Welt war, der Zentralkriegshafen der k. u. k. Monarchie. In seinem großräumigen Hafenbecken wurden in Werftanlagen Schiffe für die kaiserliche Flotte gebaut. Eines davon liegt vor Ort am Meeresgrund, das von den Italienern versenkte berühmte Schlachtschiff »Viribus Unitis«.
Das Sightseeing-Boot schippert vorbei an der Insel Sv. Katarina, bis die Brijuni-Inseln ins Blickfeld kommen, dann geht es zurück, vorbei an der Insel Andrija sowie der hochaktiven kroatischen Werft »Uljanik« auf der Fläche des k. u. k. Seearsenals. Seine Fortsetzung und Abrundung könnte die Tour mit dem Besuch des k. u. k. Marinefriedhofs im Pulaer Ortsteil Stoja finden:
150 000 Menschen sind hier beerdigt, die Grabsteine erzählen anrührende Geschichten von »früh entrissenen Maschinenjungen«, »treuen Leutnantsrechnungsführern« und »trostlosen Gattinnen«.

Hafenrundfahrt in Pula.
www.pula-city-tours.com

ISTRIEN

Die Brijuni-Inseln liegen in Sichtweite vor Pula.

tierung diente, ist mit seinen vielen Restaurants so etwas wie das Wohnzimmer der Surfer, Skipper und Camper geworden. Abends wird es hier richtig lebhaft.

Im Naturschutzgebiet holpert nur ab und an ein Wagen über die Piste (gebührenpflichtig, pro Auto 20 HRK), immer wieder zweigen schmale Schotterwege ab, hinunter zum Wasser. Von jeder Stelle der schmalen, langen Halbinsel blickt man auf das Blau der Adria. 570 Pflanzenarten gedeihen hier, darunter auch endemische Orchideen. Intime Traumbuchten machen FKK-Anhänger glücklich. Ganz am Südzipfel reckt sich auf einer kreisrunden winzigen Felseninsel der 1833 erbaute Leuchtturm von Porer in die Höhe. Wer sich in einer der beiden Wohnungen einmietet, wird von Kapitän Ivan Giotta persönlich übergesetzt – und kommt in den Genuss der angeblich stimmungsvollsten Sonnenuntergänge, die an der Adria zu sehen sind. (www.lighthouses-croatia.com)

Pula und sein Süden

Infos und Adressen

ESSEN UND TRINKEN

Konoba Batelina. Im beliebten Ferienort Banjole, 6 km südlich von Pula. Familienrestaurant mit großer Terrasse und hervorragend guter Fisch- und Weinkarte, wird auch von Einheimischen gerne besucht. Čimulje 25, 52100 Pula-Banjole, Tel. 052/57 37 67

Konoba Istriana. Im Ferienort Pomer kochen Milan Kerniat und seine Frau Amalija landestypische Spezialitäten: Manestra, Gulasch vom Boškarin-Rind, Schmorgerichte unter der Peka, Scampi vom Grill. Trotz Auszeichnungen moderate Preise! Pomer 331, 52203 Medulin, Tel. 095/904 40 04 www.konoba-istriana.com

Restaurant Milan. Auf der Halbinsel Stoja gelegen; gepflegtes Familienrestaurant mit anregender Enoteca; Spezialität Fischgerichte und Krustentiere; kleines Hotel angeschlossen. Stoja 4, 52100 Pula, Tel. 052/30 02 00, www.milan1967.hr

Valsabbion. An der südlichen Peripherie von Pula, nur wenige Kilometer vom Stadtzentrum entfernt, liegt in der Veruda-Bucht Sonja Peric' Designlokal, das seit Jahren an der Spitze der kroatischen Gastronomie rangiert. Kreative istrische Küche, der Hit ist das Slow-Food-Menü mit zehn Mini-Speisen; angeschlossen ein gepflegtes Boutique Hotel mit Penthouse-Pool. Pjescana Uvala IX/26, 52100 Pula, Tel. 052/21 80 33, www.valsabbion.hr

ÜBERNACHTEN

Alla Beccaccia. Freundliche, gemütliche Landpension in Valbandon zwischen Pula und Fažana. Zur Pension gehört auch ein gutes Restaurant. Pineta 25, 52212 Fažana, Tel. 052/52 07 53, www.beccaccia.hr

Hotel Riviera. Altmodisches Cityhotel in der Nähe des Amphitheaters und des Hafens. 60 Zimmer, alle mit herrlichem Blick auf die Riva bzw. den historischen Stadtkern. Splitska 1, 52100 Pula, Tel. 052/21 11 66, www.arenaturist.com/Hotels

Park Plaza Histria Pula. 2012 neu eröffnetes renoviertes 4-Sterne-Hotel aus der jugoslawischen Ära, nur wenige Spazierminuten vom Zentrum entfernt. 241 Zimmer mit Balkon und Meerblick; Pools, Wellnessangebote, Bars, Restaurants, Kids-Club. Verudela 17, 52100 Pula, Tel. 052/59 00 00, www.arenaturist.com/Hotels

AUSGEHEN

Kafé Galerija Cvajner. Künstlercafé in den Räumen einer ehemaligen k. u. k.-Bank. Trg Republike 2, 52100 Pula, Tel. 052/21 65 02

Club Uljanik. Tagsüber findet man hier ein Café, nachts hingegen läuft Techno und es steigen Studentenpartys. Dobrlina 2, 52100 Pula, www.clubuljanik.hr

INFORMATION

Touristisches Informationszentrum Pula. Geöffnet 9–21 Uhr. Forum 3, 52100 Pula, Tel. 052/21 91 97, www.istria-pula.com

Touristisches Informationszentrum Medulin. Centar 223, 52203 Medulin, Tel. 052/57 71 45, www.istria-medulinriviera.com

Blick über den Yachthafen von Pula zum historischen Hotel Riviera

ISTRIEN

9 Istriens Südostküste
Ein spannender Winkel

Abrupt fällt hier die mal grün bewaldete, mal steinige Karstkante ins Meer. Der reizende Star des Küstenstriches ist Hippocampus ramulosus, das »langschnäuzige Seepferdchen«, das in der kristallklaren Unterwasserwelt besonders gerne vor den Kameras der Taucher posiert.

Südlich der tief eingeschnittenen Raša-Mündung ist der Küstenrand nur schwer zugänglich, und eigentlich besaß auch der mittlere Teil bis Brestova nur wenige Zugänge zum Meer. Dem wurde in den 60er-Jahren des letzten Jahrhunderts mit dem größten Tourismusprojekt Istriens abgeholfen.

Rabac

Das alte Fischerdorf sollte zum Balkon für die Sonnenhungrigen des Kontinents werden. Baubehörden parzellierten einen ganzen Hang unter der Devise »Meerblick für jeden«. Ferienbungalows, Hotels und Apartmenthäuser entstanden. Eine Marina wurde angelegt und eine Hafenpromenade, dazu Sportplätze und Strandanlagen, kurz, es wurde an alles gedacht. Südlich des Ortskerns steht das älteste Gebäude von Rabac, die Kirche Svetog Andrije, doch ihr kostbarstes Inventar, eine uralte Holzstatue des heiligen Andreas, ist fortgezogen ins Museum von Poreč. Natürlich, wer mag, kann dem quirligen Betrieb leicht entfliehen: da führt ein schöner Wanderweg dicht vorbei an Schluchten und Wasserfällen zur traumhaften Maslinica-Bucht, ein anderer nach Kosi, wo man sich am Blick auf die ruhig im Sonnenglast liegende Kvarner Bucht erfreut. Und dann ist ja das Učka-Gebirge mit dem höchsten Gipfel Istriens (1401 m) vor der Tür, ein herrliches Wandergebiet.

Mitte: Das Stadtmuseum von Labin residiert im venezianischen Barockpalazzo Battiola-Lazzarini.
Unten: Labins Hauptplatz ist wahrlich die »gute Stube« der Stadt.

Istriens Südostküste

Typisch istrisch: die säulengestützte Loggia

Labin

Das altertümliche Burg- und Bergwerksstädtchen Labin wurde im 4. Jh. v. Chr. gegründet. 1520 wurde hier der bedeutende Reformators Matthas Flacius Illyricus geborenen. Aus istrischem Stein ist das Mauerwerk der Crkva Marije (11. Jahrhundert), deren Vorderfront geschmückt ist mit einer Fensterrose, dem Markuslöwen und der barocken Büste des Senators Antonio Bollani, der sich im Kampf gegen die Türken bewährte. Vom 35 Meter hohen Campanile (1623) genießt man einen unvergesslichen Blick auf das Meer und Cres und hofft inständig, dass die alte, von Stollen unterhöhlte Stadt, der in den 70er-Jahren der Einsturz drohte, mittlerweile ausreichend gesichert ist.

Plomin

Verlassen, vergessen: das Bergwerksstädtchen Plomin. Die Kirche Sv. Juraj Stari (11. Jahrhundert) wird zum Glück renoviert. Sie ist eine der größten Kostbarkeiten Kroatiens, trägt sie doch an der Südseite eine der ältesten glagolitischen Inschriften und ein Relief, das den römischen Gott Silvanus zeigt, den Gott der Wälder, der Natur, der Erde.

Infos und Adressen

ESSEN UND TRINKEN

Restoran Due Fratelli. Kulinarischer Spitzenreiter vor Ort: Familienbetrieb mit eigenem Fischfang, deshalb spezialisiert auf Meeresfrüchte und Fischgerichte. Montozi 6, 52220 Labin, Tel. 052/85 35 77, www.duefratelli.com

Negri Olive. William und Anessa Negri produzieren eines der hochwertigsten Olivenöle Istriens. In dem alten Steinhaus erwartet den Besucher kein Restaurant, nur eine Olivenöl-Verkostung, begleitet von Brot, Käse und Wein. Mehr braucht man nicht, um glücklich zu sein. Dolinska 3, 52220 Labin, Tel. 052/87 52 80

ÜBERNACHTEN

Kaštel Pineta. In 15 km Entfernung von Rabac ein »Agrotourismus«-Quartier vom Feinsten. Das große Landhaus war einst im Besitz der adeligen Familie Lazzarini; 6 Apartments und ein öffentliches Restaurant mit istrischer Küche. Sveti Martin, 52220 Labin, Tel. 052/86 56 88, www.kastelpineta.com

Valamar Bellevue Hotel & Residence. Toplage in mediterranem Park mit Blick auf Cres; kooperiert mit allen großen Touristikunternehmen: 4-Sterne-Standard, dazu Sport-, Wellness- und Animationsprogramm für alle Altersklassen. Rabac bb, 52221 Rabac, Tel. 052/86 25 20, www.valamar.com/de/rabac-hotel-valamar-bellevue

INFORMATION

Touristisches Informationszentrum Labin. Aldo Negri 20, 52220 Labin, Tel. 052/85 55 60, www.istria-rabac.com

KVARNER

10 Zwischen Lovran und Volosko
Die mondäne »Kamelienküste« 66

11 Rijeka
Riviera und Bauernland 74

12 Senj
Eine Stadt mit viel Geschichte(n) 82

13 Cres
Die herbe Schönheit 84

14 Lošinj
Geliebte nahe Insel 90

15 Susak
Eine Insel für Individualisten 96

16 Premuda, Silba, Olib
Außenposten in der Adria 98

17 Krk
Urlaubsglück für viele 100

18 Rab
»Felix Arba« 106

19 Pag
Partylaune auf der Mondinsel 110

20 Jadranska Magistrala
Die Traumstraße Europas 112

21 Velebit und Paklenica
Zwei Naturreservate 114

22 Nationalpark Plitwitzer Seen
Die berühmten »Fallenden Seen« 118

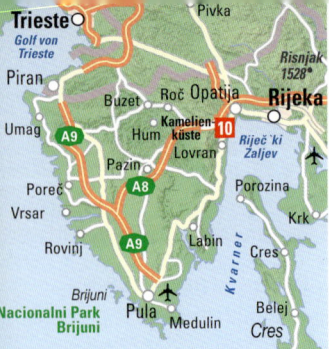

KVARNER

10 Zwischen Lovran und Volosko
Die mondäne »Kamelienküste«

An der nördlichen Ostküste zeigt sich Istrien ganz vornehm. Da verwandelte sich Ende des 19. Jahrhunderts die Liburnische Küste zu einer Riviera mit Luxushotels, Palmen, Kasinos und Kamelien. Wo einst die Spitzen der k. u. k.-Gesellschaft Wiens einen luxuriösen Kurtourismus in Gang setzten, urlauben heute betuchte Rentner und die Jeunesse dorée Osteuropas.

Der Küstensaum zwischen Lovran und Volosko, an dem schon im März alles in voller Blüte steht, war bis zum Zusammenbruch der Donaumonarchie der österreichischen Hautevolee vorbehalten. In Abbazia, wie Opatija damals hieß, überwinterte die Kaiserfamilie und mit ihr die »erste Gesellschaft«. Die Tradition der nach wie vor exklusiven Luftkurorte erfährt zu unserer Zeit eine Neuinterpretation: Aus der »Cur« wurde Wellness, und Thalasso ist längst nicht mehr alles. Heute wird der Gast mit Ayurveda, Lomi Lomi, Body-Detox oder gleich mit dem »Kaiserin Sisi«-Ölmilchbad verwöhnt.

Uskokendörfer

Eigentlich bilden der uralte Wehrort Brseć und das Fischerdorf Mošćenička Draga den südlichsten Punkt der Liburnischen Küste. Man sollte die beiden Ortschaften nicht links liegen lassen, sie erzählen die ins Mittelalter zurückreichende spannende Geschichte der Uskoken. Brseć liegt einsam auf einer 157 Meter hohen Terrasse steil über dem Meer. Der verwinkelte Ortskern ist durchzogen von krummen Treppengassen; vom unteren Platz führt eine Stiege hinauf zu einem Stadttor und zur Zis-

Seite 64/65: Die Villa Angiolina im Kurpark von Opatija, erbaut 1844
Mitte: Das mittelalterliche Bergdorf Brseć hoch über der Vela Vrata
Unten: Hier können Kamelien leicht winterhart sein!

Ein beliebter Badeort: Mošćenička Draga

terne. Neben dem Turm der Pfarrkirche Sv. Juraj ist noch ein großes Stück der mittelalterlichen Wehrmauer zu sehen, deren Schießscharten und Pechlöcher nach unten zum Meer hin zielen. Ein Wanderpfad führt von Brseć auf den Sisol (835 m), die südlichste Erhebung des Učka-Höhenzuges, von dem aus man eine herrliche Fernsicht auf die Adria und die Kvarner-Inseln genießt.

Von Brseć führt die Straße Richtung Lovran direkt die Küste entlang. Im Sommer sind hier viele im Auto unterwegs, um sich in den zahlreichen kleinen Buchten ein Plätzchen zum Nacktbaden zu suchen. Der kilometerlang zugeparkte Straßenrand verrät, dass die Leute fündig wurden. Der nächste, reizend mediterrane Badeort Mošćenička Draga war früher nur der Hafen des oberhalb wie ein Adlerhorst liegenden Hauptortes Mošćenička. Dieser war im 16. Jahrhundert einer der Stützpunkte der Uskoken. Das sagenhafte Piratenvolk hatte hier einen idealen Beobachtungs- und Angriffsposten, um den venezianischen Handelsschiffen zuzusetzen, die unterhalb die Meerenge zwischen der Küste und Cres passierten. Heute ist die weite, windgeschützte Kieselbucht von Draga ein beliebter Ferienort, und das pittoreske Berg-

AUTORENTIPP!

AUF DEM LUNGOMARE

Der 12 Kilometer lange Lungomare wurde Ende des 19. Jahrhunderts angelegt und trägt seit Kurzem ganz nostalgisch den Namen »Franza Josefa I«, nachdem er in den sozialistischen Jahrzehnten zuvor »Šetalište Maršala Tita« hieß. Die Uferpromenade, an der klassische Wiener Parkbänke zum Rasten einladen, führt entlang des Meeresufers durch eine üppige Gartenlandschaft.
Im Hochsommer ist ein Spaziergang am späten Nachmittag am angenehmsten, wenn die Učka-Berge schon früh ihren kühlenden Schatten auf den Küstenhang breiten. Immer wieder locken Badestellen, und natürlich sorgen auch Cafés und Restaurants für Erfrischungen. Für die Teilstrecken Lovran-Ičići, Ičići-Opatija, Opatija-Volosko braucht man im geruhsamen Flaniertempo jeweils etwa eine Stunde. Zurückfahren kann man mit dem Bus, der tagsüber mindestens halbstündlich verkehrt.

AUTORENTIPP!

MARUNADA ÖKO

Die Lovraner Maronen gehören zu den weltweit qualitätvollsten Kastanien. Die spezielle Sorte entstand durch Kreuzung von Kastanien aus dem Fernen Osten, die Lovraner Seefahrer von ihren Reisen mitbrachten, mit einheimischen Früchten. Und weil man auf sie besonders stolz ist, wird im Oktober in Lovran und den nahegelegenen Dörfern Liganj und Dobreć die Marunada gefeiert: bei dem folkloristischen Maronenfest spielen allerlei Speisen mit Kastanien die Hauptrolle – von salzig bis süß. Dazu fließen der einheimische junge Wein und der »Medica«, ein Honigschnaps, in Strömen. Wem das zuviel des Guten ist, der findet vielleicht das sportliche Rahmenprogramm auf den Učka-Pfaden und Bergstraßen spannend: das Trekking-Rennen »Učka Mountain Trek«.

Der Zuckerbäckerstil steht Opatija gut: das »Hotel Mozart«

KVARNER

städtchen Mošćenička, das über 700 schweißtreibend steile Stufen erklettert werden kann, ein ergiebiges Ziel für Fotosafaris: gedrängt stehen die Häuser um die Stadtloggia und die Pfarrkirche Sveti Andrej, die alte Ölmühle neben dem Stadttor war noch vor zwanzig Jahren in Betrieb.

Lovran

Und jetzt: Stilwechsel. Der berühmte Kurort Lovran mit seiner 100-jährigen touristischen Tradition. Seinen Namen verdankt der Ort dem hier üppig gedeihenden Laurus nobilis – schlicht Lorbeer. Im 7. Jahrhundert erstmals erwähnt, stehen vermutlich manche der alten Häuser sogar auf römischen Fundamenten. In der Zeit des mittelalterlichen kroatischen Königreichs war Lovran Teil des Verwaltungsdistrikts Liburnische Küste, ab dem 14. Jahrhundert gehörte die Stadt zum Habsburgerreich. Aber erst durch den Aufstieg Opatijas gewann auch Lovran von der Mitte des 19. Jahrhunderts an Bedeutung als Ferienresidenz. Der winzige historische Stadtkern, über die Zeitläufte intakt geblieben, erfuhr in der Gründerzeit seine Erweiterung, jedoch platzierten sich alle Neubauten entlang der Uferpromenade und an den Abhängen. Vor dem Ersten Weltkrieg besaß Lovran bereits zehn Hotels, Dutzende Pensionen, zwei Badeanstalten und ein Theater. So hat Lovran gegenüber Opatija den Vorzug eines kulturell vielschichtigen Stadtbildes.

Vom südlichen Stadtturm gegenüber dem Hafen gelangt man zum Hauptplatz mit der im 12. Jahrhundert gegründeten und im 15. Jahrhundert gotisch veränderten Kirche Sveti Juraj. Der ursprünglich frei stehende romanische Campanile wurde in der Zeit des Barock durch Seitenkapellen mit dem Hauptschiff verbunden. Auf dem Platz fallen zwei Reliefbilder auf: das eine, über dem

Zwischen Lovran und Volosko

Eingang zum alten Rathaus, zeigt den Heiligen Georg im Kampf mit dem fauchenden Drachen, das andere den Mustaćon, einen schnurrbärtigen Orientalen, der angeblich vor dem bösen Blick schützt. Ihm begegnet man in der Gegend von Rijeka noch häufiger. Bedeutend ist die romanische Dreifaltigkeitskapelle (Sv. Trojstva) am Hafen, auch wegen ihrer spätgotischen Wandmalereien und einer Grabplatte von 1595, die eine glagolitische Inschrift trägt. Lovrans Hauptattraktion ist aber zweifellos der Lungomare, der, je nach Richtung, hier endet oder seinen Anfang nimmt. All die vor über hundert Jahren in den subtropischen Parkanlagen und entlang der Promenade gepflanzten Zedern und Zypressen, Lorbeerbäume und Kastanienbäume sind mächtig gediehen. Kamelien, Hortensien und Oleander blühen um die Wette. Dazu der Duft und das Rauschen des Meeres. Ein schönerer Spazierweg ist nicht vorstellbar.

Ika und Ičići

Die ehemaligen Fischerdörfer Ika und Ičići, zwei Kilometer nördlich von Lovran, sind heute zusammengewachsen und touristisch wegen der ACI Marina Opatija-Ičići und dem Autocamp Opatija von Bedeutung. An der felsigen Küste wird jeder Flecken zum Baden genützt. Reizend ist die Jugendstilvilla oberhalb des Yachthafens, ihr Bauherr war der »steinreiche« Altösterreicher Jakob Ludwig Münz: Als Steinbruchbesitzer hatte er wahrlich ausreichend Baumaterial für all die Türmchen zur Hand!

Opatija

Palace-Bellevue, Belvedere, Miramar – in Opatija glänzt der Glamour der Gründerzeit so strahlend wie ehedem. Kroatiens ältestes Seebad hat den Sprung ins dritte Jahrtausend geschafft, und so

Oben: Auch Busreisende möchten sich kurz mit einem Bad erfrischen …
Mitte: Villen am Lungomare von Lovran
Unten: Die Villa Münz in Ičići ist eine der auffälligsten Sommerresidenzen der liburnischen Riviera.

Oben: Opatijas Kurstadtambiente ist die Visitenkarte der Kvarner Region.
Unten: Hotels und Villen wetteifern miteinander um das schönste Fassadendekor.

nennt sich das ehemalige Hotel Jadran nach einem kompletten Umbau denn auch Hotel Milenji. Im Rücken geschützt von der Učka, vom Jugo mit einem lauen Lüftchen aus Afrika beheizt, ist Opatija seit 1889 Kurort. Kaiser Wilhelm II. überwinterte hier ebenso wie Anton Tschechow oder Giacomo Puccini, Kaiser Franz Josef logierte im Hotel Kvarner und die Tanzikone Isabella Duncan ließ sich während ihres Aufenthaltes in der Villa Amalia von den Palmwedeln vor ihrem Balkon künstlerisch inspirieren. Bis heute prägt die feudale Architektur das Stadtbild, auch wenn an den Ortsenden und in den Parks moderne Hotels und Apartmentklötze hinzugekommen sind.

Spezielle Sehenswürdigkeiten sind ja nicht wirklich abzuhaken, es sind die alten »Terrain-Curwege«, die die Richtung vorgeben: hin zum 1900 erbauten Juraj Šporer-Kunstpavillon und der Bronzeskulptur »Gruß an das Meer«, 1956 geschaffen von Zvonko Čar. Hinauf zur neoromanischen Kirche Navještenja Blažene Djevice Marije, deren grüne Kuppel ein Blickfang Opatijas ist. Hinüber zum Yacht-Hafen, wo man den Segelbooten beim Ein- und Ausfahren zusehen kann. Dazwischen erzählt nicht nur die neoklassizistische »Villa Angiolina« von ihrem Bauherrn, dem reichen Kaufmann Iginio Ritter Scarpa aus Rijeka, und seinen illustren Gästen, sondern auch der Park. Denn

Zwischen Lovran und Volosko

es war zur guten Sitte geworden, dass die Besucher ihrem Gastgeber von ihren Fernreisen Pflänzchen mitbrachten. Und die gediehen hier im Botanischen Garten alle so prächtig wie der riesige Mammutbaum. Die japanische Kamelie hat es sogar zum Markenzeichen von Opatija gebracht.

Volosko und Kastav

Von Opatija aus nordwärts setzt sich die Uferpromenade bis Volosko fort. Obwohl längst als »Stadtteil« von Opatija eingemeindet, hat sich der Ort noch den ursprünglichen Charakter als istrisch-venezianisches Fischerdorf bewahrt, die engen, steilen Gassen der Unterstadt laden zum Bummeln ein. Und in den Fischrestaurants am Hafen heißt es, rechtzeitig zu reservieren. Essgenuss und Augenschmaus in einem. Deshalb war auch der malerische Ausflugsort Kastav fünf Kilometer nördlich von Volosko dafür prädestiniert, ein Gourmetziel zu werden: im mittelalterlichen Ambiente, mit einem schönen Blick auf das Meer und die Inseln Krk und Cres, vertreten sich die Gäste des renommierten Kukuriku ein wenig die Füße.

MAL EHRLICH

STRESS IM KURORT

Im Sommer wird der Trubel in Opatija grenzwertig. Autofahrer suchen verzweifelt einen Parkplatz, Busse entladen ihre Gruppenreisenden direkt vor den Promenade-Cafés. Im öffentlichen Strandbad (»Lido«) und am künstlich geschaffenen Sandstrand Slatina findet sich kein Handtuch großes freies Fleckchen mehr. Das richtige Opatija-Feeling kommt erst ab dem Spätherbst auf. Dann erst stellt sich beim Stadtspaziergang ganz von selbst jenes Flanieren ein, das der entschleunigten Lebensweise in einem Kurort zukommt.

AUTORENTIPP!

RAUF AUF DEN VOJAK!

Lovran ist der Ausgangspunkt für schöne Ausflugsfahrten oder Wanderungen in das Mittelgebirge der Učka. Da bieten sich als Ziele die Maronenorte Dobreć oder Liganj an oder Lovranska Draga, um den Vojak (1401 m) zu besteigen. Die Waldpfade auf den höchsten Gipfel des Učka-Höhenzuges sind alle mit roten Markierungen gut ausgezeichnet, vom gedrungenen Gipfelturm, der 1911 errichtet wurde, hat man einen fantastischen Panoramablick: im Südosten alle vier großen Inseln des Kvarner, am Festland den Höhenzug des Velebit, im Norden die Gipfel der Julischen Alpen.

Vojak. Man fährt auf der Küstenstraße von Lovran bis Ičići, dann geht es eine reizvolle Serpentinenstraße hinauf Richtung Veprinac. Hinter dem Ort nimmt man die Straße zum Poklon-Pass. Vom Parkplatz des Restoran Učka ist der Vojak in 1,5 Stunden zu Fuß erreichbar. Alternativ von Vela Učka die schmale Asphaltstraße direkt hinauf zum Parkplatz unterhalb des Aussichtsturms nehmen.

Das »Hotel Palace« im Zentrum von Opatija

KVARNER

Infos und Adressen

ESSEN UND TRINKEN

Amfora. Klassisch elegantes Restaurant am Hafenende von Volosko, mit traditioneller Speisekarte. Črnikovica 4, 51410 Opatija-Volosko, Tel. 051/70 12 22, www.restaurant-amfora.com

Bevanda. Das elegante Restaurant am Lido beim Yacht-Hafen gilt als eines der schönsten Lokale an der Adria. Salon und Terrasse am Meer; Champagner-Bar; Spezialität Meeresfrüchte. Zert 8, Opatija, Tel. 051/49 38 88, www.bevanda.hr

Freisitz im »Draga di Lovrana«, mit Blick auf die Wälder der Učka

Dopolavoro. Nettes altes Ausflugslokal auf der Straße nach Učku, 15 Kilometer von Opatija entfernt. Učka 9, 51414 Ičići, Tel. 051/29 96 41, www.dopolavoro.hr

Draga di Lovrana. Von der Terrasse der Jahrhundertwende-Villa in erhöhter Lage genießt der Gast einen Panoramablick; auch Hotelzimmer. Lovranska Draga 1, 51415 Lovran, Tel. 051/29 41 66, Fax 051/29 18 26, www.dragadilovrana.hr

Kukuriku. Der Gourmet-Treff kredenzt Spitzenweine und betreibt seine Küche nach den Prinzipien der Slow-Food-Bewegung. Lieblingsmotiv der Einrichtung: natürlich ein Hahn. Von Rijeka mit der Buslinie 18 erreichbar. November bis Ostern geschlossen. Trg Lokvina 3, 51215 Kastav-Hrvatska, Tel. 051/69 15 19, www.kukuriku.hr

Le Mandrac. Ein Hingucker im alten Fischerdorf Volosko: Der hypermoderne Glaswürfel der Terrasse. Deniz Zembo ist einer der Starköche Kroatiens und seine zeitgeistigen Küchenkreationen sind Kult. Obala F. Supila 10, 51410 Opatija-Volosko, Tel. 051/70 13 57, www.lemandrac.com

Perun. Einziges Lokal am Platz, mit guter bodenständige Küche, vor allem aber ein großartiger Ausblick über die Vela Vrata. Mošćenička. Tel. 051/737 15

ÜBERNACHTEN

Adria-Relax-Resort Miramar. Bestes Wellness-Hotel von Opatija. Die prächtige Belle-Epoque-Villa direkt am Lungomare bietet einen eigenen Fels-Badestrand, der große beheizte »Stil«-Pool mit Innen- und Außenbereich sucht seinesgleichen. Umfangreiches Wellness- und Beauty-Angebot, Linkswalzer-Kurse und dazu ein ausgezeichnetes Restaurant. Ive Kaline 11, 51410 Opatija, Tel. 051/28 00 00, www.hotel-miramar.info

Astoria. Das einzige Designhotel der Gegend, in unmittelbarer Nähe der Küstenpromenade, 50 moderne Zimmer und Suiten. Ulica Maršala Tita 174, 51410 Opatija, Tel. 051/70 63 50, www.hotel-astoria.hr

Hotel Kvarner. Das erste Hotel in Opatija wurde 1883 von der Südbahn-Gesellschaft aus Wien errichtet. Das klassizistische Gebäude zählt bis heute zu den architektonischen Prunkstücken an der Adria, ist aber nicht generalsaniert: das Hotel ist (noch) ein Denkmal seiner selbst. Pava Tomašića 1-4, 51410 Opatija, Tel. 051/71 04 44

Villa Ariston. Wunderschöne historische Villa an der Uferpromenade, auch das Interieur ist noch original erhalten; 2 Apartments, 6 Doppelzimmer; Restaurant. Ulica Maršala Tita 179, 51410 Opatija, Tel. 051/27 13 79, www.villa-ariston.hr

Zwischen Lovran und Volosko

Nobel und gediegen: das »Kvarner« in Opatija

Villa Astra. Umgeben von Pinien und Palmen, ruft diese sorgfältig restaurierte 5-Sterne-Villa die Atmosphäre jener Zeit in Erinnerung, in der die Riviera der mondäne Treffpunkt der europäischen Hocharistokratie war. Nur 6 Zimmer, Pool und Tennisplatz. Viktora Cara Emina 11, 51415 Lovran, Tel. 051/29 44 00, www.lovranske-vile.com

Villa Klara. Familienhotel am Hang oberhalb der Küstenstraße, schöne Zimmer mit Balkon zum Meer, Terrasse und Garten. Put za Veprinac 2, 51414 Ičići, Tel. 051/70 41 19, www.villaklara.hr

AUSGEHEN

Hemingway-Bar. Internationale DJs, teure Cocktails, Go-Go-Girls, Jetset-Atmosphäre – das Konzept haben auch die anderen Hemingway-Bars in Split, Rijeka und Zagreb. Yacht-Hafen, Zert 2a, 51410 Opatija, Tel. 051/71 23 33, www.hemingway.hr/opatija

Kavana Wagner. Direkt am Lungomare liegt das klassische Kaffeehaus von Opatija als Teil des Milenji-Hotels, Kuchen aus der hauseigenen Konditorei. Tel. 051/20 20 71

Tantra. Beach-Club mit Deckchairs für das süße Nichtstun am Nachmittag und um später bei einem Drink den Sonnenuntergang zu genießen. Plaza Lido, 51410 Opatija, www.loungebar-tantra.com

INFORMATION

Touristisches Informationszentrum Kvarner.
Čikovići bb, 51215 Kastav, Tel. 051/62 33 33,
www.kvarner.hr
Touristisches Informationszentrum Opatija.
Mučići bb, 51215 Matulji, Tel. 051/27 98 16,
www.opatija-tourism.hr

Lobby im »Hotel Mozart«

KVARNER

11 Rijeka
Riviera und Bauernland

Rijeka ist jung. Rijeka ist laut. Rijeka hat einen Flug- und einen Fährhafen. Östlich der Metropole lockt die Riviera von Vinodol, in der »Riječki zaljev« liegen die Urlaubsinseln Cres, Krk, Lošinj. Und jenseits der Autobahn breitet sich das stille, bäuerliche Hinterland der »kroatischen Schweiz« aus. Nichts wie raus aus der Stadt?

Rijeka war mal Fiume

Bereits die Römer hatten hier einen Militärstützpunkt, auf dessen Mauern die Kroaten im 8. Jahrhundert die Festung Trsat errichteten. Drei Jahrhunderte lang war die Stadt unter dem Namen Fiume im Besitz der Habsburger. Ende des 19. Jahrhunderts begann ein rasanter Aufschwung, wie sich an vielen Gründerzeitbauten um den Korzo und den einstigen k. u. k.-Seehafen zeigt. Nach dem Ersten Weltkrieg war Fiume italienisch besetzt und erlebte unter dem Dichter, Flieger und faschistischen Utopisten Gabriele d'Annunzio problematische Zeiten. Erst nach dem Zweiten Weltkrieg fand Rijeka zu seiner Identität zurück.

Trsat

Das wortwörtliche Highlight von Rijeka ist der nördlich gelegene Festungsberg Trsat im Stadtteil Sušak. Jeder behält den Pilgerweg in nachdrücklicher Erinnerung, der vom barocken Kuppeldurchgang an der Riječina-Brücke über 538 Stufen himmelwärts zur Wallfahrtskirche Sveta Marija Lauretanska führt (wer nicht genug Puste hat, erreicht den Burgberg auch mit dem Auto oder mit den Stadtbussen 1 und 1A).

Unten: Die neugotische Kapuzinerklosterkirche Marija Lourdes mit ihrer Doppeltreppe ist eine markante Sehenswürdigkeit im Zentrum von Rijeka.

Die Burg auf dem Trsat

Die Votivkapelle, die man durch die Tür rechts vom Hauptportal betritt, ist ein anrührendes Denkmal der Volksfrömmigkeit: Naive Bilder, Krücken und Schiffsmodelle berichten von Gefahren, aus denen die Muttergottes ihre Schutzbefohlenen errettet hat. Der Strom der frommen Pilger zum »kroatischen Nazareth« reißt niemals ab, so richtig eng wird es aber zu den beiden größten Marienfeiertagen am 15. August und 8. September. Am Ende der vom Kroatischen Kulturzentrum abgehenden Gasse gelangt man zur Trsatska gradina, hoch über der Schlucht der Riječina. Der Bau in seiner heutigen Gestalt ist ein »Fake« aus dem 19. Jahrhundert. Damals kaufte der österreichische Feldmarschall Laval Nugent von Westmeath, der in den napoleonischen Kriegen Kroatien für die Habsburger eroberte, die Ruine des mittelalterlichen Frankopanen-Kastells, und ließ sich über ihren Mauern seine »romantische« Burg errichten.

Die Riviera von Vinodol

Die Küste südöstlich von Rijeka ist ein beliebtes Naherholungsgebiet für die Einwohner von Rijeka. Eine erste Bademöglichkeit nach der Industriezone der Großstadt bietet die Bucht von Bakarac,

AUTORENTIPP!

»BERGFRÜCHTE« IM GORSKI KOTAR

Der Tourismusverband der bäuerlich-ursprünglichen Region Primorje-Gorski kotar hat sich die »Straße der Bergfrüchte« als »grüne« Attraktion ausgedacht. Handwerkliche und landwirtschaftliche Kleinbetriebe bieten ihre selbst gefertigten Produkte zum Kennenlernen und Kaufen an: So kann man in Brod na Kupi unterschiedlichste Apfelprodukte genießen, in Čabar Käse verkosten, und in Fužine hat man sich auf Kräuter und Berglavendel spezialisiert. Lokve und Ravna Gora, wo der Hauptinformationspunkt ist, bieten hausgemachte Kräuterliköre an. Zwischen Mai und Oktober finden lokale Veranstaltungen zum Thema »Bergfrüchte« statt, mit Wandertouren, Pflanzenbestimmungskursen und Verkostungen.

Straße der Bergfrüchte. Infos beim Tourismusverband der Region: www.tz-delnice.hr

KVARNER

Oben und Unten: Der Stadtturm von Rijeka fügt sich nahtlos in die Häuserfront am Korzo ein. Dem k.u.k.-Doppeladler auf ihm hat, rein historisch, die Uhr geschlagen.

allerdings sind weder die betonieren Liegeflächen noch der Anblick der Industrieschlote besonders attraktiv. Kurz hinter Kraljevica zweigt die monumentale doppelbogige Brücke Krčki Most ab, die schnellste Verbindung auf Krk.

Erst an der Riviera von Crikvenica wird es richtig hübsch. Lange ein unbedeutendes Fischerdorf, erlebte Crikvenica gegen Ende des 19. Jahrhunderts mit dem Bau des Hafens und des ersten und bis heute eleganten Kurhotels Therapia einen Aufschwung als mondänes Seebad, in dem sich gekrönte Häupter aus Bulgarien, Griechenland oder Schweden die Klinke in die Hand gaben. Heute verfügt die Hotellerie von Crikvenica über 9000 Gästebetten und eine Marina, im gepflegten Städtchen herrscht stets ein lebhafter Betrieb, der Sandstrand ist mit der blauen Flagge ausgezeichnet. Die von Pinien, Lorbeerbäumen und Palmen beschattete Promenade zieht sich neun Kilometer von der Halbinsel Kačjak bis zu dem neuen Touristenort Selce im Süden, ein Touristenbähnle fährt hin und her. Pizzerien, Fischrestaurants und Cafés laden zur Rast ein.

Auch das malerisch an einem Abhang gelegene Seebad Novi Vinodolski weist stolz auf seine über hundertjährige Tradition als Luftkurort hin, steht aber als Kurbad im Schatten der nördlichen Nachbarin. Dafür hat das Städtchen mit einem Plus an Geschichte aufzuwarten: Der alte Ortskern Stari Grad liegt auf einem Hügel rings um die Überreste der Burg des Fürsten Frankopan. Unter dessen Herrschaft entstand 1288 das »Vinodoler Gesetzbuch«, das als erstes juristisches Werk der Slawen das Verhältnis zwischen Feudalherren und Bauern regelte und zugleich das älteste Rechtsdokument Mitteleuropas ist. Im Stadtmuseum im quadratischen Burgturm kann man darüber sehr viel mehr erfahren.

Rijeka

Rundgang durch Stari grad

Rijekas Altstadt »Stari grad« ist übersichtlich. Zwischen dem Bahnhof und Mrtvi-Kanal verläuft parallel zur Hafenfront die Fußgängerzone Korzo, von der aus sich die mit gelben, mehrsprachigen Schildern ausgezeichneten Sehenswürdigkeiten im historischen Herz leicht zu Fuß anpeilen lassen.

Da ist zunächst der seit seiner Errichtung im 15. Jahrhundert immer wieder umgebaute, mit dem habsburgischen Doppeladler geschmückte Uhrturm **Gradski toranj** Ⓐ, der früher den einzigen Zugang in die von Mauern umschlossenen Stadt bildet. Er ist gesäumt von Kaufhäusern und netten Cafés. Das römische Tor aus dem 4. Jahrhundert überspannt eine schmale Gasse, die vom Trg Koblerov nach Norden führt.

Folgt man rechts der Ulica Užarska, der Decumanus maximus der römischen Legionäre, gelangt man zum **Dom Mariä Himmelfahrt** Ⓑ (Crkva uznesenja Blažene Djevice Marije), einer ursprünglich gotischen, später barockisierten Kathedrale. Der 33 Meter hohe Glockenturm aus antiken Steinblöcken hat sich im Laufe der Jahrhunderte zum Gotteshaus hingeneigt, so hat auch Rijeka seinen schiefen Turm.

Gouverneurspalast am Muzejski trg

Von dort aus wendet man sich gegen den Uhrzeigersinn und gelangt über die Đure Šporera zur erhöht über der Altstadt liegenden barocken Rotundenkirche **Svet Vid** Ⓒ, in der immer Kerzen vor der Statue des Heiligen Veit, des Schutzpatrons der Stadt, brennen.

Am Schluss des Rundgangs finden wir auf dem **Trg Koblerov** Ⓓ das Alte Rathaus mit der Rolandssäule und die im 14. Jahrhundert gegründete Kirche Sv. Jeronima.

Ein Bummel entlang der Riva führt schließlich am Palais Mondello vorbei, einem im Wiener Ringstraßenstil errichteten klassizistischen Bankgebäude, hin zu den schönen alten **Jugendstil-Markthallen** Ⓔ. Hier kann man inmitten von Obst- und Gemüseständen – verkauft wird bis mittags – in den kroatischen Alltag eintauchen und es sich einfach gut gehen lassen.

Ⓐ **Gradski toranj**

Ⓑ **Dom Mariä Himmelfahrt**

Ⓒ **Svet Vid**

Ⓓ **Trg Koblerov**

Ⓔ **Markthallen**

AUTORENTIPP!

DER VELIKI RISNJAK IM NATIONALPARK RISNJAK

Herzstück des Gorski kotar ist der Nationalpark Risnjak. Den Namen hat diese echte Wildnis vom Luchs, der durch die dichten Wäldern streift, und ihr höchster Gipfel ist der Veliki Risnjak (1528 m).

Etwa drei Stunden geht man vom Nationalparkhaus in Bijela Vodica bis zur Berghütte auf 1448 m Höhe hinauf. Der Gipfelsturm beginnt harmlos, zum Schluss wandelt sich der Weg (Route 2) aber zu einem anstrengenden, steilen Pfad durch Felsgestein. Vom Gipfel des Veliki Risnjak schweift der Blick über karge Grate auf den 15 Kilometer entfernten Küstensaum und weit hinaus in die Kvarner Bucht – ein traumhaftes Bild. Für die Anstrengung der Tageswanderung belohnt man sich dann abends mit einem Hirschragout im »Motel Risnjak«.

Wer den Anstieg scheut, dem bietet der Waldlehrpfad Poučna staza Leska (Route 1) eine reizvolle Alternative: zwölf Stationen sind den geologischen, botanischen und zoologischen Besonderheiten der karstigen Berggegend gewidmet. Den Rundweg absolviert ein gemütlicher Wanderer bequem in einer Stunde.

Nationalpark Risnjak. Wanderkarten und anderes Infomaterial gibt es bei Crni Lug, Bijela Vodica 48, Tel. 051/83 61 33, www.risnjak.hr

KVARNER

Gorski Kotar

Keine Autostunde von der Küste entfernt, gelangt der Naturfreund in eine sattgrüne Landschaft mit Wäldern, Talauen und plätschernden Bächen. Im Gorski kotar – der »kroatischen Schweiz« -, treffen Alpenausläufer auf das Dinarische Massiv.

Der Mix von maritimem und kontinentalem Klima sorgt in dieser waldreichsten Gegend Kroatiens für eine vielfältige Pflanzen- und Tierwelt, darunter tummeln sich nicht wenige besondere Arten, die hier ihren geschützten Lebensraum gefunden haben. Hier sagen Braunbären, Wölfe, Dachse, Marder und Füchse einander gute Nacht.

Für Jäger und Angler ist die Waldregion an der slowenischen Grenze ein Eldorado, Vogelkundler hoffen darauf, den raren langflügeligen Schlangenadler zu erspähen. Und eigentlich lohnt es sich auch für den Sommerurlauber, einen Badetag zu opfern, um die altertümlichen Dörfer aufzusuchen, und sich dabei als Pionier der kroatischen »Sommerfrische« zu empfinden.

MAL EHRLICH

SIND MORCICI POLITISCH KORREKT?

Manche zeigen sich irritiert. Sie legen an die Preziosen den Maßstab der »political correctness« und lehnen sie als diskriminierende Objekte ab. Sich mit den zierlichen emaillierten Mohrenköpfen zu schmücken war aber schon zur Zeit des Rokoko »in«, als der Orientkult in seiner vollsten Blüte stand. Egal ob die »Morcici« aus dieser Zeit stammen oder mit den noch älteren dalmatinischen Morisken zu tun haben, sie sind ein traditionelles und typisches Souvenir des Kvarner. Auch die Bijouterie-Geschäfte von Rijeka präsentieren sie in ihren Auslagen.

Rijeka

Infos und Adressen

ESSEN UND TRINKEN

Bistro Mornar. In der Hafenkneipe stärken sich Markthändler, Fischer und Seeleute schon am frühen Morgen mit bodenständigen Gerichten; preisgünstig und authentisch. Riva Boduli 5a, 51000 Rijeka, Tel. 051/31 32 57

Restoran Bitoraj. 25 Kilometer nördlich von Crikvenica an der Bergstraße 5062. Original Landküche des Gorski kotar, das heißt Bärenschinken, Wildgerichte, Forellen und Frösche. Sveti Križ 1, 51322 Fužine, Tel. 051/83 50 19, www.bitoraj.hr

Taverna Brun. Italienisch-kroatische Küche. Ribarska 5, 51000 Rijeka, Tel. 051/21 25 44

ÜBERNACHTEN

Falkensteiner Hotel Therapia. Das elegante Luxushotel aus dem Jahr 1895 wurde 2006 zu einem modernen 4-Sterne-Hotel ausgebaut. Braće Bochoffer 12, 51260 Crikvenica, Tel. 051/20 97 00, www.therapia.hr

Hotel Kaštel. 1988 im ehemaligen Paulinerkloster eingerichtetes 3-Sterne-Hotel in Zentrumsnähe am Strand; schöner Park, keine Klimaanlage. Frankopanska 22, 51260 Crikvenica, Tel. 051/24 10 44

Fassadendetail des mondänen Mondello-Palastes

Modernes Interieur gemischt mit opulenter Klassik

Hotel Kukuriku. Luxuriöses Boutique-Hotel im verträumten Städtchen Kastav oberhalb von Rijeka (8 km entfernt vom Stadtzentrum); angeschlossen ist ein Gourmetrestaurant. Lieblingsmotiv der Einrichtung? Ein Hahn natürlich. Trg Lokvina 3, 51215 Kastav, Tel. 051/69 15 91, www.kukuriku.hr

Motel Risnjak. Restaurant und Logis für Nationalpark-Wanderer; hier ist auch das Informationsbüro des Nationalparks. Bijela vodica 48, Crni Lug, Tel. 051/83 62 46, www.risnjak.hr

AUSGEHEN

Nina. Angesagte Cocktail-Bar und Club auf einem Schiff, aufgelegt wird House und »Cro Music«. Adamićev Gat (an der Riva), 51000 Rijeka, Tel. 091/531 78 79, www.nina2.com

Indigo Lounge. Angesagter Treff der jungen Musik-Szene; zum Lokal gehört auch ein Restaurant, das Brunch anbietet. Stara Vrata 3, 51000 Rijeka, Tel. 051/31 51 74, www.indigo.com.hr

INFORMATION

Touristisches Informationszentrum Rijeka. Korzo 33a, 51000 Rijeka, Tel. 051/33 58 82, www.tz-rijeka.hr

Touristisches Informationszentrum Crikvenica. Trg S. Radića 1c, 51260 Crikvenica, Tel. 051/24 10 51, www.tzg-crikvenice.hr

Palača Jadrolinija in Rijeka

KVARNER

12 Senj
Eine Stadt mit viel Geschichte(n)

Fact & Fiction – in Senj durchdringen sich Geschichte und Geschichten. Nicht wenigen deutschen Besuchern sind die mittelalterliche Stadt und ihre trutzige Festung sehr vertraut. Eigentlich besichtigen sie hier den Drehort der TV-Kultserie »Die rote Zora und ihre Bande«.

In Senj werden bei nicht nur einer Generation Kindheitserinnerungen wach. »Die rote Zora« des Autors Kurt Held, 2008 neuverfilmt – hier sind sie und ihre Bande zu Hause. »Die ganze Stadt lebte mit dem Film«, sagt einer der Einheimischen, der schon Ende der 70er-Jahre als Statist in der Fernsehserie mitwirkte. Daran ist nur eines falsch. Die Stadt lebt nach wie vor mit dem Film. Ein vom Fremdenverkehrsamt angelegter Themenweg wird als touristisches Highlight angepriesen, als Handreichung dazu gibt es eine Broschüre.

Am Filmset

Folgt man der Zora-Route, kommt man kreuz und quer durch die Altstadt von einem filmbekannten Winkel zum nächsten: vom Marktplatz Điga am Hafen mit dem Leuchtturm und dem Šabać-Turm zum Gradski-Park, von dort weiter in die Gassen der Altstadt zum klassizistischen Palača Ježić, zum Trg Dvorac. Dann durch die altertümliche Uskočka ulica hin zur Kathedrale und zum brunnengeschmückten Hauptplatz Cilnica. Zu guter letzt ersteigen die Besucher auf den Spuren der Kinderbande die kantige Festung Nehaj, die über der Stadt wie ein stummer Wächter aus grauer Vorzeit hockt, ihr heutiges Aussehen aber der Rekonstruktion von 1965 verdankt. Was die Filme nicht zeigen, sind die Bauten der Nachkriegszeit.

Mitte: Die kleinen Badebuchten bei Senj liegen direkt unterhalb der Küstenstraße.
Unten: Der Innenhof des Vukasović-Palastes, nobles Domizil des Stadtmuseums

Senj

Stadt der Uskoken

Der spannenden Stadtgeschichte von Senj kommt der Besucher des Stadtmuseums auf die Spur, das im Vukasović-Palast (14./15. Jh.) untergebracht ist. Als eine der ältesten Städte Kroatiens wurde Senj im 4. Jh. v. Chr. von einem keltischen Stamm gegründet. In römischer Zeit erlangte der Ort als Handelsplatz Bedeutung, vom 9. bis zum 16. Jahrhundert regierten hier kroatische Fürsten. Aus dieser Zeit haben sich zwei bedeutende kulturelle Relikte erhalten: die Senjer Platte, eines der ältesten glagolitischen Zeugnisse (1100) und das von Blaž Baromić in Senj gedruckte glagolitische Messbuch (1494). 1526 kam Senj zum Habsburgerreich. Als dessen »Wachhunde« sorgten die unerschrockenen Uskoken dafür, dass die Osmanen nicht die Adria hinauf kamen. 1558 errichtete der Hauptmann Ivan Lenković die uneinnehmbare Festung Nehaj mit Geldern des österreichischen Kaisers Ferdinand I. Zweihundert Jahre später wurden die unbändigen Uskoken der europäischen Großmachtpolitik lästig, als Symbol für die heldenhafte Selbstbehauptung der Kroaten haben sie aber bis heute nicht ausgedient.

Als Urlaubsort hat es Senj, trotz der roten Zora, trotz der folkloristischen »Uskokentage« im Juli und dem »Sommerkarneval« im August nicht einfach. Schuld hat der kalte Fallwind. Nicht ohne Grund sprechen die Kroaten von der Stadt als dem »Wohnzimmer der Bora«. Zudem gibt es am eingezwängten, karstigen Küstenstreifen nur wenige Badeplätze. So muss Senj sich mit Kurzbesuchern abfinden. Trotzdem, der kulturell interessierte Reisenden wird auch die Kathedrale Sveta Marija mit ihrem romanischen Kern besichtigen, die Residenz des Fürsten Frankopan und die anrührende Votivkirche Sveta Marija od Arta, in der das Wort »Kirchenschiff« eine ganz andere Bedeutung bekommt.

Infos und Adressen

SEHENSWÜRDIGKEITEN
Festung Nehaj. Museum mit reicher Waffen- und Volkstrachtensammlung. Juli/August geöffnet 10–21 Uhr, Mai/Juni, September/Oktober geöffnet 10–18 Uhr. Nehajeva bb, 53270 Senj, Tel. 053/88 52 77

Gradski Muzej (Stadtmuseum). Juli/August geöffnet 8–15 und 18–20 Uhr, Sonntag 10–12 Uhr; sonst 8–15 Uhr, Samstag geschlossen. Ogrizovićeva 5, 53270 Senj, Tel. 053/88 11 41, www.muzej-senj.hr

ESSEN UND TRINKEN
Konoba Lavlji dvor. Folkloristische Gastronomie mit Grillplatten und Fleischspießen, schön die überdachte Gartenterrasse. Petra Preradovica 2, 53270 Senj, Tel. 053/88 17 38, www.lavlji-dvor.hr

Restoran Kresimir. Auf Fisch und Meeresfrüchte spezialisiertes Restaurant am Hafen, mit Terrasse. Obala Kralja Zvonimira 10, 53270 Senj, Tel. 053/88 52 57

Restoran Trđava Nehaj. Das gediegene Restaurant im Untergeschoss der Festung ist von 11–24 Uhr geöffnet, beachtlich ist der riesige Kamin! Tel. 053/88 52 77

ÜBERNACHTEN
Hotel Garni »Art«. Funktional modernisiertes altes Gemäuer am Meer, einen Spazierweg von der Festung entfernt. Obala Kralja Zvonimira 4, 53270 Senj, Tel. 053/88 43 77

INFORMATION
Touristisches Informationszentrum Senj. Stara cesta br.2, 53270 Senj, Tel. 053/88 10 68, www.tz-senj.hr

KVARNER

13 Cres
Die herbe Schönheit

Steinig, dornig, windig und mystisch – Cres ist zweifellos eine Insel für Individualisten. Seefahrende Völker ließen sich hier in Urzeiten nieder. Die Insel gehörte von der ersten Jahrtausendwende bis ins 18. Jahrhundert zu Venedig.

Das richtige Feriengefühl, das kommt mit dem Ablegen des Fährschiffes auf. So sehen das alle Passagiere, die von Brestova nach Cres übersetzen. Doch die allermeisten wollen schnell weiter nach Lošinj, für sie ist Cres nur Durchfahrtsstrecke.

Warum nicht gleich Cres?

Nach dem Anlegen in Porozina sollte man alle anderen vorlassen und die Fahrt auf der Kammstraße durch Waldgebiet Richtung Süden genießen. Einen ersten Überblick bekommt man beim Aussichtspunkt Križić. Im Osten liegt zum Greifen nahe Krk, im Westen die Südspitze von Istrien. Hier wäre auch die Gelegenheit, hinauf zum höchsten Gipfel von Cres zu wandern. Nach einer halben Stunde steht man auf dem Gorice (648 m) und sieht die Opatija Riviera mit dem Učka-Gebirge, Rijeka, Krk und den dahinter liegenden Höhenzug des Velebit.

Mitte: Blick auf die Stadt Cres
Unten: Hafenszenerie von Cres mit Blick zum nordwestlichen Wehrturm

Vielleicht doch auf Cres bleiben? Die Insel entdecken, deren Geschichte im Dunkel des Argonauten-Mythos beginnt? Steinalt ist Cres jedenfalls. Das liest man aus den unzähligen Steinmauern, den »masiere«, diesem Werk mühseliger, jahrhundertelanger Kultivierung. Stein auf Stein setzten die Bauern bei der Terrassierung, um die dünne Erdkrume für Rebstöcke und Olivenbäume zu hegen.

Cres

Beli-Caput Insulae

Das auf einem 130 Meter hohen Felssporn liegende pittoreske Beli ist der einzige bedeutende Ort an der Ostküste. Für die Gäste des unten am Meer liegenden Campingplatzes Brajdi ist die Fahrt auf der engen, schmalen Straße prickelnd. Die Römer nannten den Vorposten »Caput Insulae«, die Kroaten benannten die Siedlung nach ihrem König Bela IV., der hier vor den Tataren Schutz suchte. Aus Stolz auf diese Geschichte beharren die Einheimischen auf dem Doppelnamen und zeigen den Fremden gerne die historischen Relikte: neben der Gostionica Beli führt ein holpriger Pfad bergab zur einzigen erhaltenen Römerbrücke der östlichen Adria. Wo Steinplatten auf einem kleinen Plateau liegen, war in der Antike ein Versammlungsort. Enge Gassen führen unweigerlich hinauf zum Kirchenplatz, von der Warte genießt man einen wunderbaren Blick hinüber nach Krk.

Cres

Wieder auf der Kammstraße, empfiehlt sich nach ein paar Kilometern die Abfahrt hinunter zur Inselhauptstadt. Sie liegt herrlich in einer weiten Bucht an der Westseite. In den Sommermonaten sind die kleinen Cafés am Hafen bis auf den letzten Platz besetzt. Wer auch immer von den Gästen des Feriendorfs Stara Gavza und des Campingplatzes Kovačine Abwechslung vom Strandleben sucht, kommt hierher.

Einige der Sehenswürdigkeiten, die sich aus der Glanzzeit im 15. und 16. Jahrhundert erhalten haben, kann man vom Bistrotischchen betrachten: neben der Stadt-Loggia ragt das Stadttor mit der Uhr auf. Wer Bewegung machen möchte, kann ja zu den beiden anderen alten venezianischen Stadttoren spazieren, das Renaissance-Portal der Kirche Sv. Marija bewundern oder die in der Gasse

AUTORENTIPP!

EKO-CENTAR CAPUT INSULAE BELI

Wenn Sie Glück haben, sehen Sie am Himmel einen Gänsegeier. Die raren Flugkünstler kommen vielleicht aus dem von engagierten Freiwilligen geführten »Eko-Centar Caput Insulae« in Beli. In der Schutzstation werden verletzte Geier oder Jungtiere aufgepäppelt. Die Populationen werden beobachtet, die Flugrouten der mit Chips gekennzeichneten Tiere aufgezeichnet, Futterplätze werden auf der Insel angelegt und versorgt. Mittlerweile hat sich die 1993 gegründete Nonprofit-Organisation aber auch weitere Ziele gesteckt: Die Pflege des kulturellen Erbes von Cres und die Entwicklung von Konzepten für einen »sanften Tourismus« auf Cres. Dauerausstellungen im ehemaligen Schulhaus von Beli sind Themen wie »Biodiversität der Insel«, den Wäldern von Cres und natürlich den Gänsegeiern gewidmet. Das Informationszentrum wurde 2010 als beste ökotouristische Einrichtung mit der »Blauen Blume« des Kroatischen Tourismusministeriums ausgezeichnet.

Eko-centar Caput Insulae Beli.
Beli 4, 51 559 Beli, otok Cres,
Tel. 051/84 05 25, www.supovi.hr

KVARNER

dahinter liegende romanisch-gotische Kirche Sv. Isidor aufsuchen. Etwas stadtauswärts liegt das Franziskanerkloster mit einem Kreuzgang (16. Jh.). Hinter der Pforte kommt man in den Klostergarten, entdeckt einen Steintisch, eine Sonnenuhr, eine Eidechse. Die bedeutende Bibliothek des Klosters führt eine verschwiegene Existenz. Sie ist nicht zu besichtigen.

Fernsehstar Valun

Wieder oben auf der Magistrale, bekommt man jetzt einen Eindruck von der Länge der Insel. Bald rückt der Vrana-See ins Blickfeld, das streng geschützte Trinkwasserreservoir für Cres und Lošinj. Eingebettet in die Weideflächen der Hochebene liegen Bauerndörfer wie Orlec, Štivan, Pernat, Belej. Schafe betätigen sich als »Landschaftspfleger«. Die Sonnenwärme bringt Thymian und Rosmarin zum Duften, ein Spaziergang wird zur Aromatherapie. Im Schutz des Kaps von Pernat liegt Valun. Sehr passend wurde das beschauliche Fischerdorf als Drehort der TV-Aussteigerserie »Der Sonne entgegen« gecastet: Einige wenige Häuser ziehen sich den Hang hinauf, im kleinen Hafen dümpeln Boote, Netze sind zum Trocknen ausgelegt.

Im klaren, leuchtend grünen Wasser der Bucht tummeln sich unzählige kleine, schwarze Seeigel. Die Camper von Zdovice kommen damit zurecht. Kulturgeschichtlich ist Valun von großer Bedeutung: in der Pfarrkirche Sv. Marija ist die berühmte Steintafel »Valunska Ploča« (11. Jh.) in eine Wand eingemauert. Kopien weiterer glagolitischer Zeugnisse sind im Freien direkt neben der »Konoba Toš Juna« ausgestellt. Das Lokal selbst, in einer alten Ölmühle eingerichtet, ist eine Sehenswürdigkeit. Kurz und gut, wer etwas Kultur und viel Natur mag, dazu gutes Essen und echte Gastfreundschaft erleben möchte, der bleibt.

Oben: Fischerboote und Yachten im Hafen von Valun
Unten: Der Traumstrand von Lubenice

Cres

Lubenice und Martinšćica

Das Dörfchen Lubenice ist über eine kurvenreiche, schmale Straße zu erreichen, die von der Straße nach Valun links abzweigt. Wie Beli wurde auch dieser Ort von den Römern auf einem steilen Felssporn als uneinnehmbare Festung angelegt. Den Winden ausgesetzt, erträgt der Ort geduldig die Touristen, die hier nur wegen des spektakulären Blickes an die Brüstungsmauer treten, eine Weile dem Möwenflug zusehen, um dann den Badestrand unterhalb aufzusuchen. Der eine oder andere hat vielleicht den Bauern Wein oder Honig abgekauft. Doch wie soll Lubenice sich vermarkten? In den winzigen Häusern zwischen Marktplatz, Campanile und gotischer Friedhofskapelle leben nur mehr wenige Dutzend Menschen, als wären sie alle Witwen, tragen die alten Frauen ihre schwarze Tracht.

Das alte Fischerdorf Martinšćica dagegen ist expansionsfreudig. Hier lautet die Devise »Action«. Seit Jahren steigt die touristische Nachfrage konstant an, die Besucher kommen im gut eingerichteten Campingplatz Slatina und in der Bungalowsiedlung Zaglav unter. Der Ort punktet mit viel Sport, einem weiten, flirrend weißen Kiesstrand, einer Promenade mit Kneipen, Eisdiele, Supermarkt. Die Franziskanerbrüder des alten Klosters und deren Nachbar Sforza, der sich hier ein Kaštel (17. Jh.) errichtete, wussten ganz genau, warum sie sich in dieser nach Süden geöffneten Bucht niederließen!

Osor und der Südzipfel

An der Nahtstelle der beiden Inseln gründeten die Römer Apsorus, durchstachen die Landenge und legten einen Kanal an. Damit wurde der Ort zu einem der wichtigsten Häfen im Kvarner und, bis in das 15. Jahrhundert, zur Hauptstadt von Cres und

AUTORENTIPP!

MUSIKABENDE IN OSOR
Beethovens Neunte Symphonie – Streichquartette von Brahms – Haydnsonaten – Eine Sonatina von Anđelko Klobučar. Osor pflegt seit vielen Jahrzehnten sein Kulturstadt-Image: mit den in das historische Stadtbild gepflanzten Skulpturen des berühmten kroatischen Bildhauers Ivan Meštrović (1883-1962), mit dem sehenswerten Archäologischen Museum im Rathaus und mit den »Musikabenden«.
Seit 1976 finden im Sommer in der hellen Renaissancebasilika Konzerte klassischer Werke, aber auch zeitgenössischer kroatischer Musik statt. Das Programm ist überall im Ort plakatiert, Informationen erteilt selbstverständlich auch das Touristische Informationszentrum Cres und Mali Lošinj.

Osorske Glazbene Večeri.
Osor, 51554 Nerezine,
Tel. 051/23 71 10,
www.osorskeveceri.org

Der wundervolle Renaissancedom von Osor

KVARNER

Lošinj. Das sieht man dem kultivierten Städtchen heute noch an. Das Forum umstehen das Rathaus, die Loggia, der Bischofspalast und die Kathedrale mit Glockenturm. Alle Gebäude wurden wie die Wehrmauer in der Renaissancezeit errichtet. Nahe dem Friedhof sind Ruinen einer frühchristlichen Basilika zu sehen, Mauerreste römischer Villen werden von Pflanzen umrankt. Immer vor 9 Uhr und vor 18 Uhr kommt plötzlich Leben in das Städtchen, das sonst so viel mediterrane Muße ausstrahlt. Dann wird die Drehbrücke geöffnet, und Segelschiffe und Motorboote passieren die »Canavella«, ein Schauspiel, das viele Neugierige anzieht.

Fast hat es den Anschein, als wolle Osor von Touristen nicht überrannt werden, denn zwischen Hafen und Stadtmauer gibt es keine bequemen Badeplätze. Erst ein gutes Stück abseits, am südlichsten Punkt der Insel, findet man in und um Punta Križa herrliche, naturbelassene Buchten und große Campingplätze, die zum Teil Nudisten vorbehalten sind. Hier hat sich eine unverkrampft fröhliche Atmosphäre konserviert, wie sie vor mehreren Jahrzehnten an der ganzen Adria herrschte.

Oben: Campanile und Kapelle von Lubenice
Mitte: Blick hinunter nach Valun
Unten: Auf geht's zum Inselwandern!

MAL EHRLICH

VERIRREN LEICHT GEMACHT

Das kroatische Tourismusministerium propagiert für den Kvarner den »sanftenTourismus«. Da läge es doch eigentlich nahe, für Cres eine gute Wanderkarte aufzulegen und die alten Hirtenpfade zu markieren! Ohne Wegweiser und Karten kann es dem Wanderer leicht passieren, dass er sich zum Beispiel auf dem Weg von der Stadt Cres zur Kapelle Sv. Blaz, die höchst fotogen in einer abgelegenen Bucht zu finden ist, im Macciengestrüpp verläuft.

Cres

Infos und Adressen

ESSEN UND TRINKEN

Buffett Osor. Verstecktes Gartenlokal hinter von Rosen umrankten Mauern; Jelinca und Dušan Miskovich pflegen eine delikate Küche. Spezialitäten sind Oktopus und Scampi. Eine kulinarische Oase, nur wenige Schritte von der Uferpromenade entfernt. Osor, 51557 Cres, Tel. 051/23 72 21

Konoba Bukaleta. Echte, traditionelle Inselküche: Lamm aus der Peka, selbst gebackenes Brot, hausgemachter Schnaps. Loznati 9a, 51557 Cres, Tel. 051/57 16 06

Konoba Hibernicia. Nicht nur Schafskäse, Schinken und Wein. Die Besitzerin Rozmari Toić kocht selbst mit Produkten von der Insel, zum Beispiel Lammragout mit Njoki. Lubenice 17, 51557 Cres, Tel. 051/84 04 22

Konoba Toš Juna. Lamm und alles, was das Meer am frühen Morgen hergab. Valun bb, 51557 Cres, Tel. 051/52 50 84

Na Moru. Fangfrischer Hummer, Scampi und Fische. Valun bb, 51557 Cres, Tel. 051/52 50 56

ÜBERNACHTEN

Villa Kimen. Dependance des einzigen großen Hotels auf Cres »Hotel Kimen«, 200 m vom großen

Im Hafen von Cres Stadt gibt es nette Kneipen.

Die Jadrolinija gehört zum Kroatienurlaub dazu.

Hauptgebäude entfernt. Melin I/16, 51557 Cres, Tel. 051/57 33 05, www.hotel-kimen.com

CAMPING

Autocamp Brajdi. Beli, 51557 Cres, Tel. 051/84 05 32

Autocamp Kovačine. 950 Stellplätze, teils FKK. Melin I/20, 51557 Cres, Tel. 051/57 31 50, www.camp-kovacine.com

Autocamp Slatina. Martinšćica, 51557 Cres, Tel. 051/57 41 27, www.ac-slatina.hr

Camp Zdovice. Autos und Wohnwagen sind auf dem Campingplatz nicht erlaubt. 51557 Cres/Valun, Tel. 051/57 11 61, www.cresanka.hr

SCHIFFSVERBINDUNGEN

Nach Cres fahren ganzjährig Fähren von Brestova, im Sommer auch mehrmals täglich von Valbiska (Krk) nach Merag an der Ostküste von Cres. www.jadrolinija.hr

INFORMATION

Touristisches Informationszentrum Cres. Cons 10, 51557 Cres, Tel. 051/57 15 35, www.tzg-cres.hr

KVARNER

14 Lošinj
Geliebte nahe Insel

Pastellfarbene Hafenstädtchen, historische Villen. Waldparks mit Palmen und Pinien. Springende Dephine, segelnde Möwen, freche Geckos. 2600 Sonnenstunden im Jahr. Der Duft von Lavendel, Myrthe und Rosmarin. Oldtimer-Motorsegler im »Piraten-Look«. Eine hervorragende touristische Infrastruktur. Relativ nahe. Kein Zweifel: Lošinj ist attraktiv.

Trotz sehr hoher Gästezahlen bietet der Inselarchipel, zu dem außer Lošinj das fruchtbare Unije, die Blumeninsel Ilovik und eine Reihe kleinerer Inseln zählen, viel Platz für individuelle Erholung. Und das seit 1892, als Lošinj unter seinem damaligen Namen Lussin offiziell zum k. u. k.-Kurort für Asthmaleidende ernannt wurde. Bis heute schmücken die Insel luxuriöse Sommerhäuser, die sich die österreichisch-ungarische Aristokratie hier errichten ließ. Dazu gesellten sich im Lauf der Zeit Hotels, Apartmentanlagen, Campingplätze, sie alle fügen sich harmonisch in den Küstensaum ein.

Nerezine

Von Cres kommend, begrüßt den Reisenden das Küstendorf Nerezine als erste Siedlung auf Lošinj. Der Ort erfüllt alle klassischen Urlauberwünsche an ein mediterranes Urlaubsparadies, dazu ist er der Ausgangspunkt zu einer Wanderung unter Kiefern und roten Pinien auf den höchsten Punkt des Insel, die Televrina (588 m), von der aus sich ein herrlicher Panoramablick auf den ganzen Archipel bis tief in die Adria bietet. In der Berghütte stärkt sich jeder mit der stets vorrätigen Bohnensuppe. Danach geht es durch eine steinige Senke zur Kapelle Sv. Nikola und zur Höhle des Heiligen

Mitte: Die rosarote Barockkirche Sv. Antun liegt direkt am Hafen von Veli Lošinj.
Unten: Erstmal orientieren! Am Hafen von Mali Lošinj

Lošinj

Die aristokratische Villa San in Veli Lošinj

Gaudencija, dem es der Legende nach zu verdanken ist, dass es auf Lošinj keine Giftschlangen gibt. Weiter auf der Inselstraße … Sveti Jakov, Ćunski, auch sie sind sehens- und liebenswerte kleine Inselorte.

Mali Lošinj

Überraschend groß wirkt dann Mali Lošinj, das die Grandezza einer alten Hafenstadt besitzt. Stolze Bürger- und Kapitänshäuser flankieren die beiden Seiten des Kais, hinter ihnen, sanft den Hügel ansteigend, staffeln sich alte Steinhäuser, deren rote Dächer von Dattelpalmen beschattet und vom weißen Turm der Marienkirche überragt werden. Auf der langen, mit hellen Kalksteinplatten ausgelegten Riva herrscht quirliges Treiben, frei nach dem Motto »Sehen und Gesehenwerden«. An der Lošinjskih kapetana legen die Fährschiffe und Ausflugsboote an, hier sind die Busstation der Insel- und Festlandbusse, Agenturen, Zoll und Bank. Vis-à-vis an der südwestlichen Hafenseite drängen sich die Läden, Restaurants, Boutiquen. Die Hauptstraße Ulica Braće Ivana i Stjepana Vidulića gehört vormittags den Gemüsehändlern und Hausfrauen, danach bis spät abends den flanierenden Touristen.

AUTORENTIPP!

DER MANN AUS DER TIEFE

Der edle Lockenkopf bewachsen mit Algen, der schwere Körper in der Tiefe des Meeres zwischen Felsen eingeklemmt, eingesunken in Sand: 1996 fand ein tauchender Tourist im Meer zwischen Lošinj und Vele Orjule eine antike Bronzestatue. Sie gibt das vollendete Abbild eines griechischen Athleten. Der sensationelle Fund des kroatischen »Apoxiomen« aus dem 2.–1. Jh. v. Chr. ging durch die Weltpresse. Er ist die am besten erhaltene von nur sieben ähnlichen Statuen weltweit. Vorläufig ist nur eine Kopie des schönen Nackten im »Kula« in Veli Lošinj in Augenschein zu nehmen, noch 2012 wird das Original nach gründlicher Restaurierung den »Palača Kvarner« in Mali Lošinj beziehen und zur kulturellen Hauptattraktion des Ortes werden.

Blick über den Hafen von Veli Lošinj

KVARNER

Im 18. und 19. Jahrhundert war Mali Lošinj eines der bedeutendsten Seefahrtszentren an der Adria. Bis heute nähern sich viele der bezaubernden Stadt auf dem Wasser. Der schönste und größte Badestrand von Mali Lošinj ist die Bucht der kiefernbewaldeten Halbinsel Čikat. Dem Trubel der Cikat-Bucht entgeht, wer sich hier ein Fahrrad leiht und auf dem gepflegten Lungomare weiter in Richtung FKK-Strand bewegt. Die zehn Kuna zahlt man gerne, um in ruhigere Gefilde zu gelangen.

Die Kirche Annunziata am gleichnamigen Kap der Čikat-Bucht ist eine der Sehenswürdigkeiten des Ortes: hier verabschiedeten und erwarteten einst die Frauen ihre zur See fahrenden Männer, Väter und Brüder. Votivbilder erzählen von einem Leben voll Gefahren und Gebeten. Highlights sind auch das kleine, nur vormittags geöffnete Stadtmuseum im Palais Fritzy (15. Jh.) und die Fischhalle, wo Zubatac, Orado und Brancin über die Ladentische wandern.

Ein Vergnügen ist Mali Lošinj immer. Ob beim Morgenkaffee auf der Piazza, bei einer Jam-Session des »Jazz Festival Lošinj« oder auf dem Promenadenspaziergang von Mali Lošinj nach Veli Lošinj. Nur wer unbedingt mit dem Auto durch die Stadt will, wird es bereuen. Der Verkehr ist mit einem Einbahnsystem geregelt: In das Zentrum kommt man nur durch eine Schranke, an der ein Ticket zu ziehen ist. Am anderen Ende, Ausfahrt Richtung Čikat, wird ab einer Durchfahrzeit von 15 Minuten eine erkleckliche Gebühr fällig.

Oben: Badefreuden in der Čikat-Bucht
Mitte: Obst- und Gemüseboot in Mali Lošinj
Unten: Aktivurlaub: Auf dem Fahrradsattel lässt sich die Inseloase gründlich erkunden.

Veli Lošinj

Mali (Klein) Lošinj und Veli (Groß) Lošinj müssten eigentlich ihre Namen tauschen, denn Veli Lošinj ist die Taschenausgabe ihrer Schwesterstadt. Der entzückende Ort bietet eine mediterrane Postkar-

Lošinj

tenidylle. Eine enge, von Felsen umgebene Hafenbucht. Zusammengedrängt auch die Häuser. Bunte, bemalte Fischerboote schlagen im Wellengang gegeneinander. Nach Sonnenuntergang sind die Plätze vor den Tavernen und Cafés rund um das Wasser belagert. Trotzdem wirkt hier alles entspannt. Das liegt mit Sicherheit daran, dass die engen Altstadtgassen nicht mit Autos befahrbar sind. Veli Lošinj bietet viel Interessantes. Da ist gleich beim Hafen das Informationszentrum des »Adriatic Dolphin Project«, das sich dem Schutz der etwa 120 Tiere starken Population vor Lošinj widmet (www.blue-world.org). Dann den oberhalb des Hafens gelegenen runden Wehrturm »Kula« (1455): Er ist das Relikt eines Kastells, das die Venezianer als Bastion gegen die Uskoken errichteten. Vom Wehrgang genießt man einen Blick über die verschachtelten Dächer der Stadt und auf den Hafen.

Den Ort dominiert die barocke Basilika Sv. Antun. In ihr leisten der venezianischen Madonna aus der Frührenaissance noch andere wertvolle Kunstschätze Gesellschaft, fromme Gaben spendabler »Kapitani«, die dafür hier ihre letzte Ruhestätte fanden. Jeder in seiner eigenen Gruft, im Unterschied zu den einfachen Seelen, die, bloß in Leinen gehüllt, unter dem Kirchenboden, bestattet wurden. Der frei stehende, spitze Campanile stammt noch von dem Vorgängerbau aus dem 15. Jahrhundert. Hinter der Kirche beginnt ein Weg zur Rovenska-Bucht, der sich zur Bočina-Bucht nahe der Südspitze der Insel fortsetzt. Hier sind kleinere, frei zugängliche Fels- und Kiesstrände die Alternative zum öffentlichen Strandbad. Wer sich zur Kirche Sv. Ivan oberhalb von Veli Lošinj aufmacht, genießt von 231 Meter Seehöhe einen wunderbaren Blick auf den Ort und kann über einen steinigen Pfad Richtung Südwesten in die berühmt schöne Krivica-Bucht absteigen.

AUTORENTIPP!

AB IN DIE EIGENE BUCHT
Landratten wird es auf Lošinj leicht gemacht, sich vor Ort ein Boot zu mieten oder bei organisierten Ausflugstouren mitzumachen, deshalb sollte sich niemand das Vergnügen entgehen lassen, die feinen, abgeschiedenen Buchten an der Südwestküste aufzusuchen: Artatore, Velo Žalo, Sunfarni, Balvanida, Plijeski, Krivica. Weiß der Strand, leuchtend türkis das glasklare Wasser, dunkelgrün die Kiefern auf den rahmenden Felsen: Krivica kommt Ihnen irgendwie bekannt vor? Nun, die Bucht ist eine der meistfotografierten der ganzen Adria. Lockende Ziele sind natürlich auch die Lošinj umkränzenden kleineren Inseln wie Ilovik, Srakane, Oruda oder Orjule mit seinem FKK-Strand. Agenturen finden sich in Mali und Veli Lošinj viele, besonders freundlich ist Happy Boat, die auch Nachttouren im Angebot haben. Tagestouren werden mit einer traditionellen Kriška unternommen, mit maximal 35 Personen, man kann aber auch individuelle Touren buchen.

Bootstouren zu den Buchten. Z.B. zu buchen bei Happy Boat Kriška. 51551 Veli Lošinj, Tel. 051/23 63 60, www.happy-boat.net

Hier hat jemand vor Sveti Petar den Anker geworfen.

KVARNER

Unije

Westlich vor Lošinj liegt Unije: Der Karstbuckel ist im Norden von dichter Macchia bewachsen, im Süden aber dehnt sich eine fruchtbare Landzunge aus. Gemüsefelder, Weingärten und Olivenbäume charakterisieren bis heute das Landschaftsbild. Die einzige Siedlung, die auch Unije heißt und 300 Häuser zählt, liegt in einer weiten Bucht am Rand der beackerten Ebene.

Straßen und Autos gibt es nicht. Dafür feine Kiesstrände, an denen sich Ruhesuchende sonnen. Es sind nicht viele, denn die Zimmerkapazitäten sind überschaubar. Gestört wird die Ruhe nur hin und wieder – vom Flugverkehr! Auf der Wiesenpiste fünf Minuten vom Ort entfernt landen knatternde Propellermaschinen aus Mali Lošinj. Auf der Ostseite der Insel dümpeln in den Buchten Maračol, Podkujni und Vognišća Segler, die hier gerne den ganzen Tag vor Anker liegen. Manchmal auch gezwungenermaßen, denn das Revier wird von Winden geschüttelt. In der Konoba Joze, ihrem abendlichen Treff, wissen die Skipper viel zu erzählen von Maestral, Nevera, Jugo, Bora ...

Oben: Auf Lošinj gibt es auch felsige Küstenstriche.
Mitte: Bootsausflügler beim Schwimmen in »ihrer« Bucht
Unten: Traumquartier auf der Blumeninsel Ilovik

MAL EHRLICH

DUFTE IDEE?
Wer im Inselgarten Lošinj spazieren geht, wird stets von Düften begleitet: ätherische Öle der subtropischen Vegetation und Aerosole aus dem Meer. Mit diesen Gaben von Mutter Natur wird gut Geschäft gemacht. Nicht nur im »Aromagarten« am Ortsrand von Mali Lošinj, wo im netten Steinhaus ein Laden Salbeihonig, Duftpotpourris und Olivenseifen verkauft. Das »Vitality-Management« der Wellnesshotels nutzt die 230 auf der Insel wachsenden Heilpflanzen für einen Angebotsmix mit Herbarien-Workshops, »Aromakosmetik«, Aphrodisiaka-Unterricht für Flitterwöchner, Anti-Stresskursen ...

Lošinj

Infos und Adressen

ESSEN UND TRINKEN

Amico. Schöne Terrasse am Meer, ausgezeichnete Fischküche. Ilovik, Insel Ilovik, Tel. 051/23 59 12

Artatore. Eines der besten Lokale Kroatiens überhaupt. Janja Zabavnik, bereitet traditionelle Gerichte zu. Bucht Artatore 132, 51550 Mali Lošinj, Tel. 051/23 29 32, www.restaurant-artatore.hr

Capri. Restaurant des familiär geführten Hotels Grbica Residence; mediterrane Küche mit Zutaten aus Meer und Garten. Grbica bb, 51551 Veli Lošinj, Tel. 051/23 61 86, www.grbica.hr

Palmira. Die gute alte Inselküche: Fleisch, Lamm aus eigener Zucht und alle Sorten Fisch aus dem morgendlichen Fang. Unije, Tel. 051/23 57 19

Porto. Bosnische Spezialitäten wie Kraut-Eintopf und gefüllte Paprika. Ilovik, Tel. 051/23 59 29

ÜBERNACHTEN

Clubhotel Punta. Das im Juni 2012 neu eröffnete Hotel in unmittelbarer Nähe von Veli Lošinj ist der ganze Stolz des größten Lošinjer Hotelunternehmens Jadranka. Šestavine bb, 51551 Veli Lošinj, www.losinj-hotels.com

Family Hotel Vespera. Generalsaniertes Hotel mit Freibadkomplex und reichhaltigem Animationsprogramm für Jung und Alt. www.losinj-hotels.com

Hotel Apoksiomen. Der bezaubernde rosa Bau ist geradezu das Idealbild eines gepflegten Hotels. Deluxe-Zimmer mit WLAN. Riva lošinjskih kapetana 1, 51550 Mali Lošinj, www.apoksiomen.com

Hotel Televrin. Das ehemalige Hafenamt und Rathaus wurde 2003 zu einem sympathischen 3-Sterne-Hotel mit Restaurant umgebaut. Obala nerezinskih pomoraca 21, 51554 Nerezine, Tel. 051/23 71 21, www.televrin.com

Pansion Veli Lošinj Comfort. Preiswert und sehr zentral gelegen. Slavonja bb, 51551 Veli Lošinj, Tel. 051/23 61 66, www.volantis.hr/pansion

Villa Favorita. Denkmalgeschützte 4-Sterne-Hotelvilla mit angeschlossener, einfacherer »Villa Jelena«; in einem Pinienpark gelegen, nur 20 m zum Meer. Sunčana uvala bb, 51550 Mali Lošinj, Tel. 051/23 28 53, www.villafavorita.hr

FLUGHAFEN

Vom kleinen Flughafen Mali Lošinj gehen Propellermaschinen nach Unije. www.airportmalilosinj.hr

SCHIFFSVERBINDUNGEN

Autoreisende erreichen Mali Lošinj über Cres (Autofährhafen Brestova) oder Krk (Valbiska), Personenschiffe der Jadrolinija verkehren nach Rijeka, Pula, Zadar, Premuda. www.jadrolinija.hr

Unije wird vom »Postschiff« der Jadrolinija von Mali Lošinj bzw. Susak zweimal täglich angefahren, im Sommer auch täglich eine Direktverbindung mit Katamaran von/nach Rijek. Aktuelle Fahrpläne und Karten erhält man im Büro der Jadrolinija im Hafen von Mali Lošinj. Riva lošinjskih kapetana 20, 51550 Mali Lošinj

INFORMATION

Touristisches Informationszentrum Mali Lošinj. Riva lošinjskih kapetana 29, 51550 Mali Lošinj, Tel. 051/23 18 84, www.tz-malilosinj.hr

Im Hafen ist immer etwas los!

KVARNER

15 Susak
Eine Insel für Individualisten

»Možda sutra« - »Maybe tomorrow«: Bei Bora legt kein Schiff ab. Dann ist der Fahrplan außer Kraft gesetzt und es heißt abwarten, wann das Linienschiff »Premuda« nach Mali Lošinj zurückfährt. Doch wer nach Susak kommt, tickt ohnehin anders. Da passt es nur zu gut, dass auf der Insel als einziges touristisches Programm Tai Chi und Yoga angeboten werden.

Hier gibt es keine Autos, keine Hotels, keine Disco. Nur Sand und Sonne, Fische und Wein. »Splendid isolation«! Die einzige Siedlung auf der 3,7 km² großen Insel ist der gleichnamige Ort Susak. Die etwa 200 Einheimischen leben vor allem vom Tourismus. Der hält sich in Grenzen, weil Susak über keine Trinkwasserreserven verfügt. So richtig voll wird es nur am letzten Julisonntag, wenn der »Tag der Auswanderer« gefeiert wird. Dann ist der »Emigrant's Club« in Donje Selo gerammelt voll. Angeblich leben in den USA mehr als 2500 Immigranten aus Susak, und viele von ihnen verbringen hier ihre Sommerferien.

Donje Selo und Gornje Selo

Wer macht mit bei der angebotenen Führung durch Susak? Die Tour führt zunächst durch Donje Selo (das »untere Dorf«). Hier gibt es die Post, den Kiosk der Jadrolinija, einen Supermarkt, eine Gostionica. Ein steiler Treppenweg führt hinauf nach Gornje Selo (das ältere »obere Dorf«), das sich nach und nach um ein im 11. Jahrhundert gegründetes Benediktinerkloster entwickelt hat. Im engen Gassengewirr kann man noch immer verlassene, von Bougainvilleas überwucherte Steinhäuser bemerken, obwohl in den letzten Jahren

Mitte: Hier hat man viel Zeit, um eine Sandburg zu bauen.
Unten: Susak, Hafen und Stadt, im Hintergrund die Insel Unije

Susak

viele Häuser als private Feriendomizile renoviert wurden. Schmuck ist der Friedhof. Er ist sicherlich einer der gepflegtesten von ganz Kroatien: Es sind die Auswanderer, die es ihren Verstorbenen schön gemacht haben. Das Zentrum von Gornje Selo bildet die Kirche Sv. Nikola (18. Jh.). Außen in die Kirchenmauer eingelassen sind zwei Steine als stumme Zeugen der Geschichte: einer aus der Zeit der Römer, die hier Landvillen besaßen, und einer aus dem nicht mehr erhaltenen Kloster. Im Inneren der Pfarrkirche befindet sich ein großartiges, ganz hochmodern wirkendes Holzkreuz aus dem XI. Jahrhundert. Der Legende nach soll »Veli Buoh« (Großer Gott) zur Gänze durch das Kirchenportal hineingekommen sein, um wieder herausgeschafft zu werden ist er viel zu groß.

Sand und Wein

Die meisten Touristen sind Tagesausflügler von Lošinj, die vom Sandstrand in der Bucht Bok oder von einer der kleinen Sandbuchten angezogen werden. Am höchsten Punkt von Susak befindet sich ein »Leuchtturm«, genau gesagt ein Dienstgebäude mit Aussichtsplattform. Man kann sie betreten und genießt einen überwältigenden Ausblick auf den Archipel von Lošinj und die von Sand, Schilf und wildem Wein geprägte Landschaft. Warum wilder Wein? Als gegen Ende des 19. Jahrhunderts die Weinberge an der Adria von der Reblaus vernichtet wurden, waren die Suščani fein raus. Denn das Areal ihrer Insel brachte Trauben hervor, die dem Schädling nicht schmeckten. Im Jahr 1903 waren 96 % der Insel mit Rebstöcken bepflanzt, geschützt vor dem Wind durch Raštela aus Schilf. In der sozialistischen Ära zerstörten Agrarreformen und die Produktion von billigen Massenweinen die gewachsenen Strukturen. Erst vor zwanzig Jahren hat man wieder damit angefangen, die vernachlässigten Weinberge neu anzulegen.

Infos und Adressen

ESSEN UND TRINKEN
Emigrant's Club. Geradezu ein »Living History Museum«: Direkt am Hafen von Susak, im Postgebäude.

Konoba Barbara. Einfache und gute Hausmannskost in der Oberstadt von Susak. Tel. 051/23 91 28

Megi's. Versteckt gelegen in der Oberstadt von Susak – gekocht wird, was gerade vorrätig ist. Sicherheitshalber am besten vorher anmelden! Tel. 098/957 15 27

Vinarija Cosulich. Verkostung der einheimischen Rebsorten, der Rotweine Troišćina und Susac, sowie des weißen Križol. Tel. 051/23 90 70

ÜBERNACHTEN
Susak findet sich nicht unter den Urlaubsangeboten von Reisebüros. Es gibt hier nur Privatquartiere von unterschiedlicher Qualität. Das beste ist, sich vor Ort in einer Hafenkneipe zu erkundigen.

ANREISE
Frühmorgens und am späten Mittag fährt täglich ein Personenschiff der Jadrolinija von Mali Lošinj nach Susak; der Kiosk im Hafen von Susak öffnet eine halbe Stunde vor Abfahrt, aber Achtung, mit dem Fahrplan nimmt man es nicht immer ganz genau!

AKTIVITÄTEN
Yogaworkshop. Auf Susak. Mehr Informationen unter: www.so-sein.at

INFORMATION
Touristisches Informationszentrum Mali Lošinj. Riva lošinjskih kapetana 29, 51550 Mali Lošinj, Tel. 051/23 15 47, www.tz-malilosinj.hr

KVARNER

16 Premuda, Silba, Olib
Außenposten in der Adria

»Ich bin dann mal weg« – das sagen nicht nur zivilisationsflüchtige Individualisten, die sich hierher zurückziehen. Das sagten auch die Einheimischen, die sich im Laufe des letzten Jahrhunderts aufmachten, über den großen Teich, wo es Arbeit gab und die Hoffnung auf ein leichteres Leben.

Drei Inseln, auf jeder nur je eine Siedlung, insgesamt weniger als 300 Einwohner! Premuda, Silba, Olib vereinsamten während des 20. Jahrhunderts. Noch kommen die Touristen zögerlich, meist sind es Segler, die nur kurz Anker werfen.

Premuda

Mitte: Silba wird das »Tor zu Dalmatien« genannt.
Unten: Braucht man mehr für einen Sommersonnentag?

Die äußerste der drei Inseln am Eingang zur Kvarner Bucht war quer durch die Geschichte von strategischer Bedeutung. Erst vor wenigen Jahren gab die kroatische Armee ihren Stützpunkt auf. Konnten noch vor 100 Jahren die Männer der Fischerei-Genossenschaft ihre Familien gut ernähren, begann mit der Depression der 30er-Jahre die Auswanderung. Heute leben hier im Sommer wenige Dutzend Menschen. Verlassene Häuser warten auf neue Besitzer. Sonderbar sind die paar Autos ohne Nummernschilder, noch dazu, wo es nur eine 300 Meter lange Straße vom Hafen Krijal zum Hauptort Premuda gibt, mit Stoppzeichen! Ganz entspannt sitzt man bei »Masarine« oder »Celestin« im vom Kirchlein Sveti Ciprijan geschmückten Hafen und wartet auf die Fähre. Die geschützte Lagune funkelt in allen erdenklichen Blautönen. Segelboote kreuzen, Taucher machen sich fertig, um das Höhlensystem »Katedrala« zu erkunden. In den windgeschützten fruchtbaren Senken wird Gemüse und Obst angebaut.

Premuda, Silba, Olib

Silba

Ähnlich wie Lošinj wirbt Silba mit mildem Klima, sauberstem Meer, duftender Flora und einer jahrtausendealten Geschichte. Schon vor 3000 Jahren waren die Liburner da, später folgten die Römer, die Slawen, die Venezianer. Jahrzehntelang ein gottverlassenes Nest, hat sich der Inselort Silba wieder gemausert. Die schönen alten Kapitänshäuser haben neue Eigentümer gefunden. Autos gibt es keine. In Gärten gedeihen exotische Pflanzen. Aus lauter Dank für ihren schönen Lebensabend haben die Kapitäne und Reeder Silba gleich sechs Votivkirchen gestiftet, die heute restauriert werden müssten. Nur die Marienkirche leuchtet frisch geputzt. Reizvolle Strände gibt es auf Silba eine ganze Reihe: Sotorišće, Carpusina, Tratica und Pocukmarak haben Snackbars und Schirmverleih, wer sich wie Robinson fühlen möchte, sucht eher die Strände Dobre Vode und Nozdre im Süden bzw. Pernastica im Nordwesten auf.

Olib

Das Eiland bietet dem neugierigen Individualtouristen, nebst Sonnenbaden am herrlichen Sandstrand der Slatinica-Bucht, eine Menge Interessantes: Čakavisch sprechende Einheimische, die Pfarrkirche Sveta Štosija, eine bunt zusammengewürfelte Ausstellung archäologischer Funde, folkloristischer Exponate und glagolitischer Codices im Pfarrhof, den 400 Jahre alten trutzigen Wachturm, von dem man einst ängstlich nach Piraten spähte. Noch mehr historische Spurensuche? Ein Wanderweg führt westlich der höchsten Erhebung Kalac (76 m) zu einer malerischen Bucht mit der Fischerkapelle Sv. Nikola. Ein anderer in die Bucht Banjve, die schon zwei Mal von frommen Herren verlassen wurde: das verraten Ruinenreste eines Eremitenklosters (12. Jh.) und das seit mehr als 60 Jahren verwaiste Kloster Sveti Antun Opata.

Infos und Adressen

PREMUDA
Grmalj. Küche mit Produkten der Insel. Tel. 023/37 66 65

Nur Privatquartiere. Am besten, Sie fragen vor Ort nach einem Zimmer.

SILBA
Konoba Mul. Nettes Ambiente. Port Mul, Tel. 023/37 03 51

Skipper Club. Das »Nightlife-Monopol« hat bis 3 Uhr früh geöffnet.

Offizielle Website für Unterkünfte: www.silba.org

OLIB
Konoba Plavnik. Lokal direkt am Hafen

Gostionica Amfora. Seglertreff am Hafen, Tel. 023/37 60 10

Amfora. Die einzige offizielle Pension der Insel liegt direkt am Hafen Tel. 023/37 60 10

Touristenbüro im Hafen vermittelt Privatquartiere. Tel. 023/37 01 62

SCHIFFSVERBINDUNGEN
Fährverbindungen nach Premuda: auf der Route Mali Lošinj-Zadar wird einmal tägl. Premuda Krijal angelaufen. www.jadrolinija.hr

Fährverbindungen nach Olib: Jadrolinija von Zadar Gazenica tägl., im Winterhalbjahr nur an bestimmten Wochentagen. Miatours tägl. vom Hafen Zadar mit einem Katamaran. www.miatours.hr

Fährverbindungen nach Silba: Miatours verkehrt mit dem kleinen Katamaran 1–2 x tägl.; die Autofähre fährt einmal tägl. von/nach Zadar, im Winterhalbjahr nur an bestimmten Wochentagen. www.jadrolinija.hr

Mitte: Stadt Krk mit Hafen: »die prächtigste Stadt der Krk-Bewohner«
Unten: Esel stehen hoch in der Gunst der Kroaten.

KVARNER

17 Krk
Urlaubsglück für viele

Ausgebucht: Vom sogenannten Kvarner Quartett, den vier Urlaubsinseln Cres, Losinj, Krk und Rab, ist die größte, Krk, nicht zuletzt wegen ihrer leichten Erreichbarkeit das beliebteste Ziel. Die Kataloge der Reiseveranstalter zählen die Pluspunkte auf: maximale Sonnenstunden und Wassertemperaturen, Wanderwege, Küstenorte, Badebuchten. Sport und Unterhaltung satt. Nicht zu vergessen die Kultur: Eine Visite der Klosterinsel Košljun ist ein »Muss«.

Seit 30 Jahren gelangen die meisten Touristen mit ihrem Pkw von Kraljevica an der Küstenstraße über die gigantische mautpflichtige Brücke auf die Insel, und natürlich sind in der Saison sowohl der Flughafen Omišalij, der offiziell Flughafen Rijeka heißt, wie auch die Fährhäfen Valbiska und Baška ausgelastet. In Zahlen heißt das: 3,6 Millionen Übernachtungen im Jahr 2011.

Der grüne Nordwesten

Omišalij, Njivice, Malinska, nicht zuletzt die einstigen Fischerdörfer Porat und Vantačić, alle diese Punkte auf der Landkarte von Krk haben sich in den letzten Jahrzehnten rapide entwickelt. Kein Strand ohne Hotelkomplexe und Ferienanlagen. Hier »steppt der Bär« nach dem Willen des Animateurs. Dabei kann Omišalij, das antike Fulfinium, stolz darauf verweisen, eine der ältesten Siedlungen auf Krk zu sein. Die pittoreske Altstadt, hoch auf einem 80 Meter hohen, begrünten Felsen gelegen, hat sich ihr historisches Flair zum Glück erhalten können. Dem Trubel der Ballungszentren entfliehen können die Glücklichen unter der Son-

Krk

ne, die eine Handbreit Wasser unterm Kiel haben: Von Glavotok, auf dessen Kap die Kirche Sv. Marija und ein altes Kloster grüßen, beginnt gegen Süden der schönste Teil Krks: hier reihen sich kleine, von dichtem Wald gesäumte Buchten aneinander, in denen Segler in aller Einsamkeit ankern – Vela und Mala Jana, Torkul, Sv. Fuska, Lagdimor, Sv. Juraj.

Die Stadt Krk

Das meerseitig von eindrucksvoll mittelalterlichem Bollwerk befestigte Krk besitzt eine reiche Geschichte. Bereits zu römischer Zeit hatte die »Splendissima Civitas Curictarum« (herrlichste Stadt Curictarum) 15 000 Einwohner, weitaus mehr als heutzutage! Im 6. Jahrhundert zur Bischofsstadt erhoben, nahm Krk in der Zeit der Frankopanen-Fürsten (12.–15. Jh.) ihre heutige Gestalt an, die Burg hat sich noch sehr gut erhalten. Überhaupt sollte man sich Zeit nehmen, die Sehenswürdigkeiten in der romantischen Altstadt zu besichtigen.

Vom Hafen schlendert man durch den Stadtpark, am historischen Waschplatz vorbei, zur Vela placa, dem einstigen Forum. Als erstes sticht dort das römische Ziffernblatt am Rathaus ins Auge. Leider hat man in das »Hauptwache«-Gebäude (15 Jh.) im Erdgeschoss ein großes Fenster für das Café herausgebrochen. Die Mitte des Platzes ziert ein sechseckiger Renaissancebrunnen.

Als bedeutendstes Bauwerk von Krk gilt die dreischiffige frühchristliche Marienbasilika (5.–6. Jh.). Auf der Spitze ihres weißen Zwiebelturms balanciert ein Trompete blasender Engel, der neuerdings aus Sicherheitsgründen aus Polyester ist. Ziemlich unwürdig dieser Kathedrale, die auf römischen Thermen errichtet und in späteren Zeiten

AUTORENTIPP!

KOŠLJUN

Inmitten der fast geschlossenen Bucht Puntarska Draga liegt die vielfotografierte Klosterinsel Košljun. Sie wurde seit dem 12. Jahrhundert als ein Ort stiller Einkehr kultiviert. Auf dem Areal gedeihen mehr als 400 Pflanzenarten.

Der Besuch des Museums lohnt sich: Für einen geringen Eintrittspreis sind in der Bernardinkapelle wertvolle Inkunabeln und glagolitische Handschriften zu sehen, im Kreuzgang eine zoologische und eine Muschelsammlung sowie volkskundliche Gegenstände der Krker Bauern und Fischer. Wer die Messe in der Marienkirche besucht, bekommt liturgische Gesänge in altkroatischer Sprache zu Gehör. Den Hauptaltar schmückt ein Polyptychon von Girolamo da S. Croce (1535) mit den Porträts der Stifter, dem Fürsten Ivan Frankopan und seiner Tochter Katharina; sie fand ihre letzte Ruhestätte an der linken Kirchenwand. Das gewaltige »Jüngste Gericht« an der Chorwand stammt aus dem Jahr 1635 und aus der Hand von Francesco Ughetto.

Museum Košljun. Geöffnet Mo–Sa 9.30–11.30 und 14.30–16.30 Uhr. In der Bernardinkapelle.

AUTORENTIPP!

EIN UNSCHEINBARES HIGHLIGHT: DIE SVETI DUNAT

Zu welch krassen Gegensätzen sich auf Krk zuweilen Geschichte und moderner Lifestyle zuspitzen, erlebt der Urlauber östlich der Stadt Krk. Dort rocken unterhalb der Kirche Sveti Dunat die »Wakeboarder« die Meereswellen. Von Oktober bis März herrscht hier aber erhabene Stille. Der vorromanische Bau gilt als bedeutendes Denkmal altkroatischer Baukunst. Die winzige Kirche wurde im 9. Jahrhundert auf einem kreuzförmigen Grundriss gemauert und mit einer Kuppel überwölbt. Ihr Inneres war einst sicherlich mit Mosaiken und Fresken geschmückt und die rohe Außenfassade mit kleinen, quadratischen Blendsteinen verschönert. Es war nicht der Zahn der Zeit, der Sveti Dunat zur Ruine machte: Am Ende des zweiten Weltkrieges explodierte in der Nähe ein Munitionslager der Partisanen. So wurde die dem Märtyrer Donatus gewidmete Kirche auch zu einem Mahnmal des 20. Jahrhunderts.

Sveti Dunat. An der Straße nach Punat

KVARNER

kontinuierlich vergrößert wurde. Die Frankopani-Kapelle (15. Jh.) im linken Seitenschiff vorne zeigt in den Schlusssteinen des gotischen Netzgewölbes die Wappen der Krker Fürsten. Mit der Kathedrale in einem wundervollen architektonischen Ensemble verbunden sind der erzbischöfliche Palast und die romanische Basilika Sveti Kvirin (10. Jh.) aus einheimischem weißem Stein. In den winkeligen Gassen zwischen kleinen Innenhöfen und Plätzen lässt es sich vergnügt nach dem nettesten Lokal fahnden und in Boutiquen stöbern. Und ein Badetipp: vom betonierten Freibad führt ein Uferpfad weiter zu vielen kleinen Badebuchten – je später Sie kommen, umso weiter müssen Sie laufen ...

Punat

Die östlich an der Bucht Puntarska Draga gelegene Stadt ist einer der ältesten Urlaubsorte auf Krk und bekannt wegen des großen Yachthafens. Was sonst ist in Punat attraktiv? FKK, Fitness, Kart, Minigolf, Surfen, Tennis, Tretbootfahren. Wer dem Trubel entfliehen will, greift sich ein Mountainbike und macht sich auf den Weg nach Stara Baška.

Die zehn Kilometer lange Strecke verläuft zunächst eben die Küste entlang. Dann radelt man eine lange Steigung zum Pass auf 200 Meter Seehöhe hinauf. Eine eindrucksvoll kahle, durch Gromače (Steinhaufen) abstrakt gemusterte Landschaft tut sich da auf. Schwungvoll geht es durch die Steinhalde hinunter in das abgeschiedene Stara Baška, wo man sich im netten Restoran Mariana stärken kann. Weite spürt auch, wer festes Schuhwerk anzieht und auf der Hochebene wandert (im Hochsommer nur mit viel Wasser im Gepäck, mit Sonnenhut und Sonnencreme!). Der Wanderweg nach Batomalj oder noch höher hinauf auf die höchste Spitze von Krk (Obzova, 569 m) lohnt mit grandioser Weitsicht.

Krk

Der Süden

Bevor man die Bucht von Baška erreicht, gelangt man in das Dorf Jurandvor. Hier ist ein Stopp an der frühromanischen Benediktinerkirche (1100) Pflicht für alle, die sich für die kroatische Geschichte interessieren: denn als linke Trennwand vor dem Mönchs-Chor eingebaut fand sich hier die berühmte »Tafel von Baška«, auf der in glagolitischer Schrift erstmals das Wort »kroatisch« dokumentiert ist. Auch wenn sich das Original des »Taufscheins« der Kroaten heute in Zagreb befindet, die Kopie beeindruckt.

Baška bietet den größten Strand von Krk. Moderne Hotels und Ferienanlagen reihen sich zwei Kilometer entlang der sichelförmigen Vela plaža, während die Altstadt und ihr Hafen sich hinter dem Wellenbrecher ducken. Die Promenade Palada, an der ein Fischrestaurant neben dem anderen liegt, ist in den Sommermonaten heillos überlaufen. Nur über Geröllpfade erreichen ruhebedürftige Feriengäste die entlegenen, feinkiesigen Strände Vela luka und Mala luka nordöstlich der FKK-Campinganlage Bunculuka. Segler wissen, dass die schönsten Strände von Krk unterhalb von Stara Baška liegen und dann weiter auf dem Weg Richtung Osten im Kanal von Senj, auch wenn dort die Bora gefährlich werden kann. Die Insel Prvic übrigens, südlich von Baška, rühmt sich, am allerstärksten der Bora ausgesetzt zu sein. Soweit das Auge blickt: eine Mondlandschaft mit totem Gestein.

Vrbnik

Es gibt nur zwei Orte auf Krk, in denen es kein Hotel gibt, einer davon ist das Museumsstädtchen Vrbnik (der andere ist Dobrinj). Hier, in der Mitte der Ostküste residierten einst die mächtigen kroatischen Adelsfamilien Frankopan und Zrinski. Die

Oben: Der berühmte schöne Kiesstrand von Baška beginnt schon im Ort.
Mitte: Die Marina von Punat ist eine der besten der kroatischen Adria.
Unten: Auf der Promenade von Baška

Stadt thront auf einem Felsrücken; vom kleinen Hafen führen steile Treppen hinauf. Von den Terrassen der exzellenten Restaurants, bietet sich ein schöner Blick hinüber zur Riviera von Vinodol. An den historischen Häusern können aufmerksame Spaziergänger glagolithische Inschriften entdecken. Andere halten Ausschau nach Winzern, die den Žlahtina direkt vom Fass verkaufen. Eng sind die Gassen, und das Gässlein Klancic in der Nähe des Marktplatzes soll sogar die engste Gasse der Welt sein. Die größte Sehenswürdigkeit ist aber zweifellos die Marienkirche (1347) – und wer die anderen kleinen Kirchen und Kapellen von Vrbnik genau besichtigen will, braucht dafür sicherlich einen Tag.

Oben: Vrbnik liegt auf einem Felsen hoch über dem Meer.
Mitte: Lavendelhonig gibt es auf allen Inseln des Kvarner.
Unten: Dobrinj im Landesinnern ist ein reizend unberührter Ort.

MAL EHRLICH

ENGER GEHT'S KAUM

2500 Sonnenstunden im Jahr heißt: Wer in der Hochsaison das Strandleben genießen will, der muss mit Taxibooten entlegenere Strände ansteuern oder mit dem Auto zu Buchten außerhalb der Hotelzentren fahren. Im südlichen Baška, wo 1908 die Badekultur auf Krk mit 16 Umkleidekabinen begann, herrscht heute Massentourismus in Reinkultur. Urlauber, die es nicht so mögen, wie in einer Sardinenbüchse zu liegen, sollten im Herbst herkommen, auch dann ist das Meer immer noch warm.

Krk

Infos und Adressen

ESSEN UND TRINKEN

Konoba Maslina. Von Malinska in Richtung Silo im Ort Rasopasno, direkt an der Straße. Kroatische Grillküche (Spanferkel, Lamm), Shop mit hausgemachten Produkten (Olivenöl, Schnäpse, Schinken, Wein). Rasopasno 2c, Tel. 099/222 13 38

Konoba Nada. Bestes Lokal im Ort; Spezialität des Hauses: Branzino in der Salzkruste. Auch Übernachtungsmöglichkeit in urigen Apartments. Vl. Željko Juranić, Glavaca 22, Vrbnik, Tel. 051/85 70 65, www.nada-vrbnik.hr

Konoba Nono. Uriges Lokal, etwas abseits des Touristenstroms. Spezialität: »Gnocci Nono« mit Pilzen und Scampi. Krekih Iseljenika 8, 51500 Krk, Tel. 051/22 22 21

Ein Tag am Strand macht Appetit!

Konoba Tri Maruna. Urige Konoba, 12 km von Krk entfernt; Räume in einem tiefen Weinkeller. Der leckere Walnusslikör (Orahovac) wird gerne als Souvenir mitgenommen. Poljica 17, Tel. 051/86 11 56

Konoba Ulikva. Gemütliche Konoba bei der Kirche in der Fußgängerzone. Spezialität Tintenfische. Put Dubca 20, 51513 Omišalj, Tel. 051/84 10 04

Restoran Žal. Terrasse direkt am Wasser, Spezialität: Šurlice mit Tintenfisch. Klimno 44, 51514 Dobrinj, Tel. 051/85 31 42

ÜBERNACHTEN

Hotel Kanajt. Nahe der Marina Punat gelegenes, gemütliches Hotel in einer ehemaligen Bischofsresidenz. Kanajt 5, 51521 Punat/Krk, Tel. 051/65 43 40, www.kanajt.hr

Hotel Marina. Traditionshotel am Stadthafen, 2008 zu einem Boutique-Hotel umgebaut. Obala hrvatske mornarice 8, 51500 Krk, Tel. 051/22 11 28, www.hotelikrk.hr

Hotel Vila Rova. Angenehmes Mittelklassehotel mit Strandlokal. Rova bb., 51511 Malinska/Krk, Tel. 051/86 61 00, www.croatia-krk.eu/vila-rova/home.htm

AUSGEHEN

Club Boa Malinska. Schick und stark frequentiert. Dubasljanska 76 (beim Busbahnhof), Tel. 091/339 93 39, www.clubboa.com

INFORMATION

Touristisches Informationszentrum Krk. Obala hrvatske mornarice 3, 51500 Krk, Tel. 051/22 02 26, www.tz-krk.hr

Offizielle Websites anderer Gemeinden:
www.tz-baska.hr
www.tz-njivice-omisalj.hr
www.tzpunat.hr

Pekagerichte muss man unbedingt probieren!

KVARNER

18 Rab
»Felix Arba«

Die Römer nannten die Insel »Felix Arba«, und ihr Ferienglück finden auf Rab jahraus, jahrein hunderttausende Urlauber. Natürlich wegen der schönen Sandstränden und der garantierten Sonnenstunden. Glücklich sind auch die lokalen Touristik-Betriebe, die stolz auf viele Auszeichnungen sind, darunter die »Blaue Blume« als bester Ferienort Kroatiens.

Wie Krk hat auch Rab, die kleinste und südlichste Insel des Kvarner Quartetts, eine von der Bora kahl geblasene östliche Gesichtshälfte: Grün und fruchtbar sind nur die dem offenen Meer zugewandte Seite und die Halbinsel Lopar, die von der ihr vorgelagerten Insel Sv Grgur geschützt wird.

»Fun« und »Sun« im Norden

Die großen weiten Buchten von Kampor, Supetarska Draga und Loparski Zaljev haben in der Adria kaum ihresgleichen. Sie sind seicht und sandig. Den berühmtesten von ihnen hat die 1,5 Kilometer lange Bucht Crnika: die Rajska Plaža. Der »Paradiesstrand« zählt zu den zehn schönsten Stränden von ganz Kroatien. Klarerweise ist hier in den familienfreundlichen Ferienzentren zwischen Kampor und Lopar Freizeittourismus mit Sport und Spaß angesagt, von Surfen bis Banane fahren. Im großen Unterhaltungszentrum neben der Hotelsiedlung San Marino heißt es nachts: Party, Party ... Nur wenige zieht es zum kulturellen Highlight im Norden, zur Benediktinerabtei Sveti Petar in Supetarska Draga. Die Kirche, bald eintausend Jahre alt, gilt als die besterhaltene frühmittelalterliche Kirche an der östlichen Adria, in ihrem Turm läutet seit 1299 dieselbe Glocke.

Mitte und unten: Die berühmte Marienkathedrale der Stadt Rab. Sie wurde 1177 von Papst Alexander III. eingeweiht. Das überwältigende Kircheninnere birgt eine wertvolle byzantinische Gottesmutter aus dem 14. Jahrhundert.

Rab

Ein »Geopark« für Wanderer

Rab ist für Wanderer interessant. Denn die Insellandschaft ist durch drei Höhenzüge markant gegliedert. Deren mittlerer, der Bergrücken Vrsi, zwängt sich wie ein grüner Keil zwischen die Buchten von Supetarska Draga und Kampor. Zum Festland gewandt ist das Gebirge Kamenjak. Wer auf dessen höchsten Stelle (408 m) steht, nimmt den kahlen Buckel der Insel Goli Otok wahr, die Steinwände des Velebit-Gebirges und, wenn er den Kopf wendet, die Altstadt von Rab.

Den Kamenjak kann man gut zu Fuß erwandern (ab Mundanije führt auch eine Autostraße zum Gipfel). Besonders schön ist der »Geopark«-Wanderweg »Premužićeva staza«, der von dem berühmten kroatischen Forstingenieur Ante Premužić angelegt wurde. Er verbindet den Kamenjak mit Kalifront, einer nicht mal hundert Meter hohen Halbinsel im Nordwesten der Insel. Ihr geschützter Dundo-Wald ist die grünste Ecke von Rab.

Stadt Rab

Rab erfüllt das Idealbild einer mediterranen Inselstadt: ihre Ansicht schmückt die Seite 1 vieler Kroatien-Werbebroschüren. Gegründet wurde Rab von den Liburnern. Als die Römer im 2. Jahrhundert hierher kamen, fanden sie eine entwickelte Siedlung vor und gaben ihr wegen der dichten Wälder den Namen »Arba«. Wer auch immer ihnen nachfolgte – byzantinische, venezianische, ungarische, kroatische Herren – die Stadt blieb von Zerstörungen verschont. So finden sich im ältesten Stadtviertel Kaldanac die Kathedrale Uznesenja Blažene Djevice Marije (11. Jh.), die romanische Basilika Sveti Andrije und das Kloster Sveti Antuna Opata, in dem fleißige Nonnen für Touristen traditionelle Spitzentischdeckchen klöppeln. Sveta Justina, die Kirche mit dem zwiebelartigen Turm,

Ein beliebtes Bildmotiv: die Stadt Rab mit ihren vier Glockentürmen

AUTORENTIPP!

DIE RABSKA FJERA

Jedes Jahr feiert Rab das Fest zu Ehren des Heiligen Christophorus, dessen Schädelreliquiar in einem kostbaren Silberschrein in der Kathedrale zur Verehrung ausgestellt ist. An diesen drei Tagen verkleiden sich die Einheimischen mit Renaissance-Kostümen als Schmiede, Bäcker, Fischer, Notare, Schneider, Nonnen, Knappen, Henker, Falkner usw. Festzüge mit Fahnenschwenkern und Trommlern ziehen durch die Straßen, an Marktständen gibt es mittelalterliches Essen und Trinken, Sackpfeifenbläser wetteifern mit Klapa-Gesangsgruppen, und wie verschieden der »Tanac« getanzt werden kann, zeigen bäuerliche oder aristokratische Paare. Den Höhepunkt findet die Fjera mit dem Turnier der Armbrustschützen und einem Schwertkampf.

Rabska Fjera. 25.–27. Juli

Oben: Manche Stellen von Rab wurden von der Bora kahl geblasen.
Mitte: Das Morgenlicht zaubert einen Rosenschimmer auf die Altstadthäuser von Rab.
Unten: Bergidylle am Kamenjak

beherbergt ein Museum für sakrale Kunst. Die Ruinen der Kirche Sveti Križa (13. Jh.) bilden die stimmungsvolle Kulisse für Sommernachts-Musikabende. Vom Campanile (11. Jh.) direkt nebenan, der zu Sveti Ivan gehört, bietet sich ein wundervoller Panoramablick.

Schmale, winkelige Gassen kreuzen die drei Hauptadern Gornja ulica (Obere Straße), Srednja ulica (Mittlere Straße) und Donja ulica (Untere Straße), die »Fressmeile« in Hafennähe. Unter den zahlreichen Patrizierhäusern ist der Palast Dominis-Nimira (15. Jh.) der schönste. Er wird nur übertroffen vom Rektorenpalast Knežev dvor am palmengesäumten Trg municipium, der acht Jahrhunderte lang als städtischer Regierungssitz diente. Heute arbeitet hier, mit ähnlich wichtiger Aufgabe, die Touristeninformation.

Kein Wunder, dass diese Altstadt wie ein Magnet wirkt. Auf dem Trg Svetog Kristofora drängen sich Souvenirhändler und Straßenmaler. An der Riva dümpeln Fischkutter, tuten Taxiboote und Ausflugsschiffe, Terrassencafés drängeln sich entlang der Promenade. Wer Stille sucht, findet sie im Park Komrčar oder auf dem zwei Kilometer langen Küstenweg zum malerischen Franziskanerkloster Sveta Eufemije.

Badefreuden rund um Rab

Und wer baden möchte wie einst Edward VIII. mit seiner Wallis Simpson, der kann sich zur »Liebesinsel« Frkanj bringen lassen – nur wird er dort in der »Englischen Bucht« nicht alleine sein. Schon lange ist hier statt eines verschwiegenen Fleckchens der kostenpflichtige FKK-Strand Kandarola. Die eigentlichen »Badeorte« von Rab sind gegenüber der Altstadt-Landspitze Banjol und, etwas weiter südlich, Barbat und Pudarica.

Rab

Infos und Adressen

ESSEN UND TRINKEN

Aco. Spaghetti, Meeresfrüchte und die berühmte Raber Torte; Zimmervermietung. Barbat 458, 51280 Rab, Tel. 051/72 15 27, www.aco-rab.hr

Konoba Ankora. Als »Gruß aus der Küche«: selbst gemachte Fischpaste. Lopar 103, 51281 Lopar, Tel. 091/763 27 50

Il Paradiso. Kroatische Vinothek mit Restaurant und Kunstgalerie: das schickste Lokal von Rab. Stjepana Radica 2, 51280 Rab, Tel. 051/77 11 09, www.makek-paradiso.hr

Santa Maria. Stilvolles Restaurant in einem venezianischen Palazzo, hervorragende Fischküche. D. Dokule 6, 51280 Rab, Tel. 051/72 41 96

ÜBERNACHTEN

Hotel Arbiana. 4-Sterne-Hotel in der Altstadt: vorne das Meer, hinten ein Park. Obala Kralja Petra Krešimira IV, 51280 Rab, Tel. 051/77 59 00, www.arbianahotel.com

Hotel Padova. 4-Sterne-Niveau gegenüber der Altstadt von Rab, Shuttletransfer zur Badebucht Suha Punta. Banjol 322, 51280 Rab, Tel. 051/72 45 44, www.imperial.hr/de/hotel-padova

Hotel Vila Margita. Romantische Unterkunft in einer luxuriösen Art-Deco-Villa mit Blick auf das Meer und die Altstadt von Rab. Banjol 323, 51280 Rab, Tel. 051/77 71 81, www.vilamargita.hr

EINKAUFEN

Natura Rab. Wertvolle natürliche Souvenirs aus den Inselschätzen Olivenöl und Honig. Barbat 677, 51280 Rab, Tel. 051/72 19 27, www.natura-rab.hr

SCHIFFSVERBINDUNGEN

Von/nach Jablanac/Mišnjak verkehrt die Fährlinie »Rapska plovidba« regelmäßig 5–24 Uhr (Autofähren, Passagier-Katamarane); bei starkem Andrang erhöht sich die Frequenz. In Bau befindet sich der neue Fährhafen Stinica, 2 km nördlich von Jablanac. www.rapska-plovidba.hr
Im Sommer bis zu 5 x täglich von/nach Lopar/Valbiska (Krk)mit der »Splittours«-Fähre, im Winter nur 2 x täglich www.splittours.hr
Von Rijeka aus 1 x täglich ein Passagier-Katamaran der »Jadrolinija«. www.jadrolinija.hr

INFORMATION

Touristisches Informationszentrum Rab.
Trg Municipium Arba 8, 51280 Rab, Tel. 051/77 11 11, www.tzg-rab.hr

Der Trg Svetog Kristofora wurde als einer der schönsten Plätze Kroatiens ausgezeichnet.

KVARNER

19 Pag
Partylaune auf der Mondinsel

Pag und Party, das ist für die Jugend Europas ein Begriff. Die Reisebranche hat ihren neuen Ballermann: der liegt auf Pag und heißt Novalja. Zwischen Mai und September wird die ganze Bucht von Zrće zur Szene für das feiernde Jungvolk. Tagtäglich eine wilde Beach-Party für 25 000 junge Leute. Die andere Hauptpopulation der Insel sind: die Schafe.

Die Open-Air-Clubs Papaya, Kalypso und Aquarius machen gigantische Umsätze. An den Turntables agieren weltbekannte DJs, Lautstärke 120 Dezibel und mehr. Noch mehr Adrenalin-Kicks? Dann wären da noch Bungee Jumping, Kitesurfen und Jetski im Angebot. Auf dem großen Campingplatz-Areal von Novalja ist den Party-Leuten eine eigene Abteilung zugewiesen.

Und sonst?

Die Insel polarisiert. Extrem ist ihr Landschaftsbild: Wie eine Meerschlange erstreckt sich Pag, manchmal nur zwei Kilometer breit, mit seinen 60 Kilometern Länge gegenüber dem Velebit in der Adria. Auf der Festlandseite eine monoton graue Mondlandschaft, gedeihen auf der Westseite Gräser, Schilf, knorrige Olivenbäume. Die wie ein Netz über die Insel gezogenen Natursteinmauern zäunen die zigtausend Schafe der Insel ein; ihr Thymian- und Salbeifutter macht den berühmten Pager Schafskäse »Paški sir« so aromatisch. Motorradfahrern macht es Spaß, vom nördlichen Rt Lun auf schnurgerader Piste gen Süden zu fahren. In der Inselmitte quert bei Novalja die Hauptstraße zwei Mal den Inselkamm und bietet wunderbare Ausblicke. Attraktiv ist auch die Kur-

Mitte: Die blütenweiße Marienbasilika ist das bedeutendste Kulturdenkmal der Stadt Pag.
Unten: Spaß, Party, Feiern – die Partyszene hat Pag entdeckt!

venfahrt zum Panos (220 m). Ihm gegenüber, auf der anderen Seite der Bucht, erblickt man den höchsten Gipfel von Pag, Sv. Vid (349 m). Eine kleine Wandertour in diesem fast wüstenhaften Teil der Insel lohnt sich. Auf dem Gipfelplateau genießt man ein begeisterndes 360°-Panorama.

Pag

Den schönsten Blick auf Pag und die Salinenbucht Paška Solana hat man von oberhalb an der Serpentinenstraße. Die Stadt bietet ihren Gästen einen zwei Kilometer langen Sandstrand, an dem Hotels, Apartments, Restaurants und Cafés liegen. Vor allem aber bietet sie sich selbst. In der Mitte der vier quadratisch angelegten Altstadtviertel befindet sich der Marktplatz Trg Kralja Krešimira mit dem Denkmal des berühmten Baumeisters Juraj Dalmatinac. Er blickt auf seine Werke: den Rektorenpalast im venezianischen Stil und die wunderbar proportionierte Pfarrkirche Sveta Marija, deren spätgotische Fensterrose wie ein Spitzendeckchen wirkt. Ob es schon zu seiner Zeit die berühmten »Pager Spitzen« gab? Sie waren einst in höchsten Kreisen sehr begehrte Textilien. Noch kann man abends in den Straßen des Städtchens alte Frauen sehen, die in ihre filigrane Handarbeit vertieft sind. Etwas außerhalb des Zentrums liegt das Benediktinerinnenkloster Svete Margarite.

Ruhige Erholungsorte

Pag hat eine Küstenlänge von 250 Kilometer. Da finden sich naturgemäß auch ruhige Plätzchen. Touristisch noch relativ wenig erschlossen sind die Fischerorte Šimuni, dessen Bucht zu einer Marina ausgebaut wurde, und Mandre, zwischen Šimuni und Pag. Auf der Halbinsel Povljana liegt der Strand Plaža Dubrovnik, und auch ganz im Süden lebt das 200-Seelen-Nest Vlašići im Sommer auf.

Infos und Adressen

ESSEN UND TRINKEN
Restoran Natale. Das beste Restaurant der Insel mit einheimischen Spezialitäten. Stjepan Radic 4, 23250 Pag, Tel. 023/61 11 94

Restoran Stefani. Feine Pasta- und Risottogerichte. Skopljanska 20, 53291 Novalja, Tel. 053/66 16 97

ÜBERNACHTEN
Boškinac. Kleines Landhotel mit Gourmet-Restaurant und Taverne inmitten von Weinbergen. Novaljsko polje bb, 53291 Novalja, Tel. 053/66 35 00, www.boskinac.com

Hotel Meridijan. Nur wenige Meter vom Kiesstrand entfernt. Ante Starčevića 16, 23250 Pag, Tel. 023/49 22 00, www.meridijan15.hr

EINKAUFEN
Benediktinerinnenkloster Sv. Margarite. Paški Baškotini und Kräuterlikör Koludraška travarica. J. Felicinović, 23250 Pag, Tel. 023 /61 10 61

Gligora. Pager Käse vom Erzeuger. Figurica 20, 23251 Kolan, otok Pag, Tel. 023/69 80 52, www.sirena.hr

SCHIFFSVERBINDUNGEN
Jadrolinija Prizna/ Žigljen (www.jadrolinija.hr), oder mit dem Katamaran Rijeka/Novalja. Mit dem Pkw über die Brücke »Paski most« zur Südspitze von Pag.
»Rapska plovidba« verkehrt täglich mit einem Motorschiff zwischen dem Hafen Rab und Lun (Port Tovarnele, Pag). www.rapska-plovidba.hr

INFORMATION
Touristisches Informationszentrum Pag. Od špitala 2, 23250 Pag, Tel. 023/61 12 86, www.pag-tourism.hr

KVARNER

20 Jadranska Magistrala
Die Traumstraße Europas

Die kroatische Küste ist so schön wie die italienische Adria oder die Cote d'Azur. Viele sagen, sie sei noch weitaus schöner. Ein Roadtrip auf der Jadranska Magistrala, Kroatiens atemberaubender Küstenstraße, kann diese Meinung nur bestätigen. Sie rangiert zusammen mit dem Highway 1, der Panamericana und der Grande Corniche unter den Top Ten der schönsten Küstenstraßen der Welt!

Vor der Windschutzscheibe wechseln fantastische Fernblicke mit Kurven um Felsnasen. Dazwischen geht es durch alte Hafenstädtchen und ursprüngliche Fischerdörfer, vorbei an Stränden und Inseln.

Eine Route, viele Straßen?

In den 60er- und 70er-Jahren unter Tito als touristisches Prestigeprojekt Jugoslawiens erbaut (Jadranska turistička cesta), führt die bildschöne Panoramastraße heute durch drei Staaten: Kroatien, Bosnien-Herzegowina und Montenegro.
Wer aber meint, die Jadranska Magistrala fange bei Savudrija an, der irrt. Er rechnet irrtümlich die alte istrische Küstenstraße dazu. Als Vorgeschmack auf sie könnte allenfalls die landschaftlich reizvolle Landstraße Pula-Rijeka (D66) entlang der Ostküste von Istrien gelten, die über Labin, Lovran, Opatija zur echten Jadranska hinführt. Unter der offiziellen Bezeichnung D8 (Europastraße 65) erstreckt sie sich von Rijeka über Zadar, Split und Dubrovnik bis zur montenegrinischen Grenze: 664 Kilometer. Damit ist die D8 die längste kroatische Nationalstraße. Mit zwei bis drei Übernachtungen lässt sie sich entspannt bewältigen. Durch den Bau der küstennahen Autobahn,

Mitte: Die weithin leuchtende Maslenica-Brücke
Unten: Ein kleiner Plausch mit anderen Bikern gehört auf der Jadranska Magistrala einfach dazu.

Jadranska Magistrala

die neuerdings bis Ravča führt, ist die Jadranska erheblich entlastet worden, was nicht heißt, dass man alleine auf ihr unterwegs ist. Schon gar nicht ab Ploče bis Dubrovnik und weiter bis zum Grenzort Pločice: dieses südlichste Stück ist leider in der Hochsaison wegen totaler Überlastung eine Tortur. Das wird sich erst ändern, wenn die A1 Dalmatina bis Dubrovnik fertig gestellt ist.

Reizvolle Kulissenwechsel

Hat die Jadranska die lebhafte Riviera von Vinodol mit ihren Seebädern und Fischerdörfern hinter sich gelassen, schmiegt sie sich den Südhang des riesenhaften Velebit entlang, mit Blicken hinüber zu den kahlen Seiten von Rab und Pag. Den Nationalpark Paklenica zurücklassend, weitet sich die Landschaft, schon geht es auf der feuerroten, 2005 eröffneten Maslenica-Brücke über die gleichnamige Meerenge. Zwischen Zadar und Šibenik wird die Jadranska dann zu einer wahren Traumstraße. Aus der Vogelperspektive nimmt der Reisende die Kornaten wahr – ein unvergesslicher Blick: Wie ein Sternschnuppenschwarm blinken die weißen Inselchen im Tiefblau der Adria. Dann folgt der grüne Kontrast mit der Gartenküste von Primošten, bevor sich der Straßencharakter auf den neu ausgebauten Teilstücken Trogir-Split und Split-Omiš zur »Stadtautobahn« verändert.
Entlang der Makarska Riviera bis Drvenik, zu Füßen der mächtigen Flanke des Biokovo, zieht sich die Jadranska zunächst unter Palmen direkt neben dem Wasser hin, dann wird es abenteuerlich. Von Leitplanken gesäumt, umrundet die Straße die hohen Felsvorsprünge der Steilküste. Wieder auf Meeresniveau, quert die Jadranksa im Delta der Neretva eine fruchtbare Landschaft mit Obst- und Gemüseplantagen. Nach Durchfahrt des Korridors von Neum ist die wunderschöne Bucht von Slano bald danach erreicht.

Infos und Adressen

ÜBERNACHTEN

Entlang der Jadranska bieten sich jede Menge Quartiere an, Zimmer durchaus auch nur für eine Nacht und eine ganze Reihe von Campingplätze. Quartier-Highlights:

Admiral Grand Hotel. 2009 eröffnetes 5-Sterne-Hotel: minimalistisch modern, in Einzellage direkt am Strand, ruhig. Erholung pur; 29 Kilometer vor Dubrovnik. Ruđera Boškovića bb, 20232 Slano, Tel. 020/88 88 88, www.hoteladmiral-slano.com

Campingplatz Vranjica Belvedere. Der mit Pinien bepflanzte Campingplatz liegt in Seget Vranjica in der Nähe von Trogir. Vielfältige Ausflugsmöglichkeiten in alle Richtungen Dalmatiens. Tel. 021/79 82 22, www.vranjica-belvedere.hr

TANKSTELLEN

Tankstellen gibt es in regelmäßigen Abständen, nur nicht im Nahbereich des Korridors von Neum. Auf den 9 Kilometern in Bosnien-Herzegowina finden sich gleich mehrere Tankstellen hintereinander, man lebt dort vom Transitverkehr.
Die Benzinpreise sind extrem günstig (1 Liter Superbenzin ca. 1 €). In der Regel ist nur Barzahlung möglich, die Hinweisschilder »Zahlung mit Euro verboten« gibt die offizielle Anordnung wieder. Am besten, man fragt vorher, wenn man in Euro zahlen will (oder muss).

INFORMATION

Generelle Informationen zur Straßenlage, Staus, Baustellen gibt es auf der Website des Kroatischen Autoclubs HAC (Hrvatski Autoclub) www.hac.hr

KVARNER

21 Velebit und Paklenica
Zwei Naturreservate

Zu Füßen des gewaltigen Velebit-Massivs gibt es Bergurlaub und Adria-Feeling im Doppelpack. Jedenfalls für jene Urlauber, die sich in Sveti Juraj, Gornja Klada, Lukovo oder Starigrad ein Quartier gesucht haben. Der Küstenstrich des windumtosten Velebit ist zwar keine Strandriviera. Dafür wartet der 145 Kilometer lange Gebirgszug mit gleich zwei Nationalparks auf.

Velebit, das heißt jähe Wetterumschwünge, das heißt aber auch fantastische Fernsicht, tiefe Höhlen, steile Kletterwände, eine faszinierende Pflanzen- und Tierwelt. Das Velebit-Massiv hat für die Kroaten eine ähnliche Bedeutung wie der Olymp für die Griechen. Um das Massiv, das wörtlich übersetzt so viel heißt wie »Großes Wesen«, ranken sich uralte Mythen. Denen gesellt sich der Winnetou-Mythos hinzu.

Nationalpark Sjeverni Velebit

Hinter dem Vratnik-Pass teilt sich der Strom der Touristen. Die meisten fahren zu den Plitwitzer Seen, 40 Kilometer weiter. Nur wenige zweigen bei Švica ab. Sie haben sich eindeutig für den stilleren Nationalpark entschieden: den 1999 als jüngster Nationalpark Kroatiens gegründeten »Nacionalni Park Sjeverni Velebit«, UNESCO-Welt-Biosphärenreservat. Auf geht's, mindestens zwei Stunden lang. Zum Glück ist die Hütte auf dem Gipfel des Zavižan (1698 m) im Sommer bewirtschaftet: zur Bohnensuppe schmeckt ein kühles Velebit Pivo. Von hier führt die Premužićeva staza, einer der schönsten europäischen Bergpfade überhaupt, weiter zum Veliki Alan (1406 m). Einige Teile des Parks sind noch immer unerforscht, des-

Mitte: Aufgerissene Felsklüfte, kalkweiße Gipfelfelsen: die Höhenzüge des Nationalparks Nördlicher Velebit
Unten: Nicht ohne Karabiner, Seil und Haken – immerhin ist das Kalkgestein der Karstwände in der Paklenica-Schlucht griffig.

Velebit und Paklenica

halb sollte man nicht von den Wegen abweichen. Erst 1991 hat ein Forscherteam im Gebiet Rozanski kukovi, um das die gelbe Wanderroute führt, die Lukina jama entdeckt, mit 1392 Metern eine der tiefsten Höhlen der Welt.

Nationalpark Paklenica

Naturfreunde geraten hier ins Schwärmen. Dichte Wälder, seltene Reptilien und Raubvögel, Wölfe, Wildkatzen, ja, auch Bären. Ein über 150 Kilometer langes Wegenetz lässt bei Wanderern keine Wünsche offen. Zum Meer hin öffnen sich zwei gewaltige Canyons, die Velika Paklenica, die große, und die Mala Paklenica, die kleine Schlucht. Kletterfexe lieben diese Gegend voller zerklüfteter Karstwände mit 300 Kletterrouten aller Schwierigkeitsgrade.

Gleich der erste Teil des Weges durch die Velika Paklenica ist atemberaubend. Etwa zwei Kilometer lang zwängt sich der steile Pfad zwischen bis zu 400 Meter senkrecht aufragenden Felswänden hinauf. Wenn auf dem Felsen »Anica Kuk« keine Kletterer zugange sind, muss das Wetter sehr schlecht sein. Dann weitet sich die Schlucht zu einem sonnigen Tal. Der Weg folgt nun ohne beschwerliche Steigungen einem meist ausgetrockneten Bachbett; nach etwa fünf Kilometern wird die Lugarnica-Hütte (440 m) erreicht. Wer weiter wandert, kommt zur Hütte »Dom Paklenica«, dem »Basislager« für all jene, die den Aufstieg zum Vaganjski vrh (1758 m) unternehmen. Bei klarem Wetter sehen sie von dort oben bis zur italienischen Küste und zu den Bergen Bosniens. Die etwas kürzere Mala Paklenica erreicht man am besten von dem Dorf Seline südöstlich von Starigrad. Von dort führt ein Weg in die breite Schlucht hinein, die deswegen aber nicht leicht begehbar, bei Regen sogar unpassierbar ist. Gut trainierte Wan-

AUTORENTIPP!

»BÄRENDORF« KUTEREVO

Als Logo hat der Nationalpark Sjeverni Velebit die Bärenpranke. Das ist kein Jägerlatein. Von den rund 1000 wild lebenden Braunbären in Kroatien leben ca. 400 bis 500 im Nationalpark Velebit. Vom Wahrheitsgehalt überzeugen Sie sich am besten in der 2002 gegründeten Bärenaufzuchtstation in Kuterevo nahe Krasno, wo in vier naturnahen Gehegen neun Braunbär-Waisen leben. Das Projekt des »Velebit Verein Kuterevo« ist mittlerweile eine echte Attraktion. Unterstützt wird die Arbeit des Refugium Ursorum Kuterevo übrigens auch von deutschen Bärenfreunden.

Refugium Ursorum Kuterevo. Infos unter www.baerenfreunde-kuterevo.de und bei Aktion Bärenkinder e.V. in Berlin.

KVARNER

derer benötigen für den Aufstieg zum Karstfeld Lekine Njive (600 m) drei Stunden. Der markierte Weg führt dann weiter zur Quelle Ivine Vodice (1200 m), wo die Gipfelstürmer ihre Zelte aufschlagen, bevor sie am nächsten Tag zum Sveto Brdo (1753 m) aufsteigen.

Natur- und Winnetou-Fans

Höhlenforscher und Bergsteiger wissen von faszinierenden Naturwundern im Velebit zu berichten. Diese Ziele – die märchenhafte Karstwelt der Rovanjska-Höhle, der Debeli Kuk, die Steinerne Galerie und der Felskoloss Stapina – sind aber nur mit geführten Touren zu erreichen. Schilder mit der Aufschrift »Winnetou 10« geben den Fans von Pierre Brice keine Rätsel auf. Die Velika Paklenica und, östlich außerhalb des Nationalparkgebietes, der Tulove Grede (Mali Alan) dienten 1962 als Szenerie für die Winnetou-Filme. Doch die martialischen Totenkopf-Schilder neben der Passstraße zum Mali Alan, wo Winnetou durch die Kugel des Banditen Rollins starb, sind gefahrvolle Wirklichkeit: der südliche Velebit wurde im Jugoslawienkrieg als Teil der »Republik Serbische Krajina« vollständig vermint. Trotz Räumung: es gibt keine absolute Sicherheit, man sollte also nicht ins Gelände gehen!

Oben: Den Velebit-Nationalpark durchziehen viele Bergpfade.
Unten: Orientierung leicht gemacht für Wanderer und Reiter

MAL EHRLICH
EVENTMARKETING IM NATIONALPARK
Mit dem jährlich stattfindenden »Big Wall Speed Climbing« und der »Cro Challenge Paklenica« wurden zwei Sport-Events geschaffen, die noch zusätzlich Publikum anlocken, obwohl sich der Nationalpark wahrlich nicht über Besuchermangel beschweren kann. Doch wer sagt, wann die Grenzen des Wachstums erreicht sind?

Velebit und Paklenica

Infos und Adressen

ESSEN UND TRINKEN
Dubravka Bukovac. Kleine Landpension mit Gastwirtschaft beim Nationalparkeingang. Kuterevo 31a, 53225 Švica, Tel. 053/79 90 61

Konoba Jure. Gastwirtschaft und Zimmer. Krasno Polje 158, Tel. 053/85 11 00

ÜBERNACHTEN
Hotel Vicko. 3-Stern-Hotel mit Restaurant »4 Ferala«. Der Besitzer Zoran Katic organisiert auch Jeep-Touren zu den Winnetou-Locations im Paklenica-Nationalpark. Jose Dokoze 20, 23244 Starigrad-Paklenica, Tel. 023/36 93 04, www.hotel-vicko.hr

INFORMATION
Nationalpark Sjeverni Velebit. Krasno bb, 53274 Krasno, Tel. 053/66 53 80, www.np-sjeverni-velebit.hr
Eintritt: 20 HRK für einen Halbtages-/Tagesbesuch pro Person. Der Eingang ist in Babić-Siča, täglich 8–16 Uhr. Im Nationalpark gibt es keine Übernachtungsmöglichkeit. Nur in der Berghütte auf dem Zavižan gibt es während der Sommermonate Getränke und alpine Kost. Auf Touren sind im Rucksack also stets Getränke und eine Wegzehrung mitzunehmen. Tipp: Krasno ist für seinen leckeren Käse bekannt!

Nationalpark Paklenica. Tuđmana 14a, 23244 Starigrad Paklenica, Tel. 023/36 91 55, www.paklenica.hr
Eintritt: 50 HRK für einen Tagesbesuch pro Person. In höheren Lagen des Nationalparks gibt es einige kleine Almhütten, die vermietet werden. Auf den bewirtschafteten Berghütten gibt es Bettenlager. Die meisten wandernden Paklenica-Besucher machen den dreistündigen Marsch zur größten Berghütte Ivancev Dom und wieder zurück. Für eine ausgedehnte Tour auf die beiden Gipfel Vaganjski vrh und Sveto Brdo benötigen selbst geübte Alpinisten zwei Tage, das heißt, man muss sich rechtzeitig bei der Nationalparkverwaltung um die Übernachtung kümmern.

145 Küstenkilometer mit einer grandiosen Gebirgskulisse – das Velebit-Gebirge

Mitte: Becken, Seen, Wasserfälle und dazwischen Holzstege für den Besucherstrom
Unten: Faszinierende Wasserspiele von Mutter Natur

KVARNER

22 Nationalpark Plitwitzer Seen
Die berühmten »Fallenden Seen«

Wie im Regenwald jede Menge Wasser. Glasklare türkisblaue und smaragdfarbene Seen in einem grünen Canyon, insgesamt 16 Stück. Dazwischen 92 schäumende, tosende, rauschende, plätschernde Wasserfälle, die sich über Kalkbarrieren in die Tiefe stürzen. Zum Schluss vereinigen sich alle im Karstbecken Sastavci – die Korana ist geboren.

Das akustisch wie visuell großartige Schauspiel, das die Natur hier vorführt, verdankt sie dem Phänomen der »fallenden Seen«. Die unterschiedlich großen Gewässer reihen sich auf einer Länge von knapp acht Kilometern wie auf einer Perlenkette aneinander und bilden damit gewissermaßen den Oberlauf der Korana, die sich endgültig am Zulauf der Plitvica im Karstbecken Sastavci ihren eigenständigen Flusscharakter erwirbt. Zuvor haben sich alle möglichen Wasserströme an vielen Stellen durch Kalksinterbarrieren aufgestaut und stürzen an diesen natürlichen Wehren in Kaskaden zu Tal. Mit 637 Meter Seehöhe ist der Pros̆cansko Jezero der höchstgelegene See, und der Novakovica Brod auf 503 Meter der niedrigste.

Seen, Bäche, Becken, Holzstege

Der Nationalpark unterteilt sich in zwei Bereiche: Die zwölf oberen Seen (Gornja jezera) erstrecken sich vom Pros̆cansko Jezero bis hinunter zum Kozjak Jezero und die vier seichteren unteren Seen (Donja jezera) weiter bis zum Sastavci Wasserfall. Wo kommt bloß all das Wasser her, über das man auf Holzstegen geführt wird? Da ist zum

Nationalpark Plitwitzer Seen

einen der der große Höhenunterschied von 912 Metern im Nord-Süd-Gefälle. Viele unterirdische Wasserläufe drängen zu Tage. Zum anderen sind die Plitwitzer Seen von zahlreichen Bergen umgeben: im Westen vom Gebirgszug Mala Kapela, im Osten vom Plješevica-Gebirge, das die Grenze zu Bosnien bildet. Von überall her fließen die Wasser dem Talkessel zu.

Ein Park mit langer Geschichte

Das einzigartige Seengebiet, schon 1928 unter Naturschutz gestellt, wurde bereits 1949 zum Nationalpark deklariert. Es ist damit der älteste und mit 296 km² zugleich der größte Nationalpark in Kroatien. 1979 wurden die Plitwitzer Seen als eines der ersten Naturdenkmäler in die UNESCO-Liste des Weltnaturerbes aufgenommen. Seit Jahrzehnten zählen die Plitwitzer Seen zu den Hauptsehenswürdigkeiten des Landes, stehen sie in unzähligen Katalogen von Reiseveranstaltern und Busunternehmungen. Der Wasserfall Galovacki buk, die Seen Kaluderovac und Galovac: Hier hat fast jeder Besucher ein Déjà-vu-Erlebnis: das kenne ich doch aus den Winnetou-Filmen! Es wäre interessant, zu erfahren, wie viele der beinahe 1,1 Millionen Besucher des Jahres 2011 diesen inneren Film vor Augen hatten, während sie über die Planken und Wege wanderten und vor den Felsterrassen, Klippen und Wasserschleiern standen.

Die Korana und der Karst

Die bewaldeten Gebirge sind zugleich Refugium vieler Tiere. Tagesbesucher, die sich auf den zehn markierten Wanderrouten in der Kernzone bewegen, werden es nicht merken: Fast 90 % des Nationalparks bedecken riesige, dichte Wälder, in denen Luchse, Hirsche, Wildkatzen und Wölfe leben. Nicht umsonst hat der Nationalpark den Braunbä-

AUTORENTIPP!

DIE WASSERMÜHLEN VON RASTOKE

Wer dem Flusslauf der Korana 30 Kilometer nach Norden folgt, wird einem spektakulären Wasserschauspiel und Kulturdenkmal begegnen: »Hier auch stäubten schon die Wasser allenthalben hoch auf, fielen in Schleiern nässend auf die Stege, unter welchen anderwärts wieder die Strömung in dicken Schlangen zwischen den Mühlen durchschoss ...«, Heimito von Doderer hat die »Wasserfälle von Slunj« in seinem gleichnamigen Roman in eine dramatische Handlung gepackt. Rastoke bei Slunj trägt den Beinamen »Klein Plitvie«: Auch hier, an der Mündung des Flüsschens Slunjčica in die 20 Meter tiefer fließende Korana, haben sich an einer Kalksinterbarriere drei Dutzend Wasserfälle gebildet.
Schon im 18. Jahrhundert nutzten die Menschen die Kraft der Gießbäche für das Mahlen von Getreide und überbrückten mit tollkühnen Konstruktionen die tosenden Wasserfälle. Bis zu 22 Mühlen staffelten sich übereinander, alle in charakteristischer Bauweise mit steinernem Sockel, einem hölzernen Mühltrakt und Schindeldach.

KVARNER

AUTORENTIPP!

WARUM NICHT NACH KARLOVAC?
Die »Stadt der Gärten« ist militärischen Ursprungs: Als Festungsstadt 1579 zum Schutz gegen die Osmanen errichtet, lässt sich ihre Anlage in Form eines sechszackigen Sternes bis heute erahnen.
Das piekfein herausgeputzte Gradski Muzej Karlovac am Trg Strossmayerov ist für jeden besuchenswert, der sich für die europäische Geschichte interessiert. Zuletzt im Kroatienkrieg unter serbischem Artilleriebeschuss beschädigt, ist das verschlafene Barockstädtchen heute wieder weitgehend saniert und erwacht Ende August zum Leben, wenn das zehntägige »Karlovački dani piva« gefeiert wird, das kroatische Oktoberfest.

Touristisches Informations zentrum Karlovac.
Ulica Petra Zrinskog 3, Karlovac,
Tel. 047/61 53 20
www.karlovac-touristinfo.hr

Fische sieht man in dem glasklaren Wasser bis in große Tiefen.

ren in seinem Emblem: Hier lebt die zweitgrößte Braunbärenpopulation Europas. Es gibt hunderte Schmetterlingsarten, seltene Amphibien, Bergmolche und Smaragdeidechsen, Würfelnattern und Grottenolme, Uhus, Fischotter und Flusskrebse. Von den 1267 vorkommenden Pflanzenarten sind 75 endemisch wie der Amethyst-Blaustern und die Schmalblättrige Krugglocke. Kurz, das Gebiet der Plitwitzer Seen gilt hinsichtlich der reichen Pflanzen- und Tierwelt als eines der biologisch bedeutsamsten Gebiete Kroatiens. Um die Tiere nicht zu stören, sind die Elektroboote mit besonders leisen Motoren ausgestattet. Aber zu sehen bekommen die Besucher Tiere kaum, das ist bei dem Besucherandrang ja auch nicht weiter verwunderlich.

Reizvolle Tour-Alternativen

Leider ist der Eingang 2 manchmal geschlossen, denn hier startet die dramaturgisch definitiv besser aufgebaute Tour. Sie ist mit dem Buchstaben »F« markiert und beginnt mit einer Bootsfahrt über den Kozjak-See. Am anderen Ufer angelangt, folgt man den Schildern. Der Weg verläuft, vorbei an Wasserfallkaskaden, durch die Kalksteinschlucht der unteren Seen zum Veliki slap. Danach

Nationalpark Plitwitzer Seen

Tour durch den Nationalpark

Der Nationalpark lässt sich zu Fuß entlang über ein ausgedehntes, etwa 50 Kilometer langes und bestens ausgeschildertes Wegenetz erkunden, wobei man je nach Kondition, Zeit, Lust und Laune seine Tour an beliebigen Stellen beginnen oder abbrechen kann.

Die Standardtour beinhaltet alle Hauptsehenswürdigkeiten und dauert einen guten halben Tag, auch wenn man nicht so gut zu Fuß ist. Die meisten Busgruppen sind auf dieser Route unterwegs, die am nördlichen **Sastavci/Eingang 1** Ⓐ (»Ulaz 1«) beginnt und gleich 100 Meter hinter der Kasse mit dem Panoramablick das Schönste enthüllt.

Der Weg passiert dann sofort den spektakulärsten Wasserfall, den **Veliki slap** Ⓑ, bei dem sich der Fluss Plitvica aus einem hängenden Seitental 78 Meter in die wilde Koranaschlucht ergießt, und setzt sich fort zu den großen Wasserfällen der vier **Unteren Seen (Donja jezera)** Ⓒ.

An der Anlegestelle P3 setzt man dann mit dem Elektroboot über den **Kozjak-See** Ⓓ zu P2 und wandert an den **Oberen Seen (Gorna jezera)** Ⓔ durch ein Waldgebiet bis **Labudovac** Ⓕ. Von dort (Station 4) fährt der Shuttlebus bis Station 1 nahe dem Parkplatz zurück.

Uferweg im Nationalpark

Ⓐ **Sastavci / Eingang 1**
Ⓑ **Veliki slap**
Ⓒ **Donja jezera**
Ⓓ **Kozjak-See**
Ⓔ **Gornja jezera**
Ⓕ **Labudovac**

KVARNER

geht es über steile Serpentinen zur Ostseite der Schlucht, wo sich die spektakulären Aussichtspunkte befinden. Zurück zum Ausgangspunkt fährt ein Shuttle. Die Touren E und H, ebenfalls von Eingang 2 aus, sind mit mehr Boots- und Shuttlefahrten komfortabel angelegt; dagegen erschließt Weg K die gesamte Seenzone des Parks für Wanderfreudige; erst gegen Schluss, wenn die Fußsohlen brennen, wird der Kozjak mit dem Boot gequert.

Medvjeđak-Wanderweg

Nicht jede Ecke des Nationalparks ist öffentlich zugänglich. Es gibt aber abseits der Kernzone markierte Wanderwege, wo man, tunlichst nicht ganz alleine, unterwegs sein kann. Denn etwas Abenteuerlust gehört dazu, den Medvjeđak-Wanderweg anzupacken, der zu drei Gipfeln führt: dem Oštri Medvjeđak (884 m), dem Tupi Medvjeđak (868 m) und dem Turčić (801 m). Von oben genießen Sie einen weiten Blick auf einen Teil der Plitwitzer Seen sowie das gesamte Gebiet zwischen Lička Plješivica und Medvjeđak. Und wer weiß, vielleicht entdecken Sie Bärentatzenspuren ...

Oben: Mit Dutzenden von Stufen bewältigen die Wassermassen 114 Meter Höhenunterschied.
Unten: Am Westufer kann man durchaus ganz alleine wandern.

MAL EHRLICH

HOFFNUNGSLOS ÜBERLAUFEN?

In den Sommermonaten nimmt der Besucherandrang beängstigende Ausmaße an. Gruppen werden aufs Genaueste getimt im Gänsemarsch durch den Park geführt. Das Ganze wirkt auf den außenstehenden Beobachter wie ein Viehtrieb und ist im Grunde ein logistisches Ärgernis. Besser, auf eigene Faust anreisen, sich anhand des Parkplans eine eigene Route zusammenstellen, vor Ort übernachten und die frühen Morgenstunden bzw. den späten Nachmittag nutzen. Dann kann man sogar die Frösche quaken hören ...

Nationalpark Plitwitzer Seen

Infos und Adressen

SEHENSWÜRDIGKEITEN
Nationalpark Plitwitzer Seen.
Öffnungszeiten: Winter: 9–16 Uhr; Frühling und Herbst: 8–18 Uhr; Sommer: 8–20 Uhr. Eintritt: 110 HRK pro Tag, Kinder und Jugendliche 7–18 Jahre 55 HRK. Das Ticket gilt auch für sämtliche Fahrten mit den Elektrobooten und Bussen im Park. Ein Zweitagesticket kostet 180 HRK. 53231 Plitvička Jezera, Tel. 053/75 10 15, www.np-plitvicka-jezera.hr

ESSEN UND TRINKEN
Restoran Kvaka. Forellenrestaurant am Ufer der Kupa, Betreiber ist der Ruderclub von Karlovac. Zorovic bb, 47000 Karlovac, Tel. 047/41 66 16, www.kvaka.net

Slunj/Rastoke:
Petro. Rustikale Konoba mit Übernachtungsmöglichkeit; auf der Speisekarte: Forellen, Forellen und noch mal Forellen. Rastoke 29, 47240 Slunj, Tel. 047/77 72 09, www.petro-rastoke.com

Karlovac:
Hotel Korana. Stilvolles kleines Hotel in Ruhelage an der Korana, mit Restaurant. Perivoj Josipa Vrbanića 8, 47000 Karlovac, Tel. 047/60 90 90, www.hotelkorana.hr

ÜBERNACHTEN
Hotel Degenija. An der E71 nach Slunj, nahe beim Nationalpark. Modernes Haus mit 20 Zimmern, Restaurant. Selište Drežničko bb, 47245 Rakovica, Tel. 098/168 60 05, www.hotel-degenija.com

Hotel Jezero. Direkt im Nationalpark beim Eingang 2 gelegen; 229 Zimmer, Restaurant, Wellness. 53231 Plitvička Jezera, Tel. 053/75 14 00, www.np-plitvicka-jezera.hr

Hotel Plitvice. Modernisierter interessanter Bau aus den 50er-Jahren, direkt vor dem Nationalpark-Eingang 2; 51 Zimmer, Restaurant, Bar, Souvenirladen. 53231 Plitvička Jezera, Tel. 053/75 12 00, www.np-plitvicka-jezera.hr

Der Nationalpark ist eines der meistbesuchten Ziele Kroatiens

Privatunterkünfte werden besonders in Grabovac angeboten; dort ist auch das Autocamp Korana (Tel. 053/75 18 88, Reservierungen über die Website des Nationalparks).

Auto-Camp Borje. 2007 wurde das 6,5 Hektar große Areal in Korenica angelegt, 15 km vom Südrand des Nationalparks entfernt.

ANREISE UND PARKEN
Die E71 Karlovac-Split führt durch den Nationalpark (Orte Plitvička Jezera, Prijeboj) zu den beiden Eingängen im Norden (Eingang 1) und im Süden (Eingang 2), wo kostenpflichtige große Parkplätze zur Verfügung stehen.

INFORMATION
Touristisches Informationszentrum Plitwitzer Seen. Rastovača bb, 53230 Korenica, Tel. 053/75 10 58, www.tzplitvice.hr

NORD-DALMATIEN

23 Zadar, Nin und Vir
Kroatiens Heiliges Herz **126**

24 Der Archipel von Zadar
Schwimmende Gärten
und schöne Strände **132**

25 Die Kornaten
Europas schönstes Segelrevier **140**

26 Ferieninsel Murter
Baden, essen, sich erholen **148**

27 Krka-Nationalpark
Natur zum Tiefdurchatmen **154**

28 Šibenik und Primošten
Zwei Welten **160**

29 Der Archipel vor Šibenik
Geheimtipps für Insulaner **164**

30 Knin und die Dinara
Mythisches Norddalmatien **166**

NORDDALMATIEN

23 Zadar, Nin und Vir
Kroatiens Heiliges Herz

Zadar bietet allerhand Ausnahmeattraktionen: die buntesten Märkte Dalmatiens, den größten historischen Stadtkern an der kroatischen Adria, die einzige Meeresorgel der Welt – und laut Alfred Hitchcock auch noch den schönsten Sonnenuntergang dieser Erde. Diese Superlative sind wahrlich Grund genug, die alte Hafenstadt zu besuchen.

Dreitausend Jahre Geschichte haben im Stadtbild Spuren hinterlassen – sehr schöne, wie man gleich dazusagen möchte. Die ersten Siedler waren die Illyrer. Nach ihnen kamen die Römer. Sie bauten ein Kapitol, Thermen, ein Aquädukt und hinterließen der Stadt ihr rechteckiges Straßennetz. Später wurde Zadar zweimal Hauptstadt von Dalmatien: zur Zeit der ersten Jahrtausendwende unter Byzanz, später im eigenständigen Königreich. Erst das 20. Jahrhundert setzte der Stadt zu: Im Zweiten Weltkrieg wurden die Hafenanlagen bombardiert, darunter hatte auch die Altstadt zu leiden. Dass Zadar vor zwanzig Jahren unter Beschuss der Krajna-Serben stand, merkt man zum Glück nicht mehr: Zadar pulsiert vor Lebensfreude.

Mediterranes Schlaraffenland

Schon am Morgen herrscht in der Altstadt Gedränge. Als ob ganz Dalmatien nur hier und heute einkaufen könnte. Dabei ist bloß ein ganz normaler Markttag, wie jeden Tag. Das geht schon sehr, sehr lange so, denn Zadar war schon in illyrischer Zeit ein wichtiger Handelsplatz. Von der Fußgängerbrücke aus brauchen Sie nur der Nase nachzugehen, dann kommen Sie von ganz alleine zum »Seetor« Lučka vrata, wo der riesige Fischmarkt

Seite 124/125: Plantschen in den flachen Gewässern am Fuß der Krka-Wasserfälle.
Mitte: Sv Donat, die Kathedrale von Zadar
Unten: Reliquienschrein des Schutzpatrons von Zadar

Zadar, Nin und Vir

Platz der Fünf Brunnen

und der geschäftige Bauernmarkt ihr üppiges Angebot feilbieten. Hier liegt alles, was das Meer, die Garteninseln Ugljan und Pašman sowie das fruchtbare Hinterland hervorbringen. Kaum ein Tourist, der hier nicht seine Kamera zückt: Haie, Schwertfische, Thunfische, Meeraale, Muscheln, Drachenköpfe, Austern. Käselaibe, Pršut, Kroštule und Paški sir, Knoblauchzöpfe und Kutteln, Honig und Oliven, Zitrusfrüchte, Spargel, Erdbeeren. Sind die Marktstände abgeräumt, beginnt die Siesta.

Kreuzfahrer einst und jetzt

Wie ist das nun mit dem größten historischen Stadtkern? Fakt ist, dass ein Großteil der Gebäude auf der einen Kilometer langen und 500 Meter breiten Landzunge historisch ist. Zadar präsentiert sich geradezu als ein architektonisches Musterbuch. Von den Römern stammen Tempelreste und Säulenstümpfe, und auch alle anderen, die ihnen nachfolgten, Byzantiner, Kroaten, Venezianer, Österreicher, Italiener beerbten Zadar. Eine quicklebendige Denkmalstadt also, in der Spurensuche Spaß macht: Da trägt das Landtor Kopnena vrata (16. Jh.) einen monumentalen Markuslöwen, versteckt sich die winzige romanische Kirche Sv. Lovro hinter dem wuchtigen Rathaus von 1934, steht

AUTORENTIPP!

MORSKE OGULJE – FÜNF TÖNE IN SIEBEN AKKORDEN

Die Morske Ogulje des Architekten Nikola Bašić ist weltweit einzigartig. Gespielt wird die unsichtbare Orgel an der äußersten Spitze der Hafenpromenade von Zadar tatsächlich nur vom Meer und von der Luft. Wo kommen die wundersamen Sphärenklänge her? Dahinter steckt eine ausgeklügelte Technik: Die an die Steintreppen anschlagenden Wellen strömen in ein unterirdisches System von 35 verschieden langen, breiten, geneigten Röhren und komprimieren dabei die darin befindliche Luft. Sie entweicht durch 35 Orgelpfeifen unterhalb der ersten Treppenstufe, die dabei Akkorde im Rhythmus des Seegangs hervorbringen. Ein magisches Naturkonzert. Seit 2005 ist dieser Sound Tag und Nacht zu hören und stürzt so manchen, der sich auf den breiten Stufen niedergelassen hat, in stundenlange Träumerei. Gleich daneben hat Bašić seinen »Gruß an die Sonne« installiert, ein kreisrundes Glaskunstwerk mit Solarzellen, das die Sonnenstrahlen reflektiert. So darf die Sonne in den Spiegel schauen, bevor sie versinkt.

Morske Ogulje. An der Istarkska obala

Stimmungsvolle Flaniermeile: Obalja Kralja Petra Krešimira IV

AUTORENTIPP!

»GOLD UND SILBER« IN DER MARINA DALMACIJA

Die Schätze der heutigen Zeit sind in der Marina Dalmacija bei Sukošan zur Schau gestellt. Im größten Yachthafen der Adria, 12 Kilometer südlich von Zadar gelegen, ankern millionenschwere Schiffe.
Unwillkürlich drängt sich die Frage auf, wer wohl die Eigner dieser blitzenden weißen Luxusyachten sind. Bill Gates? Giorgio Armani? Bernie Ecclestone? Roman Arkadjewitsch Abramowitsch?
Wer auf Promi-Spotting aus ist, hier stehen die Aussichten nicht schlecht, Mitglieder des internationalen Jetsets zu sichten.

Marina Dalmacija. Sukosann d.d., 23206 Bibinje-Sukošan,
Tel. 023/39 37 31, www.marina dalmacija.hr

man am Forum auf original römischem Pflaster und sehen zartgelbe historische Gebäude aus wie die Gründerzeitpaläste an der Wiener Ringstraße. Doch selbst wenn man nur durch die Široka ulica schlendert, bis ganz nach vor zur Anlegestelle der Luxusliner, empfindet man, wie sehr sich in Zadar Vergangenheit und Gegenwart begegnen.

Nin

Weil Zadar zu dieser Zeit zu Byzanz gehörte, wählten die kroatischen Könige Nin zu ihrem Sitz, ein herzförmiges Inselchen in einer versteckten Lagune, zwanzig Kilometer nördlich von Zadar. Eine Steinbrücke und zwei ehrwürdige alte Stadttore bieten Zugang zur Hauptstadt des mittelalterlichen Kroatien. Bloß, wo ist sie? Der Ort ist eher eine moderne Streusiedlung, mit vielen Lokalen ein beliebter Ausflugsort der Gäste des naheliegenden Holiday Resort Zaton. Doch dann steht man plötzlich vor Sveti Križ, der kleinsten Kathedrale der Welt. Mit 36 Schritten in der Länge wurde die weiße unscheinbare Kreuzkuppelkirche nach der Sonne ausgerichtet und diente so

Zadar, Nin und Vir

Stadtspaziergang durch Zadar

Alle Stadttore führen zum Ziel, wir nehmen die **Porta Terraferma** Ⓐ (1543) mit dem **Platz der Fünf Brunnen** Ⓑ an der Stadtmauer zum Ausgang.

Am Beginn der **Široka ulica** Ⓒ, die zum Kern der Stadt führt, sollte man die **Sveti Šimun** Ⓓ besuchen: Im Chorraum tragen Engel den mit vergoldetem Silberblech beschlagenen Zedernsarg des Heiligen Simeon. Das Behältnis gilt als eines der wichtigen Goldschmiedekunstwerke des 14. Jahrhunderts. Am prächtigen Narodni trg wird es venezianisch mit **Stadtloggia** Ⓔ und Stadtwache.

Rund um das römische **Forum** Ⓕ ballen sich die Sehenswürdigkeiten: Der vorromanische Rundbau von **Sveti Donat** Ⓖ (9. Jh.) nach karolingisch-byzantinischem Vorbild wurde unter Verwendung römischer Säulen und Steine errichtet.

Toskanische Baumeister schufen die romanische **Katedrala Sveta Stošija** Ⓗ (12.–13. Jh.) mit einem 56 Meter hohen Turm. Dann steht man vor der Wahl, das **Archäologische Museum** Ⓘ zu besuchen oder die ebenso eindrucksvolle Ausstellung »Gold und Silber von Zadar« im Kloster von **Sveta Marije** Ⓙ. Geschichtsträchtig ist die Kirche **Sveti Krževan** Ⓚ, 1404 wurde dort der kroatisch-ungarische König Ladislav gekrönt. Er verkaufte sechs Jahre später Dalmatien an Venedig.

- Ⓐ **Porta Terraferma**
- Ⓑ **Trg pet bunara (Platz der Fünf Brunnen)**
- Ⓒ **Široka ulica**
- Ⓓ **Sveti Šimun**
- Ⓔ **Stadtloggia**
- Ⓕ **Forum**
- Ⓖ **Sveti Donat**
- Ⓗ **Katedrala Sveta Stošija**
- Ⓘ **Archäologisches Museum.** www.amzd.hr
- Ⓙ **Sveta Marije.** Geöffnet Mo–Sa 10–13 und 17–20 Uhr, So 10–12 Uhr
- Ⓚ **Sveti Krževan**

NORDDALMATIEN

gleichzeitig als Andachtsraum, Uhr und Kalender. Das archaische Gotteshaus steht ein wenig verloren da, wie aus der Zeit gefallen. Es ist von einem Ausgrabungsfeld umgeben, und wirkt dadurch noch winziger. Aber so klein die Kirche auch ist, in ihrer nationalgeschichtlichen Bedeutung ist sie nicht zu überschätzen.

Vir

Die 22 Kilometer von Nin entfernte Insel, über eine Brücke mit dem Festland verbunden, ist eine Ferienhochburg Dalmatiens. 300 Sonnentage im Jahr, Schatten ist rar. 700 Ferienhäuser, vier Autocamps. Im Hochsommer geht's hier rund, und auf der Brücke stauen sich die Autokolonnen. Sehr viel mehr als Baden, Bootfahren, Radfahren, Tauchen hat die Insel nicht zu bieten. Dafür schöne Strände, felsige ebenso wie sandige. Nur im alten Ort Torovi lässt sich noch etwas von dem kargen Leben der alten Virani erahnen, die mit Weinbau, Schafzucht und Fischfang ihr genügsames Leben fristeten.

Oben: Die romanische Kirche Sv Nikola auf einem Hügel bei Nin
Mitte: Königsstrand von Nin
Unten: Abendstimmung an der Riva von Zadar

MAL EHRLICH

»COFFEE TO GO«

Zadar ist berühmt für seine Kaffee-Tradition. Das erste Kaffeehaus wurde hier schon im Jahre 1730 eröffnet. Leider ist von dieser alten Kultur nichts mehr zu verspüren. Das Café Forum ist zwar seit 1796 am selben Platz, aber nicht mehr im originalen Gebäude. Vom Café Callegro auf dem Forum sagen die Einheimischen, hier gebe es den besten Cappucino; leider ist es nur ein modern designter In-Treff, wie man ihn rund um den Globus finden kann. Und auch das Café Lovre, das ganz im Zeitgeist-Trend Säulen und Böden einer frühmittelalterlichen Kirche für sein Ambiente nutzt, ist kein Kaffeehaus der gemütlichen Sorte.

Zadar, Nin und Vir

Infos und Adressen

ESSEN UND TRINKEN
Fosa. Erstklassiges Seafood-Restaurant; cooles Design in historischem Ambiente beim alten Zolltor am Fischerhafen, Terrasse am Wasser. Kealja Dmitra Zvonimira 2, 23000 Zadar, Tel. 023/31 44 21, www.fosa.hr

Konoba Stomorica. Hier essen die Einheimischen gut und preiswert. – Das ist echtes Dalmatien! Stomorica 12, 23000 Zadar, Tel. 023/31 59 46

Kornat. Modernes Restaurant, mit einem Mix aus kroatischer und leichter mediterraner Küche; gegenüber dem Jadrolinija-Fähranleger. Liburnska Obala 6, 23000 Zadar, Tel. 023/25 45 01

Niko. Berühmtes Fischrestaurant. Obala kneza Domagoja 9, 23000 Zadar, Tel. 023/33 78 88

ÜBERNACHTEN
Hotel Bastion. 4-Sterne-Boutique-Hotel im alten Stadtkern; 21 DZ, 4 Apartments, Restaurant »Kaštel«. Bedemi zadarskih pobuna 13, 23000 Zadar, Tel. 023/49 49 50, www.hotel-bastion.hr

Hotel-Restaurant Niko. Stilvolles 3 Sterne-Haus am Meer, 3,5 km von der Altstadt entfernt im Stadtteil Borik. Obala kneza Domgoja 9, 23000 Zadar, Tel. 023/33 78 80, www.hotel-niko.hr

In den engen Altstadtgassen von Zadar

Pansion Albin. Ein gepflegtes Refugium mit familiärem Service, 20 Minuten zu Fuß von der Altstadt entfernt. 12 DZ, Swimmingpool. Put Dikl 47, 23000 Zadar, Tel. 023/33 11 37, www.albin.hr

AUSGEHEN
Club Arsenal. Lounge im historischen Arsenal – so stylish wie die Jugend, die sich hier trifft. Trg tri bunara 1, 23000 Zadar, Tel. 023/25 38 21, www.arsenalzadar.com

The Garden. Szenetreff an der Stadtmauer, mit Blick auf den alten Hafen. www.watchthegardengrow.eu

Maraschino-Bar. In unmittelbarer Nähe von Maraska, dem berühmten Likörhersteller. Café, Restaurant und der quirligste Vergnügungstempel der Stadt. Obala kneza branimira 6a, 23000 Zadar, Tel. 023/21 12 50, www.maraschinobar.hr

INFORMATION
Touristisches Informationszentrum Zadar. Ilije Smiljanića 5, 23000 Zadar, Tel. 023/21 22 22, www.tzzadar.hr

Die romanische Kathedrale Sveta Stošija

Mitte: Der klimatisch geschützte Archipel von Zadar
Unten: Marija, Dragica, Nada – der Mann ist der Herr im Haus, aber die Frau hat das Sagen!

NORDDALMATIEN

24 Der Archipel von Zadar
Schwimmende Gärten und schöne Strände

Ugljan, Pašman in der ersten Reihe, Ist, Molat, Sestrunj, Iž und Rava in der zweiten und Dugi Otok in der dritten: so ordentlich schlichten sich die Inseln vor Zadar in der Adria. Die dem Festland am nächsten gelegenen beliefern als »schwimmende Gärten« seit eh und je tagtäglich den Bauernmarkt von Zadar. Dugi Otok mit seinen fischreichen Gewässern den Zadarer Fischmarkt. Und natürlich sind sie alle feine Urlaubsinseln.

Wer hier Urlaub machen will, schneidert sich seine Ferien in aller Regel passgenau auf seine Bedürfnisse zurecht. Große Ferienresorts mit Rundum-die-Uhr-Animation sind hier nicht zu finden, dafür eine ganze Menge ansprechender Privatunterkünfte, eine prächtige Natur und bei genauerem Hinsehen eine Vielzahl kultureller Besonderheiten.

Ugljan

Wie ein aufgeklapptes Bügelbrett liegen Ugljan und Pašman, bis zur künstlichen Trennung Ende des 19. Jahrhunderts eine zusammenhängende Insel, vor Zadar im Meer. Das 22 Kilometer lange Ugljan ist die am dichtesten besiedelte Insel des Archipels. Und jene mit der üppigsten Vegetation: Mehr als 100 000 Olivenbäume tragen hier Früchte, auf den Feldern des sanft gewellten Eilands gedeihen Obst und Gemüse, an den südlichen Hängen reifen Weintrauben und Feigen. Die felsige, mit Macchia überwucherte Westküste ist

Der Archipel von Zadar

schroff und kaum zugänglich, so liegen alle sieben Ortschaften der Insel im flachen Osten.

Der bäuerliche Ort Ugljan wartet mit einem vielseitigen historischen Erbe auf. Da gibt es Spuren von Befestigungen der Liburner auf den Erhebungen Celinjak und Kuranj. Auf der Landzunge im Ortsteil Mulin finden sich mit den Resten einer frühchristlichen Basilika (4. Jh.) und einer Villa Rustica mit Steinpressen zur Gewinnung von Olivenöl Kulturdenkmäler aus römischer Zeit. Reizvoll ist auch die Votivkirche Sv. Kusmus i Damjan (11.–12. Jh.), die von einem schiffbrüchigen Kaufmann als Dank für seine Errettung gestiftet wurde. Drei Jahrhunderte später errichteten die Kroaten auf dem Kap am Nordufer des Hafens von Ugljan das Kloster Sveti Franje. Den schönsten Blick auf das im Schatten von Pinien liegende Gemäuer hat man von der Bar am Ufer der Bucht. Wer lieber nur Baden möchte, wird die schön gelegenen Badestrände von Muline aufsuchen, von denen aus man eine Reihe kleinerer und größerer Inseln im Blickfeld hat.

Der Fährort Preko ist der lebhafteste Platz auf Ugljan. Ein Ausflugsziel ist der Veliki Brodo (265 m) mit der mittelalterlichen Burgruine Sveti Mihovil (13. Jh.). In einem knappen Stündchen geht man durch die Macchia und Olivenhaine hinauf, spürt dabei Sonne, Wind und Meeresluft. Von oben bietet sich ein phantastischer Ausblick über den Zadarski Kanal hinüber nach Zadar. Wer in Preko baden möchte, sollte, obwohl die nett angelegte Uferanlage Plaža Jaz wiederholt die »Blaue Flagge« erhalten hat, zu dem nicht mal hundert Meter entfernten vorgelagerten kleinen Inselchen Galevac übersetzen. Die Ufer dieses »Maulwurfshügels« werden beschattet von uralten Bäumen – ein ideales Picknickplätzchen, das auch von den Einheimischen gerne genutzt wird.

AUTORENTIPP!

EINE RADTOUR VON INSEL ZU INSEL

Vom äußersten Westen Ugljans bis zum Ostzipfel von Pašman kann man durchradeln, denn die beiden Inseln sind über eine hohe Brücke miteinander verbunden. Das Radwegenetz ist auf beiden Inseln bestens gepflegt, aber der Hit ist natürlich der Panoramaweg. Immer wieder eröffnen sich schöne neue Blicke über den Zadarski und Pašmanski Kanal zum Festland; nur der Abschnitt zwischen Ugljan und Mali Lukoran zieht sich entlang der dem Festland abgewandten Seite des Gominjak. Die Fahrt führt durch silbrig glänzende Olivenhaine, entlang von Weingärten und Gemüsefeldern, auch lassen sich manche verheißungsvolle Fleckchen für ein Erfrischungsbad entdecken. Pašman bietet kein anderes Bild: 29 Kilometer »Panoramski put«, und als Belohnung die wunderschönen Buchten Landin, Žinčena oder Soline an der Südwestküste.

Radtour von Ugljan bis Pašman. Die Karte »Ugljan Trekking & Biking« gibt es beim örtlichen Tourismusbüro in Preko oder als Download auf der Homepage (auf der englischen Version der Seite): www.tz.preko.hr

NORDDALMATIEN

Traditionelle Feste auch für Gäste

Kali hat einen malerischen alten Stadtkern und einen großen Fischerhafen, der sich bis in die angrenzenden Buchten und zur Uferpromenade von Lamjana ausdehnt. Überall sind Netze zum Trocknen ausgebreitet, die Besatzungen auf den Schiffen haben immer zu tun. Und wer zur Zeit des August-Vollmonds vor Ort ist, kann das berühmte Fischerfest »Kualjske ribarske noći« miterleben, mit Bootskorso, Volksmusik, Wein und Fisch im Überfluss. Das Schlusslicht im Süden bildet das Fischerdorf Kukljica, das berühmt ist für sein Fest der »Schneemadonna«: In Erinnerung an das wundersame Naturereignis vor 500 Jahren, als es hier mitten im Hochsommer schneite, wird am 5. August eine weißgoldene Madonnenfigur mit einer Bootsprozession zum Kirchlein Gospa Snježna in der Bucht von Ždrelac geleitet. Unter die Zuschauer mischen sich die Gäste der jüngst renovierten großen Ferienanlage Zelena Punta.

Pašman

Im Vergleich zu Ugljan ist Pašman viel ruhiger und noch ländlicher, die Südseite der Insel könnte man beinahe einsam nennen. Von Massentourismus keine Spur, ein Hotel sucht man vergebens. Der gleichnamige Hauptort der Insel hat nur 300 Einwohner. Die Ostseite entlang führt die einzige Straße von der Brücke hinunter bis nach Tkon. Zwischen Ždrelac und Pašman erstreckt sich eine Kette kleiner Orte – in jedem genießt man die Intimität, die solche Inselnester bieten. Der Inselsüden wartet mit zwei bezaubernden Klosteranlagen auf. Am Meer, nahe der Ortschaft Kraj, mit grünen Feldern im Rücken, steht das Franziskanerkloster Sv. Dujma u Kraju (14. Jh.). Wer hier für zwei Wochen in den weiß gekalkten Gästezimmern seinen Koffer auspackt, der wird sich auf einen ganz anderen Lebensrhythmus einstellen: hier

Oben: Im Meereskanal von Pašman verstreut liegen 13 Inseln.
Mitte und unten: Das Benediktinerkloster Sv Dujma u Kraju auf Pašman hütet wertvolle glagolitische Steintafeln.

Der Archipel von Zadar

wird Stille erfahrbar. Etwa zwei Kilometer außerhalb des Fischerortes Tkon findet sich das Kloster Sveti Kuzma i Damjan (12. Jh.). Diese winzige Abtei, heute nur mehr von drei Mönchen bewohnt, war im Mittelalter ein geheimer Hort der kroatischen Kultur. Nicht ganz so geheim, denn sonst hätte man wohl nicht am gotischen Kirchenportal glagolitische Inschriften angebracht. Das reich bestückte Klostermuseum kann gegen einen kleinen Obolus täglich außer Sonntag zwischen 16 und 18 Uhr besichtigt werden.

Sestrunj, Molat, Ist

Nördlich von Ugljan schließt sich noch eine Reihe kleiner, schwer erreichbarer Inseln an. Zadar am nächsten gelegen und von dort per Schiff in einer knappen Stunde zu erreichen, ist das Eiland Sestrunj (15 km^2). Hier kann der Besucher ganz für sich sein. Warum bloß heißt Molat »Blumeninsel«? Hier wachsen doch bloß Kiefern und Macchia. Aber man verweist ja auch gerne darauf, dass Edward VIII. auf seiner Liebeskreuzfahrt mit Wallis Simpson vor Molat ankerte, und spricht nicht so gerne darüber, dass während des Zweiten Weltkriegs das faschistische Italien hier ein Konzentrationslager eingerichtet hatte. Der äußerste Vorposten Norddalmatiens ist die winzige Insel Ist (10 km^2). An der Hafenpromenade kann man in einer Bar sitzen. Oder man erklimmt die Inselspitze Straža (175 m): Da liegen vor einem, wie auf dem Präsentierteller, die Inseln Škarda, Premuda, Silba, Olib und Molat.

Iž und Rava

Auch nicht größer, aber entschieden unterhaltsamer sind diese beiden Eilande. Rund um den Korinjak (170 m) gibt es auf Iž Weingärten, Feigen- und Olivenhaine. In den zwei stillen Örtchen Veli

AUTORENTIPP!

ROBINSON IM NATURPARK TELAŠĆICA

Der Süden von Dugi Otok ist wegen seiner landschaftlichen Einzigartigkeit als gebührenpflichtiger Naturpark unter Schutz gestellt worden. Von Sali aus kommt man nur zu Fuß oder per Boot hierher. In der sonnigen Bucht, nach welcher der ganze Naturpark benannt wurde, gehen sehr gerne Yachten vor Anker, denn die Telašćica ist einer der schönsten, größten und sichersten Naturhäfen der Adria.

Eine Wanderung führt zu dem über dem Meeresspiegel liegenden Salzsee Mir, der rund 6 Grad wärmer ist als das Meer. Der Spaziergang endet bei den »Stene«, den höchsten Klippen der Adria. Sie erreichen bei Grpašćak eine schwindelerregende Höhe von 161 Metern.

Aus der Möwenperspektive blickt man von hier ins fast unendlich erscheinende Blau der Adria. Und gar nicht so selten kommt es vor, dass man von hier aus vorbeischwimmende Delphine beobachten kann. Das Meer ist an dieser Stelle bis zu beachtlichen 85 Metern tief. An den Felsen unter Wasser leben rote Korallen, Schwämme und Seeigel, in den Klippen nisten Falken. Wahrlich ein Naturparadies! Und das Beste ist, man kann hier wohnen wie einst Robinson. Einfache Häuschen in exklusiver, absoluter Alleinlage stehen zur Vermietung.

Naturpark Telašćica. Eintritt pro Person/Tag 60 HRK. Ulica Danijela Grbin bb, 23281 Sali
Robinson-Übernachtungen kann man buchen unter www.vip-urlaub.de.

AUTORENTIPP!

AUF WANDERKREUZFAHRT IM ARCHIPEL VON ZADAR

Ab Hafen Zadar: Der nostalgische Motorsegler »Ribic«, er wurde 2004 runderneuert, schippert in der Vor- und Nachsaison Woche für Woche 20 wanderlustige Passagiere durch den Archipel von Zadar. Untertags sind sie auf den Inseln zu Fuß unterwegs, abends genießen sie an Deck den »Sundowner«. Käptn Zoran steht am Steuer, Schwiegersohn Josip, der gut Deutsch spricht, werkt in der Kombüse.

»Highlights« sind jeweils Inselgipfel, von denen sich ein herrlicher Adria-Blick und ein nahezu unendlich erscheinendes Blau bietet: Auf Ugljan geht's zur Festung Sveti Mihovil, auf Kornat wird der 237 Meter hohe Metlina bestiegen, in der Telašcica-Bucht im Süden von Dugi Otok wird der Anker geworfen, um entlang der Steilküste zum über dem Meeresspiegel liegenden Salzsee Mir zu wandern.

Auf Dugi Otok wird die Kapelica besteigen (135 m), der die Bucht Sakarun zu Füßen liegt. Die letzten zwei Tage sind für Festlandtouren reserviert: auf dem Programm stehen die Paklenica-Schlucht und die Besichtigung von Nin.

Archipel-Kreuzfahrten. Eine Erlebniswoche mit großem Erholungswert (trotz etwas enger Kabinen) kostet ca. 505 € pro Person in der Doppelkabine. Zu buchen etwa bei I.D. Riva Tours GmbH, Neuhauser Str. 27, D-80331 München, Tel. 089-231 10 00. www.kroatien-idriva.de/kroatien-kreuzfahrten.html

NORDDALMATIEN

und Mali Iž gehen die Inselbewohner ihrem ruhigen Leben als Fischer, Bauern und Hirten nach. Doch im August herrscht ausgelassene Feierstimmung: Beim Iška Kralj, dem Fest der Wahl des Inselkönigs. Angesichts der angeschwollenen Besucherzahlen hat sich die ursprüngliche Gepflogenheit des seit der Antike überlieferten Volksfestes geändert: Heute muss der neue Inselkönig während der 12-tägigen Feierlichkeiten nicht mehr die ganze Gästeschar freihalten. Die Buchten der kleinen grünen Insel Rava, zwischen Iž und Dugi Otok, sind besonders geschützt. Doch nicht nur deshalb wird Rava von Yachten aufgesucht. Am Westufer der Bucht von Mala Rava versteckt sich unter Pinien das kleine Lokal »Ferata« von Zvonk Eterović, der die Grillzange zur Zubereitung eben erst gefangener Fische fachmännisch im Griff hat. Ein Geheimtipp unter Skippern!

Dugi Otok

Dugi Otok (124 km^2) ist die größte Insel des Archipels. Mit über 40 Kilometern Länge, aber durchschnittlich nur etwa 5 Kilometer breit, zieht die »Lange Insel« die Parallele zu Ugljan/Pašman. Der Zweitname »Grüne Insel« stimmt freilich nur zur Hälfte. Reichen die Pinien in Norden stellenweise bis dicht an die Ufer und verleihen den Buchten einen heimeligen Charakter, ist der Südwesten kahler Fels und dornige Macchia. Dort brandet gewaltiger Seegang an die senkrecht abfallende Steilküste. Auch Dugi Otok ist ein Ort für Ruhesuchende. Auf einer Bootsfahrt kann man versteckte Strände ganz für sich alleine entdecken. Schnorcheln und Tauchen gehört hier dazu, die Insel ist bekannt für ihre beeindruckende Unterwasser-Fauna. Eine andere Attraktion ist die dicht bewaldete Halbinsel an der Pantera-Bucht im Norden, hier steht der höchste Leuchtturm der Adria. Da in ihm zwei Ferien-Apartments einge-

Der Archipel von Zadar

richtet wurden, ist er auch mit dem Auto von Veli Rat aus erreichbar. Die Tropfsteinhöhle Strašna Peć bei Savar, die in Reiseführern als Sehenswürdigkeit Erwähnung findet, hat allerdings schon weitaus bessere Zeiten gesehen, und zwar vor über hundert Jahren, als auf kaiserlichen Befehl von Franz Josef I. ihr Eingang mit Laternen und Treppen versehen wurde.

Reizendes Sali

Der größte Ort der Insel ist gesäumt von grünen Hügeln und ruhigen Buchten. Obwohl die Fischerfamilien ihre Häuser ausbauen, um die steigende Nachfrage nach Zimmern zu stillen, lebt das 1000-Seelen-Städtchen doch ganz im eigenen Tempo. Abends kehrt in Sali Ruhe ein. Es sei denn, in der Konoba Kod Sipe ist Klapa-Abend oder es findet schon wieder etwas statt in der öffentlichen Bibliothek. Zwei Markisen nur über dem Eingang, drinnen vollgestopfte Regale mit Weltliteratur in vielen Sprachen, Bilder und Plakate, ein PC mit Internetzugang: Die glücklichen Betreiber der 1905 gegründeten Bibliothek veranstalten Lesungen, Konzerte, Theaterabende und Astronomiekurse für alle, die »das eigene Innenleben lieben«.

> ## MAL EHRLICH
> **ÄRGER ÜBER MÜLL IM MEER**
> In Buchten, die von vielen Segelbooten als Ankerplatz aufgesucht werden, sind nicht selten der Meeresboden und auch Strände von Kunststoffverpackungen und anderen schwer zersetzlichen Stoffen verunreinigt. Tiere können an dem sorglos weggeworfenen Müll verenden. Wenn sich ein Algenfilm bildet, wurden Fäkalientanks entleert. Die kroatischen Gesetze sehen harte Strafen gegen Umweltsünder vor, jedoch fehlt es den Behörden an Mitteln, die sehr lange Küstenlinie genau zu überwachen.

Oben: Vor den 150 m hohen Klippen von Dugi Otok nahe dem Gipfel Mrzlovica
Mitte: Mönch des Klosters von Tkon
Unten: Pantera-Bucht auf Dugi Otok

NORDDALMATIEN

Infos und Adressen

ESSEN UND TRINKEN

Konoba Kod Barba Tomé. Beliebtes Fischlokal mit origineller »Bootsbar«. Kukljica, Maja Kaštela, 23275 Ugljan, Tel. 023/37 33 23

Konoba Kršovica. Urige Konoba mit Speisen vom Grill: hier bleibt die Zeit im glücklichsten Moment stehen. Dugi Otok, Telašćica-Bucht, Kruševica, Tel. 098/160 79 02

Mast an Mast: Marina in Norddalmatien

Restaurant DiM. Ein gastronomisches Highlight mit außerordentlicher dalmatinischer Küche. Koch Dragan Galošić ist Hochseefischer und weiß, wie Petersfisch, Seeigel und Seespinne zu kulinarischer Höchstform auflaufen. Dugi Otok, Verunić bei Veli Rat, Tel. 023/37 80 42

Taverna Goro. Sitzplätze unter Mangroven und Olivenbäumen. Goran Rogulij kocht für seine Gäste dalmatinische Spezialitäten unter der Peka. Dugi Otok, Telašćica-Bucht, Magrovica, Tel. 098/85 34 34

ÜBERNACHTEN

Franziskanerkloster Sveti Dujma u Kraju. In dem wunderbar restaurierten Kloster aus dem 14. Jahrhundert stehen einige einfache Gästezimmer für Gruppenreisende zur Verfügung; die Mahlzeiten werden zu fixen Zeiten im Refektorium eingenommen. Pašman, Kraj, Tel. 023/857 79

Hotel Sali. Kleine 3-Sterne-Anlage mit privater Atmosphäre, erholsam in einem Kiefernwald gelegen, wenige Schritte zur Bucht Sašaica. Tauchkurse für Anfänger und Fortgeschrittene, organisierte Bootsausflüge. Dugi Otok, Adresa bb, 23281 Sali, Tel. 023/37 70 49, www.hotel-sali.hr

Hotel Villa Donat. Die wunderschöne 4-Sterne-Villa an der Uferpromenade von Sveti Filip i Jakov nördlich von Biograd hat 16 DZ, die weniger niveauvolle Dependance 56 DZ. Beide Häuser sind aber geschmackvoll möbliert. Liburnska bb, 23207 Sveti Filip i Jakov, Tel. 023/38 35 56, www.ilirijabiograd.com

Hotel Villa Stari Dvor. Sympathisches 3-Sterne-Familienhotel, 50 Betten, Pool und Gostionica. Bataleža 7, 23275 Ugljan, Tel. 023/28 86 88, www.staridvor.hr

Villa Rava. Vlado und Branka bewirtschaften von Mai bis September die Villa Rava mit einigen Ferienzimmern, Bungalows und einem Restaurant: fangfrischer Fisch vom Grill, Scampi, gratinierte Muscheln – das hat seinen Preis. Trotzdem: Ein echtes Hide-away. Rava, Grbavac-Bucht südlich von Vela und Mala Rava, Tel. 023/789 20 25, villa-rava@villa-rava.com

FÄHREN

Dugi Otok. 1 x täglich ein Personenschiff Zaglav–Sali–Zadar; die Pkw-Fähre verkehrt in der Hochsaison 2–3 x täglich zwischen Zadar und Brbinj. Von Božava legt 2–3 x täglich ein Katamaran über Zverinac, Šeštrunj und Rivanj nach Zadar ab. www.jadrolinija.hr

Der Archipel von Zadar

Ist. Jadrolinija verkehrt auf der Linie Zadar–Ist Do, Fr, Sa 1 x täglich, Ist–Zadar Mo, Do, Fr 1 x täglich, www.jadrolinija.hr. Zusätzlich verkehrt täglich ein Personenschiff von/nach Zadar, www.miatours.hr. Auf Ist legt auch die Jadrolinija-Autofähre Mali Lošinj–Zadar an.

Iž. Pkw-Fähre Zadar–Iž (Fähranleger Bršanj) täglich 1 x; Fr und So zusätzlich ein Personenschiff. www.jadrolinija.hr

Molat. Katamarane der Jadrolinija täglich außer Samstag von/nach Zadar. www.jadrolinija.hr

Ugljan. Zadar/Preko wird von Jadrolinija 12–18 x täglich 5.30–24 Uhr angelaufen. www.jadrolinija.hr

Pašman. Biograd na Moru/Tkon 8–13 x täglich. www.jadrolinija.hr

SCHÖNSTE STRÄNDE
Dugi Otok. 800 Meter feinkörniger, schneeweißer Kies – die weite Bucht von Sakarun, 3 Kilometer von Božava entfernt: Südsee-Feeling!

Molat. Der schönste Badestrand ist die sandige, von Kiefern gesäumte Jazine-Bucht an der Nordküste.

Ugljan. Besonders malerisch ist die von Aleppokiefern umschlossene Bucht Kostanj bei Kukljica, aber auch die über Wanderwege zu erreichenden Buchten Kunćabok, Mali und Veli Sabuša und Jelenica (Felsbucht, auch FKK) südwestlich von Kukljica sind idyllisch zu nennen.

INFORMATION
Touristisches Informationszentrum Ugljan. Šimuna Kožičića Benje 17, 23275 Ugljan, Tel. 023/28 80 11, www.ugljan.hr

Touristisches Informationszentrum Pašman. Pašman bb, 23262 Pašman, Tel. 023/26 01 55, www.pasman.hr

Touristisches Informationszentrum Dugi Otok. Obala Perta Lorinija bb, 23281 Sali, Tel. 023/37 70 94, www.dugiotok.hr

Ugljan und Pašman schützen die flache Küste um Zadar vor den Südwinden.

NORDDALMATIEN

25 Die Kornaten
Europas schönstes Segelrevier

Am siebten Tag, so die schöne Geschichte, die sich die Kroaten erzählen, hatte Gott noch eine Hand voll Steine übrig. 152 Steine. Und weil er nicht wusste, wohin damit, warf er sie einfach ins Meer. Seit dem letzten Schöpfungstag schwimmen sie südwestlich vor Mitteldalmatien auf dem Wasser und wirken von der Ferne wie Mondgestein.

Fast alle der um die Mutterinsel Kornat gruppierten Eilande sind unbewohnt, nur kümmerlich zeigt sich Vegetation, Quellen gibt es nicht. An den Ufern reflektieren sich die Sonnenstrahlen tief im Meeresgrund. Hin und wieder blitzt ein Schwarm Sardinen auf. Auf manchen der Karstinseln ziehen alte Steinmauern Grenzlinien. Aufgeschichtet wurden sie vor über hundert Jahren von den hartnäckigen Bewohnern der Insel Murter, die Weideland für ihre Schafe und Ziegen brauchten. An den raren windgeschützten Hängen rodeten sie den Boden, pflanzten Feigen, züchteten mühsam Gemüse. Acht Monate im Jahr konnten die Murteraner ihre »überseeischen« Felder bestellen bis die Winterstürmen kamen. Die Einheimischen von heutzutage haben es etwas einfacher, auch deshalb, weil der zwar sanfte, aber doch lebhafte Tourismus in den Monaten Juni bis September eine gute Einnahmequelle ist.

Mitte: Ruinen von Filmkulissen aus dem Jahr 1960 auf der Insel Mana
Unten: In Vrulje hat man die Qual der Wahl: im »Ante« oder im »Sontele« essen?

Nationalpark

Die Kornaten sind die am stärksten gegliederte Inselgruppe des Mittelmeers, ihr Name leitet sich von dem lateinischen Wort »corona« (Krone) ab, und tatsächlich sind all die Inseln und Riffe nichts anderes als die Gipfel ins Meer gesunkener Ge-

Die Kornaten

birgszüge. Ein Großteil des insgesamt 152 Inseln umfassenden Archipels wurde schon 1980 unter strengen Naturschutz gestellt: 89 höchst unterschiedliche Inseln. Die an der äußeren Reihe faszinieren mit spektakulären, bis zu 99 Meter steil aufragende Felsklippen. Diese an der ganzen Adria einzigartigen Formationen sind durch geologische Aktivitäten der Afrikanischen Platte verursacht, die sich hier unter die Europäische Platte schiebt. Andere Eilande wiederum sind nur kleine Geröllmugel. Alle zusammen bilden ein Labyrinth aus Kalkstein und Meer, das unsichtbar als maritimer Nationalpark eingezäunt ist.

Die Verwaltung des Nationalparks befindet sich auf der Insel Murter. Unter Schutz gestellt sind nicht nur die Inseln, die vor allem im Westen des Archipels alle Karstformationen wie Karren, Höhlen, Dolinen aufweisen (Untere Kornaten), sondern auch die ungewöhnlich artenreiche Meeresfauna: 300 Tierarten hat man gezählt, darunter Delphine und Kraken. An den Unterwasserwänden und Gesteinsvorsprüngen klammern sich Schwämme fest, wachsen Korallen, und dass der Ruf der Kornaten als fischreichste Gegend der Adria seine Richtigkeit hat, berichten Taucher, die von ihren fallweise abenteuerlichen Begegnungen mit Meerbarben, Drachenköpfen, Brandbrassen, Haien und Muränen berichten.

Nautischer Tourismus

Im Sommer bewohnte Siedlungen mit ein paar Hirten und Fischern gibt es nur auf den beiden größten Inseln Kornat (33 km²) und Žut (15 km²). Hinzu kommen die »Robinsons«, Feriengäste, die sich in den 250 über den Archipel verstreuten einsamen Häusern einmieten. Und die Segler. Denn die Behörden haben das Inselreich dem nautischen Tourismus geöffnet. Im Hochsommer wim-

AUTORENTIPP!

AKTIVURLAUB IN DEN KORNATEN

Željko Jerat, mit seinem Kornati Yacht Service erste Ansprechadresse für alle Segler vor Ort, vermittelt zusammen mit seinem Bruder Jadran Aktivurlaube in den Kornaten. Das hat nun gar nichts mit Bespaßung zu tun, sondern mit authentischen Erfahrungen wie nächtlichem Calamari-Fischen oder Branzino-Fang – und einem Essen, das unvergleichlich gut schmeckt. Ob Sie sich für das »Big Game Fishing« interessieren oder doch lieber für die weniger laute Variante des traditionellen dalmatinischen Fischfangs mit Leine oder Schleppangel, dieser Aktivurlaub ist ganz gewiss die intensivste Methode, die Kornaten und das Leben der Fischer kennenzulernen. Untergebracht wird man in einem einfachen Haus in Vrulje auf der Insel Kornat; schon die Anreise ab Murter erfolgt mit einem kleinen Fischerboot.

Kornati Yacht Service. Mindestaufenthalt 3 Tage, Mindestteilnehmerzahl: Gruppe von 4 Personen, Kosten: 60 € pro Pers./Tag.
Tel. 022/43 47 76, www.jarusica.hr

NORDDALMATIEN

Der Kornaten-Archipel: faszinierend für Yachties

AUTORENTIPP!

RESTORAN FEŠTA – MEHR ALS NUR GUT ESSEN

Das Fischrestaurant Fešta auf der Kornaten-Insel Žut ist eine tolle Adresse, um man vor Anker zu gehen und ganz ausgezeichnet zu essen: Meeresfrüchte, so frisch wie es nur irgend geht, dazu nicht nur die Weine der renommiertesten kroatischen Winzer, sondern auch internationale Spitzengewächse. Zugute kommt das vor allem den Seglern, die in der ACI-Marina ankern.

Aber das ist noch längst nicht alles. Hinter dem Haus steht ein kleiner Olivenbaumhain, und dieser ist nicht nur Dekoration in der steinernen Umgebung. Die Familie Mudronja macht mit ökologisch-kulinarischen und anderen Marketingideen vor, in welche Richtung sich der Kornaten-Tourismus entwickeln könnte.

Auf Individualreisende zugeschnitten sind Angebote wie Mitmachen bei der Olivenernte und beim Fischfang oder Segelkurse, Geschäftsleute und Firmen werden mit Managerseminaren, Teambuilding und der Organisation kleiner Regatten angesprochen – die Mitarbeiter werden es ihrem Chef danken. Selbstverständlich übernimmt Fešta alle administrativen Aufgaben und die Unterbringung auf der Insel.

Restoran Fešta. Colonia d.o.o., Žut, Tel. 022/64 31 90, www.zut.hr

melt es hier von Yachten, Katamaranen, Segelbooten. Täglich fahren über hundert Schiffe die großzügig angelegten ACI-Marinas auf den Inseln Žut und Piškera an. Die Kornaten sind beileibe kein Geheimtipp mehr, dass sie trotzdem exklusiv sind, liegt daran, dass sie eben nur über das Wasser erreichbar sind. Und auch daran, dass die Aufsichtsorgane konsequent die Einhaltung der strikten Bebauungsregeln verfolgen. Deshalb kommen nur peu à peu zu den Hauptmarinas noch private, kleine Anlegestellen vor in Buchten versteckten Gasthäusern hinzu, die nur zur Saison bewirtschaftet werden und aus nicht viel mehr bestehen als ein paar Tischen unter einer schattenspendenden Holzpergola.

»Klarmachen zur Wende!«

»Kornati Cup«, »BMW-Hochseemeisterschaft«, »Uniqa Offshore Challenge«: Die Kornaten sind ein nautisches Eldorado. Nicht nur für Regatta-Teilnehmer. Sie zu durchkreuzen ist der Traum eines jeden Seglers: Zwischen Lunga und Škulj, Lavsa und Gustac lavieren, Inseln, die sich zwischen das leuchtende Azur des Himmels und Tiefblau des Meeres hineinschieben. Vorbeigleiten an den Klippen von Rašip und Piškera, am leuchtend weißen

Die Kornaten

Badestrand der Westbucht von Levranka den Anker werfen. Bei Schirokko oder wenn die Bora mit ihren gefürchteten Fallböen einsetzt, suchen auch Könner Unterschlupf in den Buchten auf der Lee-Seite, aber sonst ist das Revier auch für Anfänger durchaus geeignet. Der übliche Sommerwind in den Kornaten ist ohnehin der Maestral, ein ausgesprochener Schönwetterwind, von dem Segler nichts zu befürchten haben. Mit ein wenig Vorbereitung und Knowhow wird der Kornaten-Törn zu einem wahren Genuss-Trip. Denn zur Revierkenntnis gehört die Verortung der nächsten Konoba, und zur Vorbereitung eines gelungenen Abends gehört für größere Schiffsbesatzungen unbedingt die telefonische Voranmeldung bei der angepeilten Taverne. Dann kann das Schiff Fahrt zum Ziel aufnehmen.

Landgang mit Appetit

Gleich an der Steinmole steht ein Bassin mit der Ausbeute des nächtlichen Fischfangs: Die Fühler der Scampi tasten ziellos umher, Langusten machen einen Schritt nach vorn, und der orangerote, stachelige Drachenkopf glotzt durch die Glasscheibe. Die kleinen Tavernen in den Kornaten sind Etappenziele, wie man sie sich schöner nicht vorstellen kann. Vielleicht liegt ihr Geheimnis darin, dass sie keinen Komfort bieten. Strom und Trinkwasser sind nämlich rar. Aber das einfache, ursprüngliche Leben und die Gastfreundschaft wiegen weitaus mehr.

In den vergangenen Jahren hat manch einheimischer Fischer solch eine kleine Konoba für Skipper aufgemacht. Mehr als zwei Dutzend davon gibt es inzwischen in geschützten Buchten auf Kornat und den rundum liegenden kleineren Inseln. Einige werden noch mit Flüsterpropaganda verraten, wie die Konoba Ropotnica von Vedranko Turćinov

Oben: Reine Fantasie – noch eine Filmlocation auf Mana
Mitte: Ankerplatz an der Nordseite von Kornat
Unten: Die Kornaten sind ganz anders als die übrigen Adriainseln und trotzdem keine unberührte Einöde.

NORDDALMATIEN

Oben: Der Leuchtturm auf der Insel Vela Sestrica, an der Grenze des Nationalparks Kornaten
Mitte: Fischer bei der Arbeit
Unten: Blanker Fels: die Vegetation auf den Kornaten ist spärlich.

an der Westseite von Kornat (Tel. 099/47 30 62), andere wie das »Idro« von Tedi Jugara auf Lavsa sind schon zur Institution geworden. Wer hier Platz nimmt, kommt sofort ins Gespräch mit dem Wirt oder den anderen Segelcrews. Tipps werden ausgetauscht, und je später der Abend wird, desto mehr Seemannsgarn wird gesponnen. Dass es oft bis spät in die sternenklare Nacht hineingeht mit dem Schmausen und Trinken, hat ausschließlich Wohlfühl-Gründe. Noch dazu, wo ein komplettes Abendessen mit Oliven, Brot, Salaten, Fischen und Getränken selten mehr kostet als 150 HRK und das Übernachten in den Buchten eine preiswerte Alternative zum Liegeplatz in teuren Marinas ist.

Früher sah es hier anders aus

Vor langer Zeit waren die Kornaten ebenso bewachsen wie die anderen Inseln im Archipel von Zadar. Danach wurden die Wälder von den jeweiligen Besitzern, erst die Römer, dann die Venezianer, für den Schiffsbau gerodet, den Rest besorgten die Brandrodungen von Viehzüchtern, die

---

MAL EHRLICH

ROBINSON HAT KEINEN STROM

Zivilisationsmüde? Auf der 1,7 km² kleinen Insel Žižanj zwischen Žut und der Südspitze von Pašman gibt es Einsamkeit in Hülle und Fülle. Die Einheimischen haben hier einige der verfallenen Fischerhäuser wieder hergerichtet und vermieten sie unter dem Motto »Robinson-Crusoe-Urlaub« an Feriengäste. Alles, was in den Werbetexten steht, entspricht der Wahrheit: göttliche Ruhe, der Duft von Kräutern, der Blick auf das endlose Meer. Haustiere erlaubt. Für Nudisten ein Paradies. Selbstverpflegung. Und dann liest man im Prospekt: »Die Absence von Strom und Leitungswasser«. Da liegt dann doch oft der Hund begraben, seien wir ehrlich.

Die Kornaten

mehr Weideflächen wollten. 1850 gerieten die Brände außer Kontrolle, 40 Tage lang wütete die Feuersbrunst, zurück blieb verbrannte Erde. Da witterten die Bewohner von Murter ihre Chance, an mehr Land zu kommen und kauften die abgefackelten, öden Inseln den adeligen Vorbesitzern aus Zadar ab.

Alte und neue Fundstücke

Vereinzelte historische Relikte erzählen von der Zivilisationsgeschichte der Kornaten: Im Tarac-Feld auf Kornat gibt es Spuren aus dem Neolithikum. Von den Illyrern ist ein Hügelgrab auf Lavsa übrig geblieben, von den Römern haben sich Ruinen einer Villa in der Durchfahrt Mala Proversa zwischen Dugi Otok im Norden und Kornat im Süden erhalten und Siedlungsreste im Südwesten von Lavsa.

Überraschend kompakt sind die Mauerreste der Festung Toreta aus dem 6. Jahrhundert: Von ihrer Warte auf einer Anhöhe auf Kornat konnten die Besitz hinüber nach Levrnaka blicken. Ein Stückchen unterhalb, in einem Küsteneinschnitt, steht die Wallfahrtskirche Gospa od Tarca. Hunderte Boote pilgern am ersten Sonntag im Juli hierher, obwohl in die winzige Kirche nur wenige Gläubige hinein passen und selbst die Meeresengstelle zwischen Kornat und Levrnaka kaum ausreichend Platz bietet für die zusammengedrängten Boote der Murteraner und der Kurnatari. Einen anderen, ebenso erstaunlichen Anblick erlebt der Besucher von Kornat, wenn er einen Spaziergang von Vrulje ins Trtusa-Feld unternimmt. Dort öffnet sich eine Ebene mit Hunderten von Olivenbäumen, die von Bauern aus Murter bewirtschaftet werden. Das allerbeste Souvenir, das man – kaum zu glauben – im Bordgepäck mitnehmen kann: extra vergine Olivenöl von den Kornaten!

AUTORENTIPP!

FUNREGATTA FÜR FREIZEITSEGLER

Super Wind, super Location, super Laune: Der Kornati-Cup ist unter den mitteleuropäischen Seglern eine der beliebtesten Fun-Regatten. Bis zu 100 Yachten nehmen an dem jährlich im Mai ausgetragenen Wettbewerb teil. Das Erfolgsgeheimnis dieser Veranstaltung? Sportlicher Ehrgeiz ambitionierter Fahrtensegler.

Der Cup ist keine organisierte gemütliche Sternfahrt wie andere Fun-Regatten, sondern eine professionell durchgeführte Konkurrenz, ohne dass Regattaerfahrung bei den Teilnehmern vorausgesetzt wird. Wie heißt es so schön? »Der Veranstalter legt neben dem seglerischen Teil auch großen Wert auf den kulinarischen und gesellschaftlichen Bereich«. Die meisten Schiffe sind zwischen 35 und 45 Fuß lang, die tägliche Segelzeit der fünf Wettfahrten insgesamt auf den Bahnen zwischen Murter, Biograd und Piškera beträgt ca. 5 Stunden. Das Charterbüro des Yachtklubs auf Murter hilft bei der Vorbereitung, dort finden sich auch die Crews ein, um ihre Yachten für den Start fit zu machen.

Kornati-Cup. Informationen zur Teilnahme gibt es bei Yachtcharter Pitter, Raimund–Obendrauf Straße 30, A-8230 Hartberg,
Tel. 0043/(0)3332-620 23.
www.kornaticup.com

NORDDALMATIEN

Infos und Adressen

ESSEN UND TRINKEN

Andrija. An der Südwestküste in der Inselmitte. Andrija Skračić bereitet die selbst gefangenen Fische zu. Spezialität ist Brudet – aber nur bei Vorbestellung! Kravljačica, Kornat, Tel. 098/981 77 43

Ante. Sehr beliebtes Lokal mit Terrasse direkt am Wasser. Etliche Murings an niedriger Mole, zusätzlich Bojen. Vrulje, Kornat, Tel. 098/823 76 65

Idro. Eines der bekanntesten Lokale in den Kornaten, dementsprechend Standard-Küche. Eigene Bojen in der tiefen, geschützten Bucht an der Ostseite der Insel. Lavsa, Tel. 091/720 82 35

Konoba in den Kornaten, mit urigem Ambiente

Jadra. Einsam an der Südwestküste von Piškera gelegenes Terrassenlokal, die Bucht ist seicht. Nur kleine Segelboote, Kats und Motorboote können an der Mole anlegen, Yachten müssen zur ACI-Marina und dort in ein kleineres Boot umsteigen. Piškera, Tel. 091/434 24 50

Levrnaka. Familienbetrieb mit feiner Küche und relativ teurem Wein. Zahlreiche kostenpflichtige Liegeplätze an einem großen T-Steg. Levrnaka, Tel. 091/435 37 77

Opat. An der Südspitze der Insel Kornat, bekanntes »Nobellokal« mit dementsprechenden Preisen. Das große Plus: ein Schwimmsteg, Murings, viele Bojen. Uvala Opat, Kornat, Tel. 091/473 25 50

Piccolo. Insider bezeichnen den herzlichen Familienbetrieb auf der kleinen südlichen Insel Smokvica als das beste Lokal der Kornaten. Smoškvica, Tel. 098/23 71 36

Sontele. Direkt neben dem Ante, gemütlich und rustikal, aber: Ivo Lovrić bereitet nur Fisch zu, den er auch selbst gefangen hat. Vrulje, Kornat, Tel. 091/211 09 31

Stiniva. Authentische Inselküche an der Ostküste von Kornat, mit unter der Peka geschmortem Lamm und Fisch, falls einer den Brüdern Lovrić ins Netz gegangen ist. Kornat, Tel. 098/179 31 06

ÜBERNACHTEN

Im Nationalpark gibt es nur Privatquartiere. Einzelne, von der Nationalpark-Verwaltung autorisierte Agenturen sind befugt, Apartments und Ferienhäuser (auch Boote und Lieferservice) auf den Inseln zu vermitteln. Wer sich für einen solchen Urlaub entscheidet, muss sich an die Regeln des Nationalparks halten (siehe rechts).

Uvala Lupeška. Dragan Šandrić. Nikole Škevina 4, 22244 Betina, Tel. 098/55 75 48

Uvala Kravljačica. Ante Skračić. Kovačeva 1, 22243 Murter, Tel. 098/42 94 09

Uvala Šipnate. Marija Rameša. Kornatska 43, 22243 Murter

ANLEGESTELLEN

Individuelle Bootstouristen laufen am besten zuerst eine der Marinas an:

ACI Piškera. Tel. 091/470 00 91 (120 Wasserliegeplätze)

ACI Žut. Tel. 022/786 02 78 (113 Wasserliegeplätze)

Achtung: Wegen der zahlreichen Untiefen in den Gewässern der Kornaten ist das Mitführen einer Seekarte unerlässlich.

Die Kornaten

AUSFLÜGE

Von den Hafenstädten an der Festlandküste werden Ausflugsfahren, u. a. auch mit den beliebten traditionellen Gajeten, in den »Nationalni park Kornati« angeboten, u. a. von Zadar, Šibenik, Biograd und Murter; organisierte Tagestouren zu einem Gesamtpreis von ca. 300 HRK umfassen die Nationalparkgebühr, Überfahrt, Verpflegung und Landgänge mit Badeaufenthalt.

REGELN

Der Nationalpark Kornati, UNESCO-Weltnaturerbe, hat ein striktes Reglement für Besucher. Sie erhalten dieses »Book of Rules« mit dem Kauf des Tickets ausgehändigt und verpflichten sich zur Einhaltung der Regeln.

Die Inseln sind Privatbesitz. Wer sie betritt, darf nur auf den ausgeschilderten Wegen wandern. Feuer machen ist nur an ganz bestimmten Stellen erlaubt. Zelten ist strikt untersagt, außer an den ausgewiesenen Plätzen von Ravni Žakan und Levrnaka. Verstöße werden von den Park-Rangers mit Geldbußen (von 500–5000 HRK) geahndet.

Es gibt Extraschutzzonen, die als absolutes Sperrgebiet ausgewiesen sind (die Riffs Klint und Volic, die Inseln Purara, Mrtenjak, Klobucar sowie Veliki und Mali Obrucan).

Für Gleitboote gilt ein absolutes Speedlimit von 8 Knoten. Bei Missachtung des Geschwindigkeitslimits und Unterschreitung des Uferabstands verhängen die Kontrollen hohe Strafen.

Segler dürfen nur in ausgewiesenen Uferzonen ankern bzw. übernachten, Taucher benötigen einen Ausweis und Genehmigungsschein. (Die Tauchbasen Božava-Divers in Božava oder Sali-Divers in Sali auf Dugi Otok kennen nicht nur die vielversprechendsten Tauchplätze, sondern erledigen auch die Formalitäten.)

Es gilt ein absolutes Fischfangverbot, ausgenommen sind nur Bewohner und Eigentümer der Kornaten, die unter Einhaltung restriktiver Regeln Fischfang betreiben dürfen.

INFORMATION

Nationalparkverwaltung Kornaten. Eintrittstickets (deutlich günstiger im Vorverkauf, erhältlich auch über die Website des Nationalparks!) sind erhältlich im Tourist-Office in Murter, bei den Nationalparkbüros auf den Kornaten oder werden den Yachties von Schlauchboots-Crews, die im Auftrag der Parkverwaltung unterwegs sind, verkauft. Butina 2, 22243 Murter, Tel. 022/43 46 62, www.kornati.hr

Die mittelalterliche Festung Toreta auf der Insel Kornat.

NORDDALMATIEN

26 Ferieninsel Murter
Baden, essen, sich erholen

Ein grünes Sprungbrett zu den Kornaten, Startpunkt zum Krka-Nationalpark, leicht erreichbar, weil mit dem zum Greifen nahen Festland über eine Zugbrücke verbunden, dazu Sandstrände, Feinschmeckerlokale, Nachtleben, Sport, Veranstaltungen aller Art: es ist nicht verwunderlich, dass Murter eine der beliebtesten kroatischen Ferieninseln ist.

Murter kann nicht groß mit Kultur prunken. Die Insel ist sympathisch wegen ihrer natürlichen Reichtümer und ihrer Normalität. Hier gibt es keine Mega-Ferienresorts und Hotelkomplexe, keine Sehenswürdigkeiten, die man unbedingt abklappern muss. Sondern Buchten und Strände und dazu vier Ortschaften mit Geschäften und Uferpromenaden, mit Hafenbars, in denen die alten Männer mit den Touristen ins Plaudern kommen und mit Pfarrkirchen, in denen zur Sonntagsmesse kein Platz in den Bänken frei bleibt.

Kulinarische Hochburg

Drei Marinas. Da muss man sich die Faustregel dazu denken, dass überall dort, wo Segler anlegen, auch gute Restaurants zu finden sind. Fazit: Die Insel Murter ist eine kulinarische Hochburg. Im gleichnamigen Hafenort wetteifern die Lokale geradezu um Gäste. Angefangen hat alles mit dem »Tic Tac«. Mit der Eröffnung seines Restaurants wurde Slobodan Pleslić vor vierzig Jahren zum Pionier einer blühenden Gastronomieszene, deren Protagonisten beinahe alle bei ihm gelernt haben. Heute gibt es allein in diesem Ort an die dreißig Restaurants, Pizzerias, Konobas, und Sie sollten nicht einfach Fischplatte mit Pommes be-

Mitte: Kosirina-Bucht – einer der beliebtesten Badeplätze auf Murter
Unten: Die beiden Molen von Murter dienen auch als Restaurantterrassen.

Die Stadt Murter: beliebtes Reiseziel kroatischer Urlauber

stellen, sondern folgen Sie den Empfehlungen des Wirtes: vielleicht haben Sie Glück, und er hat dalmatinisches Brudet im Ofen.

Häuser und Boote für alle

Irgendwie spürt man, dass bei allem touristischen Trubel die Insel den Einheimischen gehört. Sie sind es, die Villen und Ferienhäuser – darunter natürlich viele Neubauten -, Apartments und Zimmer vermieten. Dazu Unterkünfte »drüben« auf den Kornaten. Denn die Murteraner sind durch landwirtschaftlichen Besitz seit Generationen mit der Inselwelt vor ihrer Haustür verbunden.

Heute, wo die Nachfrage nach Ferienhäusern kaum gestillt werden kann, haben sie auch ihre alten, einfachen Hirtenhütten und Fischerhäuser auf den Kornaten adrett für die zahlenden Gäste hergerichtet. Seit jeher waren die Leute hier auf ihre Boote angewiesen. Überall auf Murter sind kleine Häfen zu sehen, in denen auffallend gut gepflegte Segel- und Ruderboote an der Leine liegen. Die stehen natürlich auch den Touristen zur

AUTORENTIPP!

FÜR ESELFREUNDE: MEĐUNARODNA TRKA TOVAROV

Der Zwergesel ist eines der Symbole Dalmatiens. Vor einigen Jahrzehnten gab es in Kroatien noch fast 100 000 Exemplare, heute steht er auf der Liste der bedrohten Haustiere. Als Lastenträger hat er ausgedient, nicht aber als Sympathieträger. In Tisno und in Tribunj steigt das beliebte traditionelle Eselrennen, das Međunarodna trka tovarov. Auf der unbewohnten Insel Logorun bei Šibenik gibt es ein Naturreservat für die Grauen, um das sich der Verein Hrvatski tovar kümmert. Die Insel ist mit einem Fischerboot erreichbar, die Esel sind zahm und kontaktfreudig – und echte Naschkatzen: Sie lieben getrocknete Feigen!

Međunarodna trka tovarov. Eselrennen in Tisno und in Tribunj.

AUTORENTIPP!

LEUCHTTURMWÄRTER SPIELEN AUF PRIŠNJAK

Das winzige Eiland Prišnjak liegt nur 300 Meter vor der Südwestküste von Murter. Auf ihm steht ein Leuchtturm, der 1886 errichtet wurde. In dem hübschen Haus wohnt heute kein Leuchtturmwächter mehr, die Signalfeuer sind automatisiert. Platz also für 4 Feriengäste, die in die geräumige Wohnung mit Terrasse einziehen können, im Schatten des Pinienbaumes einen Fisch auf den Grill legen und die Angel für die nächste Mahlzeit auslegen: da die Fischgründe bekannt reich sind, sollte für Nachschub gesorgt sein. Wenn nicht, schafft Severin Kulusic Proviant herbei. Er auch für den Transfer und sonstigen Service vor Ort zuständig. Gebadet wird von Betontreppen aus, bei einem Spaziergang kommt man vielleicht mit Seglern oder Ausflüglern ins Gespräch.

Leuchtturm auf Prišnjak. Das Quartier ist im Angebot verschiedener Reiseunternehmen, Information u. a. bei Adria24 GmbH, Münchener Straße 19, D-82024 Taufkirchen-München, Tel. 089-74 67 34 44, www.istrien.info

NORDDALMATIEN

Betina ist bekannt für seine guten Fischrestaurants.

Verfügung, die sich gefahrlos in dem kleinen Archipel vor Murter, zwischen den Inseln Radelj, Žminjak und Veliki und Mali Vinik tummeln möchten.

Tisno und Jezera

Durch Tisno kommt jeder Autofahrer. Der Ort an der Ostküste entstand an der schmalsten Stelle des Murturski-Kanal. Sein historischer Kern mit schönen alten Steinhäusern liegt auf Murter, aber das Städtchen hat sich mittlerweile auch auf dem jenseitigen Ufer der Festlandhalbinsel Kamena ausgebreitet. Eine moderne Drehbrücke verbindet die Stadtteile; pünktlich um 9 Uhr Vormittag und um 17 Uhr Nachmittag öffnet sie sich für eine Viertelstunde, um Schiffe passieren zu lassen. Gleich hier am Entree zur Insel steht das »Turist Biro« für Auskünfte und Quartiervermittlung zu Diensten, an der Uferpromenade reihen sich die Hotels und Restaurants. Bevor Tisno Anfang des 18. Jahrhunderts mit einer Brücke mit dem Festland verbunden wurde, lebten hier die Fronarbeiter einer italienischen Adelsfamilie aus Caravaggio. Diese Familie stiftete das Madonnenbild, das in der kleinen Wallfahrtskirche Gospe od Karavaja über dem Ort auf der Anhöhe Brosica verehrt

Ferieninsel Murter

wird: am 25. Mai bewegt sich der Pilgerzug über 200 Treppenstufen hinauf zu dem wundertätigen Ort. Sonstiger Höhepunkt im Jahreskreis ist das Eselrennen.

Es ist nun mal so, dass sich hier gleich der Touristenstrom gabelt, und nur die Wenigsten hier hängenbleiben. Richtung Süden fahren die Camper und Gäste der familienfreundlichen Ferienanlage Jezera-Lovisca, die in einer zum Festland gerichteten Bucht liegt. Dementsprechend herrscht im alten Fischerort Jezera im Sommer Hochbetrieb, er wird zusätzlich noch von der ACI Marina und einer Segelschule angekurbelt. Auch das Nachtleben der Insel tobt hier am meisten. Wer dem Trubel entweichen will, fährt auf dem drei Kilometer langen, engen Sträßchen Put Dražic zu den Buchten noch weiter im Süden. An der Felsküste finden sich Kies- und Sandstrände, bei Surfern ist besonders die Kosirina-Bucht beliebt.

Betina und Murter

Die anderen steuern den Norden der Insel an, dort wo in der Doppelgemeinde Betina-Murter heute drei Viertel der Inselbewohner leben. Dabei verströmt der Ort Betina, dessen reizende Zwiebelturmkirche man schon vom Festland aus wahrgenommen hat, ein behagliches mediterranes Flair. Badende tummeln sich in der Zrdače-Bucht oder an der Plitka vala, die Sandstrände sind wirklich angenehm. Der Trg Dragutina Pilica am Hafenbecken ist das geschäftige, dabei überraschend kleine Zentrum mit Post, Konzum und dem hübschen Restoran Stari Mrlin. Beide Kirchen, Sv. Franžisk (1601) und San Rocco (1760), liegen auf einer Anhöhe, von ihren Vorplätzen genießt man einen wunderbaren Blick über die Bucht. Wer Fisch nicht nur essen möchte, sondern sich für das traditionsreiche maritime Gewerbe der Insel interes-

Oben: Fischerboote gehören zum Alltag auf Murter.
Mitte: Fischcarpaccio
Unten: Hier und dort ein Schwätzchen …

NORDDALMATIEN

Oben: Kein Bauernmarkt ohne Knoblauchzöpfe!
Mitte: Auf Murter gibt es unzählige Lokale, und das Aussuchen des »Richtigen« gehört zum touristischen Zeitvertreib.
Unten: Klare Augen und festes Fleisch: fangfrischer Fisch

siert, wird sich den Besuch der Schiffswerft nicht entgehen lassen. Schon an der Promenade von Betina fallen die vielen Hebebrücken auf. Seit 260 Jahren wird hier der Bau von Gajeten betrieben, gleichzeitig haben die Schiffsbauer einen neuen, vermutlich noch lukrativeren Markt für sich entdeckt: die Wartung von Megayachten.

Hinter der ins Meer hinausragenden Halbinsel an der Westseite der Bucht von Betina liegt der Hafenort Murter. Ungefähr dort, wo die beiden Orte rund um die Marina Hramina zusammenwachsen, haben sich vor über 2000 Jahren auch die ersten Bewohner der Insel aufgehalten. Am Fuße des Gradina-Hügels (125 m) sind Überreste der illyrisch-römischen Siedlung Colentum zu sehen. Die meisten verbinden mit diesem Namen freilich das einzige große Hotel des Ortes, das in Ideallage oberhalb der Slanica-Bucht liegt. Deren schöner, seichter Sandstrand ist besonders bei Familien mit Kindern beliebt. Und auch sonst werden die Urlauberscharen weniger von kulturellen Denkmälern als von touristischen Hotspots angezogen: den vielen Agenturen, die Ausflüge organisieren, dem Büro der Nationalparkverwaltung der Kornaten, dem Aquanaut Dive-Center oder dem »Kornati Club Murter«, der auch Motorboote verleiht.

MAL EHRLICH
NICHT OHNE MEINE STRANDMATTE
In den Prospekten der örtlichen Tourismuszentralen und der Reiseveranstalter ist oft von »feinkiesigen Stränden« die Rede. Im Klartext heißt das, dass die Küste steinig ist, aus mehr oder weniger feinem Kies. Wer bequem in der Sonne braten möchte, der sollte im Strandgepäck eine dicke Matte dabei haben. Liegestühle oder Klappstühle kann man an offiziellen Stränden auch mieten – wenn man nicht zu spät kommt.

Ferieninsel Murter

Infos und Adressen

ESSEN UND TRINKEN

Café Valentino. Das Café liegt an der belebtesten Straße von Tisno, ein beliebter Jugendtreff. Trg Dr. Šime Vlašića 5, 22240 Tisno, Tel. 098/191 83 86

Fabro. An der Nachbarmole, reichhaltige Karte in Top-Qualität. Schön der Blick über die Bucht zu den Inseln Mali und Veli Vinik. Žabićeva bb, 22243 Murter, Tel. 022/43 45 61

Marisqueria. Modern designtes Lokal in der Stadt, also kein Meerblick – dafür wunderbar zubereitete Meeresfrüchte. Hrvatskih vladara 5, 22243 Murter, Tel. 022/43 44 75

Noch ein Souvenir für Zuhause …

ÜBERNACHTEN

Heritage Hotel Tisno. Frisch restauriertes, historisches Gebäude aus dem Jahr 1898 an der Uferpromenade, als 4-Sterne-Boutique-Hotel geführt. Zapadna Gomilica 8, 22240 Tisno, Tel. 022/43 81 82, www.hoteltisno.com

INFORMATION

Touristisches Informationszentrum Murter-Kornati. Rudina bb, 22244 Murter, Tel. 022/43 49 95, www.tzo-murter.hr

Touristisches Informationszentrum Jezera. Put Zaratića 3, 22244 Jezera, Tel. 022/43 91 20, www.summernet.hr/jezera

Touristisches Informationszentrum Betina. Trg na moru 2, 22244 Betina, Tel. 022/43 65 22

Dalmatinische Volkslieder untermalen die weinseligen Tafelrunden.

Marinero. Authentisches Lokal mit dalmatinischer Hausmannskost; von der Terrasse genießt man den malerischen Blick auf Betina. Obala Ptra Krešimira IV, 22244 Betina, Tel. 022/43 42 48

Tic Tac. Das erste Haus am Platz, in der Nähe der Marina Hramina. Sehr gepflegtes Ambiente, Außentische direkt auf der Mole, kreative dalmatinische Küche: Tunfischcarpaccio, lauwarmer Octopussalat, Fisch in der Salzkruste. Hrokešina 5, 22243 Murter, Tel. 022/43 52 30, www.tictac-murter.com

Blick in die Unterwasserwelt

NORDDALMATIEN

27 Krka-Nationalpark
Natur zum Tiefdurchatmen

Zugegeben, die Plitwitzer-Seen sind viel berühmter. Aber die 17 Krka-Wasserfälle des Skradinski buk sind nicht weniger grandios und hier geht es doch um einiges gemütlicher zu. Sogar baden darf man in den Karstwannen – und für die Dusche sorgt der Wasserfall. Bei sengender Sommerhitze ist der Krka-Nationalpark ein herrlicher Erholungsort zum Tiefdurchatmen.

109 km² Erholung. Erholung für das Auge: viel, viel Grün, ein natürlicher, sich schlängelnder Flusslauf, hohe Luftfeuchtigkeit. Erholung für die Ohren: Wassermusik aus an- und abschwellenden Tönen, mal rauschend, mal glucksend, mal tosend, mal plätschernd. Der 1985 gegründete Nationalpark umfasst jene 74 Kilometer Flusslandschaft zwischen Knin und Skradin, in denen sich die Krka auf ihrem Weg Richtung Meer am spektakulärsten durch den Karst gegraben hat. Dabei überwindet sie Barrieren, sprudelt sie durch Engen, ergießt sie sich in Seen.

Europas schönster Wasserfall

Spröde präsentiert sich die hügelige Karstgegend, wenn man auf der Landstraße Richtung Drniš unterwegs ist. Bei Lozovac biegt man ab, folgt dem Schild »Krka Park-Vodoslap«. Noch ahnt man nichts. Vom Busparkplatz aus führt ein kurzer Weg zum Haupteingang des Nationalparks. Schritt für Schritt wird das Rauschen lauter. Dann der Skradisnki buk, der schönste Travertin-Wasserfall ganz Europas. Über 800 Meter Länge, mit einer Höhendifferenz von 46 Metern, stürzt sich die Krka in 17 Katarakten in die Tiefe. An manchen

Mitte und unten: Auf ihrem 72 km langen, gewundenen Weg von der Quelle im Dinarischen Gebirge bis zur Adria bildet die Krka Seen und Wasserfälle.

Klosterinsel im Visovac-See

Stellen verästelt sich ihr Lauf zwischen Buschwerk und Bäumen, überall landen ihre Wasser in smaragdgrünen Becken. Ein bequemer Rundgang, gesichert durch Holzpfade und Brücken, führt zu Aussichtspunkten, die noch und noch sensationelle Perspektiven bieten.

In einer Mühle beim obersten Katarakt ist ein kleines ethnografisches Museum eingerichtet (tägl. von 8–18 Uhr geöffnet). Hier wird der Besucher über die Bedeutung der Krka für die frühe Industrialisierung ebenso unterrichtet wie über das bäuerliche Leben in alter Zeit. Kurios ist die Ur-Waschmaschine in einem Felsraum, die von »erneuerbarer Energie« betrieben wird: bloß ein rundes Steinbecken, in das von oben das Wasser hineinströmt, dessen Wirbel die »Wäsche« rundherum schleudern. Wer nicht gleich im Buffet Stari Mlin einkehren möchte, kann die Wasserspiele der Krka weiter verfolgen. Am rechten Flussufer sind noch einige Mauerteile des ersten Wasserkraftwerks Kroatiens zu sehen, das 1895 seinen Betrieb aufnahm, nur zwei Tage später als das Kraftwerk bei den Niagarafällen. An der Nordseite führt der Weg talabwärts zu einer Holzbrücke. Hierher kommt jeder, weil man nirgendwo sonst so frontal vor dem Skradinski buk steht. Hinter den »Unteren Fällen« vereinigen sich die Flussstränge wieder in

AUTORENTIPP!

MARINA SKRADIN – 43° 49, 0'N 15° 55, 6'E

Skradin, das Tor zu den Krka-Wasserfällen, ist unter Seglern ausgesprochen beliebt. An den Stegen der wunderschön gelegenen Marina können 161 Yachten festmachen, auch Megayachten bis zu 70 Meter Länge. Die Flug- und Fährverbindungen (nördlich Rijeka und Zadar, südlich Split und Dubrovnik) sind ausgezeichnet. Urlauber mit Segelschein können hier auch eine Yacht chartern. Im Restoran Marina isst man gut, ein Geheimtipp ist die Konoba Vidrovača (Tel. 098/75 72 81) an der Ostküste der kleinen Vidrovača-Bucht, wo man (vorher anmelden!) unter alten Pinien auf dem Holzkohleofen gegartes Lamm oder Ziegenkitz genießt. Vlatko Petrovic fährt seine Gäste mit dem Bootstaxi-Service von und zur Marina.

Marina Skradin. Obala Pavla Šubica bb, 22222 Skradin, Tel. 022/ 77 13 65, www.aci-club.hr

AUTORENTIPP!

BIRDINGTOURS IM VRANSKO JEZERO

Der Nationalpark Krka ist ein Vogelparadies. 30 Kilometer nordwestlich liegt der Naturpark Vransko Jezero. Kroatiens größter Süßwassersee lädt ebenfalls ein zum Vogelgucken: Am schilfbewachsenen Sumpfufer im nordwestlichen Teil des Sees erstreckt sich ein Vogelschutzgebiet, in dem zahlreiche Zug- und Nistvögel ideale Lebensbedingungen vorfinden – darunter auch die einzige Kolonie von Purpurreihern in ganz Kroatien. 241 Arten hat man bisher gezählt. Mehr als 100 000 Vögel überwintern in dem Habitat. Da ist es nur konsequent, dass Reiseveranstalter Programme für Vogelfreunde auflegen, auch der Nabu organisiert »Birdingtours« an die norddalmatinische Küste. (Info: www.birdingtours.de). Im Naturpark gibt es den Campingplatz Crkvine, kilometerlange Radwege führen um den 30 km² großen See herum.

Naturpark Vransko jezero. Kralja Petra Svačić 2, 23510 Biograd na moru, Tel. 023/38 31 81, www.vransko-jezero.hr

NORDDALMATIEN

einem Bett, dort sind die beliebten Badestellen, auf den Lagerwiesen herrscht fröhliches Treiben.

Oberhalb des Skradinski buk wird die Krka von Travertinbarrieren aufgestaut und bildet dort den 12 Kilometer langen See Visovačko Jezero. Mitten in dessen nördlichem Teil liegt eine winzige Insel, auf sie halten die Ausflugsboote zu.

Kulturdenkmäler

Es ist die Insel Visovac, die einen der beiden kulturellen Schätze des Parks hütet. Hinter Bäumen schimmert das rote Ziegeldach des Franziskanerkonvents, der Kirchturm hat sich den steingrauen Hängen der Seeufer angepasst. Schon im Mittelalter war hier eine Einsiedelei. 1455 kamen Franziskanermönche mit einem Madonnenbildnis hierher, und erweiterten die Anlage. Kaum siebzig Jahre später mussten sie vor den Türken fliehen, 150 Jahre später kehrten sie zurück. Seit damals widmen sie sich dem Gebet und dem Studium in ihrer berühmten Bibliothek (nicht zu besichtigen). Die »Madonna von Visovac« gibt es übrigens gleich drei Mal. Das Original, die Kopie über dem Altar in der Kirche und schließlich am linken Ufer der Krka, hoch oben an der Straße. Die Einheimischen haben sie im Jugoslawienkrieg hier an der Frontlinie als Schutzheilige aufgestellt. Wer die Dörfer um die Wasserfälle aufsucht, wird mit diesem düsteren Kapitel der Zeitgeschichte noch immer konfrontiert. Viele Häuser sind unbewohnt, gezeichnet von Spuren des Krieges. Auch das Manastir Krka in Cargradska draga geriet 1995 im Zuge »ethnischer Säuberungen« in Bedrängnis. Hat man die große Schiffsrundfahrt gebucht, gelangt man flussaufwärts auch dorthin, vorbei an den Ruinen der mittelalterlichen Befestigungen Trošenj und Nečven. Eine halbe Stunde ist Zeit für die Besichtigung. Das dem Erzengel Michael ge-

Krka-Nationalpark

weihte serbisch-orthodoxe Kloster wurde Mitte des 14. Jahrhunderts als Stiftung der serbischen Prinzessin Jelena Šubić errichtet. Man sagt, in den römischen Katakomben habe der Apostel Paulus gepredigt.

Roški slap

Die Wasserfallgruppe Roški slap, von den Kroaten »Halskette« genannt, ist mit einer Höhendifferenz von »nur« 25 Metern die weniger besuchte und damit eine gute Alternative, wenn der Parkplatz am Haupteingang dicht ist: Sie können mit dem Auto bis zum Eingang beim Roški slap fahren. Hier plätschern viele kleinere Wasserfälle, Stromschnellen umspülen Tuffinseln, die Wasser suchen sich ihren Weg durch üppiges Grün. Holzstege führen über die muntere Flusslandschaft, die manchmal bis über 400 Meter breit ist.

Vogelgucken

Der Krka-Nationalpark ist geradezu ein »Hotspot« der Biodiversität: etwa 860 Pflanzen- und 220 Vogelarten leben hier, darunter eine der größten Fledermauskolonien Europas. In den Seen, zu denen man den Prokljansko-See außerhalb des Nationalparkareals mit seinem Mix aus Süß- und Meereswasser hinzuzählen muss, tummeln sich zehn endemische Fischarten und seltene Amphibien. Vor allem aber ist der Park als eines der wertvollsten ornithologischen Gebiete Europas ein Eldorado für Vogelkundler. Sie finden hier ein überreiches Revier zum Beobachten, Lauschen und Identifizieren. Offiziell wurden hier 220 Vogelarten gesichtet: Reiher staksen im Seichten, Schnepfen flattern aus dem Unterholz auf, Schwalben und Segler fangen Mücken, Rallen zeigen sich unbeeindruckt von den Menschen. Mit etwas Glück sichtet man sogar Schlangenadler.

Oben und Mitte: Kreuzgang und Ausstellungsräume im Kloster Visovac
Unten: Eine Wanderung flussaufwärts führt zu vielen Naturschönheiten.

Skradin

Das malerisch gelegene alte Fischerstädtchen Skradin erreicht man von Šibenik aus auf der Straße, die zum Nationalpark führt. Die Strecke talabwärts bietet einen phänomenalen Blick: vor einer Landschaftskulisse aus weißen Felsen und grünen Hängen schmiegt sich Skradin an das Schilfufer des Prokljansko Jezero. Ganz anders, aber nicht weniger reizvoll ist die Anfahrt per Segelboot von der Adria die Krka flussaufwärts, denn da hat man nach engem Zickzackkurs steuerbord plötzlich das Postkartenbild von Šibenik vor sich. Danach geht es im Zickzackkurs weiter, bis das Ziel erreicht ist: die Marina von Skradin.

Oben: Skradin: Ausgangspunkt für Ausflüge in den Krka-Nationalpark
Mitte: Wasserflugzeuge fliegen regelmäßige Kontrolleinsätze.
Unten: Verkaufsstand mit dalmatinischen Kräuterschnäpsen an einer Zufahrtsstraße zum Krka-Nationalpark

MAL EHRLICH

BRISANTE WAHRHEIT

Die Nationalparkverwaltung warnt, dass es lebensgefährlich sein kann, die Spazierwege zu verlassen. Seit dem Bürgerkrieg 1991–1994 liegen im Unterholz noch Tretminen, die das Vordringen der serbischen Milizen verhindern sollten. Diese beunruhigende Tatsache dient heute den Behörden dazu, die Besucher zum Naturschutz zu disziplinieren. Naturschutz ist freilich eine gute Sache und geht jeden an, der im Park unterwegs ist. Das entbindet die kroatische Regierung jedoch nicht ihrer Pflicht, die mörderischen Minen zu beseitigen.

Krka-Nationalpark

Infos und Adressen

SEHENSWÜRDIGKEITEN

Krka-Nationalparkverwaltung. Trg Ivana Pavla II br. 5, 22000 Šibenik, Tel. 022/33 68 36, www.npkrka.hr
Eintritt: Der Nationalpark ist für Besucher das ganze Jahr offen. Ticketpreis: je nach Saison von 30–95 HRK.
Parkeingänge, Bootstouren, Gastronomie: Der Haupteingang ist Lozovac. Hier können Sie kostenlos parken. Während der Hauptsaison verkehrt ein Shuttle zum 1 km entfernten Skardinski bug. Hier können Sie auch Bootstouren zur Insel Visovac und zum Roški Slap buchen (Juni–September stündlich 9–15 Uhr, sonst nur 1 x täglich um 13 Uhr).

In Skradin befindet sich das Informationszentrum des Nationalparks und ein weiterer Eingang: Von hier legen Ausflugsboote stündlich von 8–18 Uhr zum Skardinski bug ab; das letzte Boot zurück nach Skradin geht um 19.30 Uhr.

Der dritte Eingang ist beim Roški slap. Auch von hier Schiffstouren nach Visovac und zum Skardinski bug.

Die beiden Nationalpark-Gastwirtschaften Buffet Stari Mlin (neben Skradinski buk) und Buffet Kalikuša (in den alten Wassermühlen) werden von ein und demselben Betreiber geführt. Im Angebot sind traditionelle dalmatinische Speisen. Stil-Oprema d.o.o. Gulin 78, 22000 Šibenik, Tel. 022/77 85 58, www.krka-restorani.com

ESSEN UND TRINKEN

Konoba Porat. Traditionelle dalmatinische Küche, eine kleine, bekannt gute Konoba. Braće Ivanda 1, 22215 Zaton, Tel. 022/48 52 94, www.konoba-porat.com

Zlatne Skolje. Ausgesuchte Weine, ambitionierte Küche, familiäre Atmosphäre. Spezialität: Skradin Risotto, Brodetto, Pasticada. Grgura Ninskog 9, 22222 Skradin, Tel. 022/77 10 22

ÜBERNACHTEN

Agroturizam Kalpic. Rustikale Steinhäuser in ländlicher Abgeschiedenheit, mit »antiken« Möbeln eingerichtet; bäuerliche, dalmatinische Küche. Nur 7 km vom Nationalpark entfernt. Kalpići 4, 22221 Lozovac, Tel. 091/584 55 20, www.kalpic.com

Hotel Koralj. Liebenswertes Provinzhotel, malerisch am Hafen gelegen. Obala boraca 15, 22232 Zlarin, Tel. 022/55 36 21, www.4lionszlarin.com

Hotel Skradinski buk. Mittelgroßes gediegenes 3-Sterne-Hotel, gelegen im historischen Zentrum von Skradin, mit Restaurant. Burinovac bb, 22222 Skradin, Tel. 022/77 17 71, www.skradinskibuk.hr

Hotel Vrata Krke. Moderne Hotelanlage in der Nähe zum Haupteingang des Nationalparks. Restaurant, Pizzeria, Souvenirshop und Reitschule! Lozovac bb., 22221 Lozovac, Tel. 022/77 80 91, www.vrata-krke.hr

INFORMATION

Touristisches Informationszentrum Skradin. Trg Male Gospe 3, 22222 Skradin, Tel. 022/77 13 06, www.skradin.hr

Die geistliche Oase Visovac

NORDDALMATIEN

28 Šibenik und Primošten
Zwei Welten

Zwei Städte, jede ist auf ihre Art ein berühmtes Stück Kroatien. Hier die würdige Festungs- und Domstadt im Rang eines UNESCO-Weltkulturerbes, da das pittoreske Fischerstädtchen am Meer. Hier die altkroatische Königsstadt, dort ein beliebtes Zentrum des dalmatinischen Tourismus.

Nur 26 Straßenkilometer trennen die beiden Städte, aber welch atmosphärischer Unterschied. Das 1066 als slawische Festung erstmals urkundlich erwähnte Šibenik liegt an einer seeartigen Verbreiterung der Krka nahe ihrer Mündung. Dank dieser vom Meer uneinsehbaren Lage war der Hafen von Šibenik jahrhundertelang von großer Bedeutung. Ganz anders Primošten: der Inselort war einfach immer zu klein, als dass er hätte wachsen können.

Weltkulturerbe Sveti Jakov

Eigentlich sollte man zuallererst zum Friedhof unterhalb der Festungsruine Sv. Ana hinauf steigen, von wo sich eine Orientierung über die Lage Šibeniks und seine Stadtarchitektur gewinnen lässt. Vor dem Hintergrund des breiten Krka-Flussbettes zeichnet sich die wirre Dachlandschaft um den erhabenen Baukörper des Doms Sveti Jakov besonders schön ab. Viele besuchen Šibenik »nur« seinetwegen (April–September täglich 8–20 Uhr geöffnet, sonst 9–12 und 17–19 Uhr).

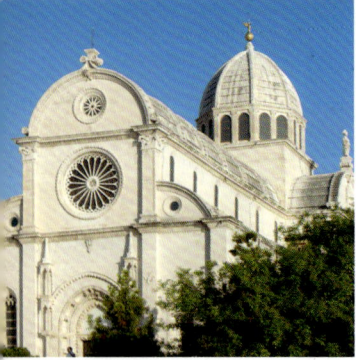

Mitte: Weit geht der Blick über Šibenik
Unten: Sveti Jakov ist ein Werk des »kroatischen Michelangelo« Juraj Dalmatinac.

Als der einzige Zentralbau Europas, der einzig und allein aus Stein besteht, gilt der Dom als herausragendes Denkmal der Architekturgeschichte. Kuppel und Gewölbe sind selbsttragende Kon-

Šibenik und Primošten

struktionen, die der geniale Baumeister Nikola Fiorentino ausgetüftelt hat. 1431 begonnen und erst hundert Jahre später eingeweiht, vereinigt die Kirche Stilelemente der Gotik und der Renaissance. Das Löwenportal an der östlichen Langseite ist der älteste Teil der Kathedrale und stammt von einem Vorgängerbau.

71 steinerne Köpfe blicken aus der Vergangenheit auf uns. Juraj Dalmatinac hat sie entlang des um die drei Apsiden gezogenen Frieses angebracht. Man sagt, es seien Porträts jener Šibeniker Bürger, die zu geizig gewesen waren, ihr Scherflein zum Kirchenbau beizutragen. Der Innenraum der Kathedrale wirkt zunächst befremdlich schlicht. Doch sein plastischer Schmuck lohnt einen genauen Blick. Zum Beispiel der abstrakte Relieffries entlang des Mittelschiffs, auch er ein Werk von Dalmatinac: in unendlicher Geduld meißelte der berühmte Bildhauer den von den Nordwinden aufgepeitschten Wellengang der Adria.

Stadtspaziergang

Die terrassenförmig angelegte Stadt fordert etwas Kondition vom Spaziergänger, angeblich verirren sich sogar Einheimische in dem alten Gassenlabyrinth. Aber die Spurensuche ist spannend, immerhin war Šibenik in seiner venezianischen Epoche die größte Stadt Dalmatiens.

Von der Uferpromenade gelangt man, am Seetor (Morska vrata) vorbei, über eine breit geschwungene Freitreppe zum Trg Republike Hrvatske. Von einem Sitzplatz im Café unter den Arkaden der Stadtloggia genießt man das ruhige, gelassene Flair eines der schönsten Stadtplätze Kroatiens und den Anblick des Doms. Von Ivan Meštrovic in Bronze gegossen, steht Juraj Dalmatinac am nördlichen Ende des Platzes. Links neben der Stadt-

AUTORENTIPP!

JURLINI DVORI

Don Stipe Perkov sagt, dass dies hier das wirklich wahre Leben ist. Der heimatbewusste Geistliche hat seinen Geburtsort Jurlini Dvori in Drage, 8 km nordöstlich von Primošten, als »Ethno-Dorf« unter den Schutz des kroatischen Kulturministeriums zu stellen vermocht.

Die Besucher, die hierher kommen, tauchen tief in die alte bäuerliche Lebenswelt Dalmatiens ein: der Weiler ist ohne Strom, ohne Fließwasser. Weingärten, Olivenbäume, steinige Karrenwege, bei denen man sich automatisch den Esel dazu denkt. Neugierig schaut man in das Schlafzimmer, die gute Stube, die Küche und in den Weinkeller.

Es gibt ein kleines Museum mit landwirtschaftlichen Geräten und eine Kapelle mit Glasfenstern der deutschen Künstlerin Edith Maria Heinze. Zum Abschluss sitzen alle zusammen um den Tisch bei einem Glas des wunderbar samtigen Babić Rotweins, der nur hier in der Region um Primošten gekeltert wird, und bei einer dalmatinischen Mahlzeit, die vor Ort auf althergebrachte Weise zubereitet wurde – da stimmt alles.

Jurlini Dvori. Primosten Burnij, 22202 Draga, Tel. 022/57 41 06, www.jurlinovidvori.org
Museum. Besichtigung auf vorherige Anfrage. Kosten: mit Verköstigung 35 €/Pers.

NORDDALMATIEN

loggia führt eine steile Treppe hinauf zur Tvrđava Sv. Ana. Wer den schweißtreibenden Anstieg scheut, besucht vielleicht noch das Stadtmuseum im Rektorenpalast (16. Jh.), neben dem sorgfältig restaurierten Bischofspalast (1441). Den Weg zurück zum Fähranleger bzw. zum Parkplatz beim Busbahnhof nimmt man am besten durch die lebhafte Zagrebačka ulica, die durch das älteste Viertel von Šibenik führt , so kommt man vorbei an Sveti Ivan Krštitelj (15. Jh.) und der orthodoxen Kirche, deren Glockenturm aus dem 16. Jahrhundert als einer der schönsten Dalmatiens gilt.

Primošten

Primošten hatte Glück. Das Küstenstädtchen südlich von Šibenik ist so klein, dass die moderne Zeit keinen Platz auf ihm gefunden hat. Und es hatte auch zu früheren Zeiten Fortune: um 1500 als Fluchtsiedlung vor den Türken konzipiert, klappten die Bewohner die Brücke zum Festland hoch und verschanzten sich hinter den Mauern, wenn der Feind im Anmarsch war. So widerstand die künstliche Insel allen Fährnissen der Geschichte. Schon beim Anblick von Primošten gerät man ins Schwärmen: Die Pfarrkirche Sveti Juraj (16. Jh.), an der höchsten Stelle errichtet, überragt die alten Bruchsteinhäuser, Boote säumen die Uferpromenade.

Oben: Vornehme Hausfassade von Šibenik mit stilistischen Details
Mitte: Panorama von Primošten
Unten: Eine Verschnaufpause im Schatten tut gut.

In kleinen Gärten gedeihen Feigen und Weintrauben, Läden, Cafés, Galerien, Konobas sorgen für einen unterhaltsamen Bummel. Erst vor 50 Jahren fing es hier mit dem Tourismus an, der sich nur auf der gegenüber liegenden Halbinsel Raduca und südlich des Städtchens ausbreiten konnte, dafür aber kräftig. Und so genießen in der Saison Zigtausende Touristen dieses kleine, charmante Juwel als »Servicezone« mit original dalmatinischer Kulisse.

Šibenik und Primošten

Infos und Adressen

ESSEN UND TRINKEN
Gradska Vijećnica. Internationale Küche und große Weinauswahl unter den Rundbögen des Šibeniker Rathauses. Trg Republike Hrvatske 3, 22000 Šibenik, Tel. 022/21 36 05

Loggia am Domplatz von Šibenik

Konoba Pelegrini. Neues Restaurant in einzigartig historischem Ambiente: Hausgemachte Pasta, ausgefallene Fischgerichte, ein sagenhaftes Preis-Leistungs-Verhältnis. Jurja Dalmatinca 1, 22000 Šibenik, Tel. 022/21 37 01, www.pelegrini.hr

Konoba Toni. Als »Fischerlokal« dekoriert, Spezialität: Hummer nach Primoštener Art. Podakraje 26, 22202 Primošten, Tel. 091/589 57 22, www.konoba-toni.com

ÜBERNACHTEN
Hotel Jadran. Drei-Sterne-Haus mit koserviertem Jugoslawien-Flair; Pluspunkte: Lage an der Uferpromenade von Šibenik, große Zimmer, um die Ecke gibt es mehrere Cafés. Obala Dr. Franje Tuđmana 52, 22000 Šibenik, Tel. 022/24 20 00, www.rivijera.hr

Marina Frapa. Luxuriöse Hotelanlage nahe der Altstadt von Rogoznica, 8 km südlich von Primošten: Yachthafen, Boutiquen, mehrere Restaurants, Nacht- und Fitness-Club. Uvala Soline bb, 22203 Rogoznica, Tel. 022/55 99 00, www.marinafrapa.com

Zlatna Ribica. Familiär geführte 3-Sterne-Pension, nur 5 km von Šibenik in einer kleinen Bucht gegenüber von Krapanj; funktionale moderne Zimmer, 5 Apartments, 3 Bungalows; Restaurant und Bar. K. Spužvara 46, 22010 Brodarica, Tel. 022/35 03 00, www.zlatna-ribica.hr

AUSGEHEN
Aurora. Freiluftdisco, auf drei Areas heizen Top-DJs wie David Morles der Partymeute so richtig ein. Kamenar bb, 22202 Primošten www.aurora-club.hr

INFORMATION
Touristisches Informationszentrum Šibenik. Obala Dr. Franje Tuđmana 5, 22000 Šibenik, Tel. 022/21 41 11, www.sibenik-tourism.hr

Touristisches Informationszentrum Primošten. Trg Biskupa Amerića 2, 22202 Primošten, Tel. 022/57 11 11, www.tz-primosten.hr

Rektorenpalast mit dem Stadtmuseum von Šibenik

NORDDALMATIEN

29 Der Archipel vor Šibenik
Geheimtipps für Insulaner

Prvić, Zlarin, Krapanj, Kaprije, Žirje: Vor der Šibeniker Küste liegen acht größere und fast vierzig kleine Inseln und Inselchen im Meer verstreut. Die Eilande, die früher einmal als Korallen- und Schwamminseln berühmt waren, sind heute Urlaubsziele für Individualisten, die vor allem eines wollen: ihre Ruhe.

Sonnenanbeter und Wasserratten fühlen sich hier wohl. Segler und Taucher sowieso.

Prvić, Zlarin, Krapanj

Unmittelbar der Küste vorgelagert, wurden diese drei Inseln zur Zeit der Türkenbedrohung als Fluchtorte von Festland-Kroaten besiedelt. Prvić zählt mit seinen beiden Dörfern nur 550 Einwohner. In Šepurine an der Westküste kann man den Fischern bei ihrer Arbeit zusehen, bei Privić Luka im Süden finden sich die schönsten Badestellen und in der Kirche des Ortes das Grab des »kroatischen Leonardo da Vinci«, Faust Vrančić, für den gerade ein Museum eingerichtet wird.

Wegen ihrer Naturschönheit abwechselnd die »grüne« oder »goldene« Insel genannt, haben sich auf Zlarin (8 km²) schon die alten Römer niedergelassen. Das Korallenmuseum im gleichnamigen Hauptort ist regionalhistorisch durchaus interessant (im Sommer geöffnet tägl. 8–20 Uhr), denn die schmucken Kalktiere waren einmal für die Zlarinjani eine prima Erwerbsquelle. Sehenswert ist auch die gotische Kirche Gospa od Raselja, in der die Bischöfe von Šibenik die Heilige Messe lasen,

Mitte: Die Šibeniker Küstengewässer reichen bis an die Kornaten.
Unten: Ein typisch dalmatinischer Kutter auf dem Weg zu einer der Inseln

Der Archipel vor Šibenik

wenn sie auf ihrem Feudalsitz Urlaub machten. Das touristisch Attraktivste sind aber gewiss die Sand- und Kiesstrände: sie zählen zu den saubersten der Adria. Und da die Insel fast autofrei ist – nur Dienstag und Donnerstag darf auf der einzigen Inselstraße gefahren werden –, sind die herrlichen Strände (noch) wenig belagert ...

Flach wie ein Brett liegt Krapanj nur 300 Meter vom Festland entfernt im Meer. Die kleinste bewohnte Insel Kroatiens (0,4 km^2) hat die stolze Einwohnerzahl von 2500. Das Eiland boomte zu Beginn des 20. Jahrhunderts, als es ganz Europa mit Badeschwämmen versorgte. Bis heute holen professionelle Tauchmannschaften das beliebte Souvenir aus der Tiefe. Wem das »Tauchmuseum« im Hotel Spongiola nicht genügt: Im Franziskanerkloster haben die Mönche ein volks- und meereskundliches Museum eingerichtet (Sommer tägl. von 10–12 und von 17–19 Uhr geöffnet). Krapanj ist als Badeinsel zu empfehlen: die feinen, flachen Kiesstrände sind besonders familienfreundlich.

Weiter draußen

Wer für ein paar Tage auf der autofreien Insel Kaprije (7 km^2) bleibt, zwischen Olivenbäumen und Rosmarinsträuchern herumspaziert, dem Grillenzirpen lauscht und den Möwen zuguckt, bei Matteo in der Bucht Mala Nozdra einkehrt und andere Buchten auskundschaftet (die Einheimischen verleihen ihren Zimmergästen gerne die hauseigenen Boote), bekommt das Gefühl, in einem richtigen Hideaway gelandet zu sein ... Das lässt sich natürlich auch von Žirje, der entferntesten Insel, sagen. Doch die mit Macchia überwucherte Insel verfügt über ein gutes Straßennetz und wird deshalb gerne von Radfahrern aufgesucht. Am letzten Samstag im September findet hier sogar ein Rennen statt: »Đir za Žir«.

Infos und Adressen

ESSEN UND TRINKEN
Gostionica Ivana. Bestes Haus am Platz. Am Hauptpier, 22232 Zlarin, Tel. 022/55 36 20 www.restaurant-ivana-zlarin.com

Restoran Matteo. Seglertreff mit gehobenen Preisen. Uvala mala nozdra, 22235 Kaprije, Tel. 022/43 82 36

ÜBERNACHTEN
Hotel Maestral. Gepflegtes Boutique-Hotel direkt am Meer. Rodina 1, 22333 Privić Luka, Tel. 022/44 83 00, www.hotelmaestral.com

Hotel Spongiola. Neues 4-Sterne-Hotel an der Uferpromenade. Obala I, Krapanj, 22010 Brodarica, Tel. 022/ 34 89 00, www.spongiola.com

Hotel Villa Radin. Ruhige 4-Sterne-Alternative. Grgura Ninskog 10, 22211 Vodice, Tel. 022/44 04 15, www.hotel-villa.radin.hr

SCHIFFSVERBINDUNGEN
Kaprije. Personenschiff und Autofähre von/nach Šibenik, 2 x täglich;
Prvić. Autofähre von/nach Vodice, 3–4 x täglich;
Žirje. Autofähre und Personenschiff von/nach Šibenik, 1–2 x täglich.
Zlarin. Personenschiff und Fähre von/nach Šibenik und von/nach Vodice, 2–4 x täglich;

Infos für alle Verbindungen www.jadrolinija.hr

Krapanj. Bootstaxi stündlich ab Brodarica, www.croatiaferries.com

INFORMATION
Touristisches Informationszentrum Zlarin. Sunčana obala 14, 22232 Zlarin, Tel. 022/55 35 57, tzzlarin@net.hr

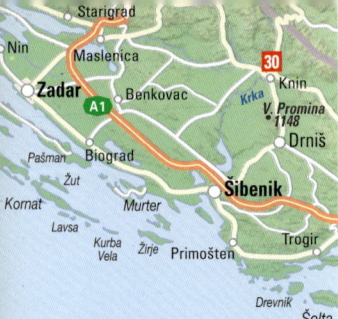

NORDDALMATIEN

30 Knin und die Dinara
Mythisches Norddalmatien

Ein gewaltiger Landschaftseindruck von einer titanischen Festungsruine. Im Mittelalter regierte hier Dmitar Zvonimir, der letzte kroatische König. Dazu der imposante, graue Steinriese Dinara, das höchste Gebirge Kroatiens. Eine Gegend wie in einer mythischen Fantasywelt. Das muss doch ein Highlight für Touristen sein.

Zweifellos. Aber ein prekäres. Der offizielle Tourismus eiert herum – einerseits versucht er, die Region an der Grenze zu Bosnien-Herzegowina als »Männerspielplatz« zu vermarkten, mit Quad Off Road-Touren, SUV-Offroad, Jagen und Angeln. Anderseits wird der Patriotismus bemüht: ist die Dinara nicht nur der höchste Gipfel, sondern auch das größte noch unausgeschöpfte touristische Potential des Landes? Und ist Knin nicht die Wiege der kroatischen Nation?

Zeit und Geschichte

Doch das Erbe der Vergangenheit drückt. Natürlich nicht das mittelalterliche, sondern das jüngste. Auch wenn sich die politischen Verhältnisse stabilisiert haben, Vertriebene zurückgekehrt sind, es ist nicht vergessen, dass Knin doppelt ethnisch »gesäubert« wurde, nachdem im Jugoslawienkrieg 1995 die vierjährige »Hauptstadt« der serbischen »Republika Srpska Krajina« in einer Großoffensive von den Kroaten zurückerobert worden war. Bis der Landstrich blüht, wird noch eine Zeit vergehen. Gleich dreisprachig begrüßt das Ortsschild den Reisenden: »Welcome, Willkommen, Dobro Dosli.« Doch Besucher erwartet ein touristisches Niemandsland mit einer dünn gesäten Hotellerie und Gastronomie. Das hat auch seine guten Sei-

Mitte: Altkroatische Königsburg hoch über Knin
Unten: Überreste eines römischen Lagers in Ivosevci bei Kistanje

Knin und die Dinara

Blick ins dalmatinische Hinterland

ten: kein Massentourismus und ganz besonders gastfreundliche Einheimische. Und die Festung und eine Wanderung auf die Dinara sind ja wirklich Attraktionen.

Knin

Ein strategischer Punkt vom Binnenland zum Meer war Knin schon zur Zeit der Völkerwanderung. Und der lang gestreckte Hügel Spas in einer Flussschlinge der Krka drängte sich als Baugrund für eine Festung förmlich auf. Zur Gründungszeit des altkroatischen Königsreiches (9. Jh.) entstand die erste Burg, danach wurde auf dem Hügel immer weiter an- und umgebaut, 900 Jahre lang. Der Besucher kann zur Festung, von der Hauptstraße in Richtung Drniš abzweigend, auf einer sehr schmalen Straße hinauf fahren (wenige Parkplätze!). Die Größe der Anlage ist unglaublich: 470 Meter in der Länge, 110 Meter in der Breite, Festungsmauern, die stellenweise sogar höher als 20 Meter sind. Die Turmstümpfe, Stützpfeiler und Fundamente vermitteln eine nur grobe Ahnung von der monumentalen Architektur. 1522 von den Türken eingenommen, diente ihnen die Bastion bis 1688 als Hauptstützpunkt an der Westgrenze ihres Reiches. Für Fans des »lebendigen Mittelal-

AUTORENTIPP!

GRABUNGSGELÄNDE: BURNUM UND BISKUPIJA

In der Hochebene bei Kistanje liegt das Dorf Ivoševci, das auch Burnum genannt wird. Einst ein bedeutendes römisches Militärlager, wurde es 639 während der awarisch-slawischen Kriege zerstört. Das 32 Kilometer lange unterirdische Aquädukt hier ist nur partiell freigelegt, sodass man derzeit nur die Säulenbögen des Prätorianergebäudes und das unter Kaiser Vespasian errichtete Heeresamphitheater besichtigen kann. Das Ausgrabungsvorhaben ist langfristig angelegt, Pläne sehen Ausstellungen und Kulturveranstaltungen vor. Biskupija ist ebenfalls ein bedeutender archäologischer Fundort. Es war als Bischofsstadt mit nicht weniger als fünf Kirchen bis ins 13. Jahrhundert das kirchliche Zentrum des altkroatischen Königreichs. Auf dem weiten Gelände steht eine Kapelle, die der Bildhauer Ivan Meštrović 1937/38 zum 850. Todestag von König Dmitar Zvonimir errichtet hat.

Burnum. Bei Kistanje, eine halbe Stunde von Knin in westlicher Richtung gelegen.
Biskupija. Ca. 5 km südöstlich von Knin gelegen.

Auf dem Weg zur Dinara.

Knin und die Dinara

Eine botanische Besonderheit: die dinarische Akelei

ters« müsste Knin eigentlich ein magischer Ort sein. Vorerst werden während der Sommermonate eher folkloristische Aufführungen statt rekonstruierender »Show-Acts« geboten. In der Festung sind zwei Ausstellungen eingerichtet, eine informiert über Ausgrabungsfunde, die andere gibt eine wenig differenzierte Darstellung der Kriegshandlungen der 90er-Jahre.

Die Besteigung der Dinara

Wer von Knin aus den höchsten Berg Kroatiens (1831 m) besteigen will, muss sich zunächst mal international orientieren: Richtung BiH, Bosnien-Herzegowina. Erst wenn man nach der nächsten größeren Kreuzung rechts abgebogen ist, erscheint das erste Hinweisschild für die Wanderfreudigen. Man braucht schon ein geländegängiges Auto, will man auf der 13 Kilometer langen Schotterpiste pannenlos bis zum Parkplatz Suvo Polje (900 m) kommen. Von hier aus erreicht man dann zu Fuß in eineinhalb Stunden die Hütte Brezovac (1050 m), die im Sommer an den Wochenenden geöffnet ist und wo man auch übernachten kann. Von hier bis zum Gipfel benötigt man zweieinhalb bis drei Stunden.

Zunächst verläuft der Weg noch durch Wald, doch bald weitet sich das Gesichtsfeld auf das unendliche Karstgebirge wie auf einen unbesiedelten Kontinent. Ein solches Gefühl von Raum und Einsamkeit lässt sich in Mitteleuropa nur an ganz wenigen Orten erleben. In sanfter Steigung geht es immer höher hinauf, nur das allerletzte Stück ist steil und man muss über ein paar größere Felsbrocken klettern. Auf dem Gipfel von Kroatiens höchstem Berg kann man sich ins Gipfelbuch eintragen. Noch ein Erinnerungsfoto von diesem gänzlich untouristischen Ort – und dann wieder zurück in die komplizierte Welt.

Infos und Adressen

ESSEN UND TRINKEN

Gostionica Tri Lovca. Bestes Lokal am Platz; einfache Apartments. IV gardijske brigade 32, 22300 Knin, Tel. 022/66 26 42, www.tri-lovca.hr

Restoran Tvrđava. Gepflegtes Burgrestaurant; Essen touristischer Standard. Tvrđava bb, 22300 Knin, Tel. 022/66 31 55

ÜBERNACHTEN

Hotel Mihovil. Zählt mit seinem Flair der Tito-Ära bereits zu den »historischen« Hotels Kroatiens, freundlich und preiswert; Restaurant. Ante Anića 3, 22300 Knin, Tel. 022/66 44 44, www.hotelmihovil.com

Bettenreservierung für die Hütte Brezovac. Hrvatsko planinarsko društvo Dinara. Velebitska 27, 22300 Knin, Perica Smic, Tel. 091/891 35 06

INFORMATION

Touristikzentrale Knin. Tuđmanova 24, 22300 Knin, Tel. 022/66 48 22, www.tz-knin.hr

Kroatischer Bergsteigerverband. Kozarčeva 22, 10000 Zagreb, Tel. 01/482 36 24, www.plsavez.hr/info/dinara

MITTEL-DALMATIEN

31 Inselzitadelle Trogir mit Čiovo
Die schöne Inselzitadelle — 172

32 Split
... das ist der Diokletianpalast! — 178

33 Brač, Šolta, Drevnik
Das Inseltrio vor Split — 186

34 Cetina und Naturpark Biokovo
Bergland mit Erlebnisgarantie — 194

35 Makarska Riviera
50 Kilometer Badebuchten — 198

36 Hvar
Kroatiens Schönheitskönigin — 204

37 Vis und die Blaue Grotte von Biševo
Fernab in der Adria — 210

MITTELDALMATIEN

31 Inselzitadelle Trogir mit Čiovo
Die schöne Inselzitadelle

Pures 15. Jahrhundert: Wer nach Trogir kommt, unternimmt eine Zeitreise. Die Stadt auf einem Inselchen zwischen dem Festland und der Insel Čiovo wurde 1997 von der UNESCO auf die Liste des Weltkulturerbes gesetzt. Der Schönheitswettstreit mit den benachbarten Kulturhochburgen Zadar, Šibenik und Split ist unentschieden.

Die sanften streunenden Hunde von Trogir, sie sind es, die dem Besucher sofort ein gänzlich anderes Lebensgefühl vermitteln, ein entspanntes, mediterranes Lebensgefühl. In dem tausend Jahre alten Kloster Sveti Nikola hüten die Nonnen das Relief des griechischen Gottes Kairos, dessen Schopf nur jener zu packen versteht, der günstige Gelegenheiten sofort ergreift. Vielleicht haben die Griechen, die vor 2300 Jahren hier auf der kleinen Insel in der Meerenge die Siedlung Tragurion gründeten, Kairos auf ihrer Seite gewusst?

Schätze wohin man blickt

Die Kathedrale wurde erst kürzlich renoviert. So lassen sich am architektonischen Glanzstück der Stadt die Feinheiten des Stils schön studieren. An der Fassade des gewaltigen Bauwerkes meißelten und feilten Bildhauer und Steinmetze von 1123 bis zu Beginn des 17. Jahrhunderts. Der elegante Campanile, erst 1610 vollendet, dokumentiert den Geschmack von Jahrhunderten: romanisch ist sein Unterbau, frühgotisch schlicht das erste Obergeschoss, reich ornamentiert das zweite im Stil der venezianischen Gotik, den Abschluss bildet das

Seite 170/171: Innenhof des Papalić-Palastes in Split
Mitte: Trogir vermittelt ein kultiviertes, freundliches Bild des Mittelalters.
Unten: Gotische Fenster des Palais Cipiko an der Westseite des Hauptplatzes

Inselzitadelle Trogir mit Čiovo

Meister Radovans prachtvolle Löwen

dritte im späten Stil der Renaissance. Der Dom wurde weit über die Stadtgrenzen hinaus berühmt für seine Pracht. Noch vor Betreten des Gotteshauses fällt das Portal des Meisters Radovan auf. Mit einem Schüler modellierte »der Beste seines Handwerks«, wie er sich selbstbewusst im Jahr 1240 bezeichnete, zwei Steinlöwen, darüber die Bildnisse Adams und Evas. Die bildhafte Darstellung des Kalenderjahres bevölkern Heilige und Fabelwesen, ergänzt von lebensechten Jagd- und Naturszenen. Alles führt hin auf das zentrale Motiv, die Geburt Christi. Die 20 Kuna Eintritt, Turmbesteigung inklusive, lohnen sich auf jeden Fall: im Inneren des Gotteshauses fällt der Blick auf mächtige Grabplatten und das steinerne Zelt des gotischen Altarbaldachins. Die Grabkapelle des Bischofs Ivan Ursini (15. Jh.) ist ein Meisterwerk von Niccolo Fiorentino und Andrija Aleši, von der Kassettendecke blickt Gottvater hinunter auf den Sarkophag des als Heiliger verehrten Stadtpatrons. Auch die Taufkapelle an der Schmalseite der Vorhalle, links vom Portal, ist ein Werk von Andrija Aleši, einem Schüler des berühmten Juraj Dalmatinac. Wer sich nicht im Pulk die enge Wendeltreppe auf den Turm der Kathedrale hinauf zwängen lassen will – der grandiose Blick von oben lohnt das Ungemach –, sollte wenigstens den

AUTORENTIPP!

AKTIVKREUZFAHRTEN MIT »PRINCEZA DIANA«

Das Deluxeschiff »Princeza Diana«, im Sommer 2011 vom Stapel gelaufen, wurde speziell für die Erfordernisse von Trekkingrad- und Elektrorad-Kreuzfahrten konstruiert. Die einwöchige Rundreise kombiniert Radtouren mit Kreuzfahrtrouten. Die sieben geführten Radtouren gehen bis auf eine Höhe zwischen 200 und 500 Metern, und mit Etappen zwischen 15 bis 45 Kilometer Länge heißt das: eine gute Kondition sollte man also schon mitbringen. Einschiffungshafen ist Trogir, von dort geht es über einen Besichtigungszwischenstopp in Šibenik zu den Inseln Pašman, Ugljan, Molat, Dugi Otok und Murter. Alle werden per Rad entdeckt. Nach einer Kreuzfahrt durch die Kornaten nimmt die »Princeza Diana« Kurs auf Skradin, fährt den Unterlauf der Krka hinauf. Dann werden die Räder entladen, um den Wasserfall-Nationalpark vom Fahrradsattel aus zu erkunden. Über die Koralleninsel Zlarin und Primošten geht es nach Trogir zurück.

Aktivkreuzfahrten mit »Princeza Diana«. 7 Nächte in einer 2-Bett-Kabine unter Deck mit Vollpension und Leihrad: 1340 €/Pers., Überdeck-Kabine Zuschlag 50 €.
Zu buchen über Radurlaub Zeitreisen GmbH, Maybachstraße 8, 78467 Konstanz, Tel. 07531-36 18 60, www.inselhuepfen.de/schiffe-princeza-diana.html

AUTORENTIPP!

LAGANINI BEACH CLUB

Ein mondäner Beach-Lounge-Club wie auf Ibiza, ein Gefühl von Leichtigkeit und Stil: chillen, relaxen, flirten am Strand mit einem fast kitschig schönen Blick auf Šolta und Brač. Der Gast soll sich rundum wohlfühlen. Alles ist sehr gepflegt: die Terrassen mit weißen Himmelbetten, weißen Loungechairs und weißen Sitzsäcken, die Cocktailbar und der Strand. Die privaten Clubbetreiber legen großen Wert auf Exklusivität – hineinkommt, wer Mitglied ist. Mitglieder dürfen Freunde mitnehmen. In Zeiten von Twitter und Facebook ist das also kein Problem. Abgesehen davon, ist auch eine Mitgliedschaft für nur eine Woche möglich. Das Programm ist eher auf Ruhe abgestellt, als auf Partylife, dementsprechend ist der Club auch nur untertags geöffnet. Hier findet sich dann doch ein Unterschied zu Ibiza …

Laganini Beach Club. Geöffnet von 10 –22 Uhr. Čiovo, Okrug Gornji, Uvala Duboka, Tel. 091/883 10 93, www.laganinibeachclub.com

Strand auf Čiovo

MITTELDALMATIEN

Weitblick von den Mauern der Festung Kamerlengo nicht verpassen. Das monumentale venezianische Bollwerk im Süden der Insel war über die Stadtmauer mit dem Wehrturm Sveti Marko (15. Jh.) auf der Festlandsseite verbunden.

Mediterrane Lebensfreude

Im Norden und Süden der Stadt befinden sich auch die gut erhaltenen Stadttore aus dem 13. Jahrhundert. Das südliche Seetor, das noch seinen originalen Beschlag aus Metallspitzen besitzt, führt direkt auf die Promenade Obala Bana Berislavić. In der kleinen Loggia an der Außenmauer spielt sich täglich das in der Tat marktschreierische Spektakel des Fischmarktes ab. Nach dem Pflastertreten bieten die zahlreichen Cafés entlang der wunderbar geräumigen Riva Erholung, hier, bei den Anlegeplätzen der Luxusyachten, gibt es immer etwas zum Schauen und Staunen. Noch besser wäre es, wenigstens ein Mal in der Stadt zu übernachten. Im Sommer wird Trogir erst abends so richtig lebendig, mit Open-Air-Kino und Konzerten im Kastell. Die alten Pflastersteine speichern die Wärme des Tages, die Cafés, Bars und Restaurants sind rappelvoll. In solch wohligen Nächten geht niemand früh zu Bett. Wer schließlich doch müde wird, fällt im kühlen Gemäuer der Altstadthotels bald in Tiefschlaf. Den können auch die ratternden Handkarren nicht stören, die früh morgens den kleinen Ladengeschäften die frischen Brötchen anliefern.

Ferien auf Čiovo

Unter den Römern ein Verbannungsort, im Mittelalter Isolationsort für Leprakranke, diente die Insel während der Türkenstürme als Zufluchtsort. Heute erfüllt Čiovo (30 km²), das über die einzige, am Ostrand verlaufende Autostraße Trogirs und eine

Inselzitadelle Trogir mit Čiovo

Spaziergang

Rund um den nach Papst Johannes Paul II. benannten **Hauptplatz Trga Ivan Pavla II** Ⓐ scharen sich der venezianische Rektorenpalast und die Kathedrale **Sveti Lovro** Ⓑ, die Stadtloggia, der Uhrturm mit seinem viel zu großen himmelblauen Ziffernblatt und der Čipiko palača (15. Jh.), ein würdevolles Patrizierhaus im Übergang von der Gotik zur Renaissance.

In der Gradska Ulica steht in unmittelbarer Nachbarschaft zur Loggia die **Basilika Sveta Barbara** Ⓒ, die unscheinbare kleine Kirche ist das älteste Bauwerk der Stadt (10. Jh.). Von hier sind es nur wenige Schritte in südlicher Richtung zum **Benediktinerinnenkloster Sveta Nikola** Ⓓ, in dessen Innenhof das einzige erhaltene griechische Schriftzeugnis Kroatiens (4. Jh. v. Chr.) aufbewahrt wird, und zum **Seetor** Ⓔ mit der kleinen Loggia. Hier lärmt der Fischmarkt. Geht man die Gradska Ulica in entgegengesetzte Richtung, gelangt man zum barocken Palais Garagnin-Fanfogna, der nicht nur das **Muzej grada Trogira (Stadtmuseum)** Ⓕ, sondern auch eine reizende alte Bibliothek beherbergt. Natürlich muss man vor zur Westspitze: zur mächtigen venezianischen **Festung Kamerlengo** Ⓖ (15. Jh.).

Ⓐ **Trg Ivan Pavla II**

Ⓑ **Sveti Lovro.** Im Sommer täglich 8–12 und 15–20 Uhr geöffnet. Schatzkammer: täglich 8–12 Uhr.

Ⓒ **Sveta Barbara**

Ⓓ **Sveta Nikola.** Die »Kairos-Kunstsammlung« ist zu besichtigen zwischen 8–11 und 15–18 Uhr.

Ⓔ **Seetor** (Fischmarkt). Obala Bana Berislavića

Ⓕ **Muzej grada Trogira** (Stadtmuseum). Gradska vrata 4. Tägl. 10–20 Uhr geöffnet

Ⓖ **Festung Kamerlengo**

MITTELDALMATIEN

Brücke mit dem Festland verbunden ist, nur einen Zweck: Freizeitoase. Čiovo war lange vor allem das Naherholungsgebiet für die Einwohner von Split bekannt, mittlerweile hat sich unter Touristen herumgesprochen, dass man hier preiswert unterkommen kann. Die Insel ist auf ihrer Festlandseite ziemlich dicht zersiedelt, auch sind Okrug Donji und Okrug Gornij in der Inseltaille über Neubaugebiete längst miteinander verwachsen, dementsprechend stark besucht ist der beliebteste Strand an der weiten Bucht Salun. Die Ortschaften an der Ostküste sind noch am schönsten eingebettet in den immergrünen mediterranen Buschwald. Čiovo ist berühmt für seinen Duft, da auf der Insel viele Heilkräuter gedeihen. Entdeckt hat diesen speziellen botanischen Reichtum zu Beginn des 19. Jahrhunderts der Apotheker aus Trogir, der bald einen florierenden Exporthandel mit den von ihm identifizierten 905 (!) verschiedenen Inselkräutern betrieb. Bei einem Spaziergang auf die höchste Erhebung der Insel, Rudine (218 m), genießt man den Duft von Kiefern, Zypressen, Wacholder, kommt vorbei an Olivenhainen und Weinbergen, sieht weit in die Welt, das heißt bis nach Split.

Oben: Turm der Kathedrale Sveti Lovro, mit Stilelementen der Romanik bis zur späten Renaissance
Unten: Im Mittelalter ein Festungsturm – heute das »Hotel Kaštil«

> ### MAL EHRLICH
> #### KULTUR FÄNGT BEIM EINZELNEN AN
> Im Hochsommer überall das gleiche Bild, auch in Kroatien. Tank-Tops, sexy Hot Pants, Bauch frei. Passt das wirklich nicht zusammen, Tourismus und Kirchenbesichtigung? In allen südlichen Ländern gibt es die mittlerweile auch überall angeschriebene Regel: etwas mehr anziehen als Adam und Eva. Sonst kann es passieren, dass einem der Zutritt verwehrt wird. Die Ordnungshüter müssen immer häufiger den eigentlich selbstverständlichen Respekt von den Besuchern einfordern.

Inselzitadelle Trogir mit Čiovo

Infos und Adressen

Kassettendecke der Taufkapelle in Sveti Lovro

ESSEN UND TRINKEN

Celika. Das schwimmende Fischlokal auf der Čiovo-Seite des Trogirski Kanal bietet außer Speis und Trank einen zauberhaften Blick auf Trogir. Tel. 021/88 23 44

Konoba Duga. In der Nähe des Campingplatzes Labadusa, toller Ausblick, gute Küche, »echt kroatisches« Urlaubsgefühl. Okrug Gornji, Uvala Duga, Čiovo, Tel. 091/58 18 666

Restoran Capo. Im Herzen der Altstadt, italienische Spezialitäten. Ribarska 11, 21220 Trogir, Tel. 021/88 53 34, www.capo-trogir.com

Sv Dominik. Restaurant und Bar unter Palmen: zum »Trogir Cocktail« gehört der Blick auf Hafen und Festung. Blazenog Augustina Kazotica 1, 21220 Trogir, Tel. 021/88 18 57

ÜBERNACHTEN

Heritage Hotel Marinska Kula. 500 Jahre altes Kaštil an der Uferpromenade von Marina, 2008 zum Boutique-Hotel umgewandelt, mit dem ausgezeichneten Restaurant MarinaDa. Alojzija Stepinca 1, 21222 Marina, Tel. 021/88 90 73

Hotel Concordia. Historisches Haus, stilsicher zum Hotel revitalisiert; Frühstücksterrasse unter Palmen. Bana Berislavića 22, 21220 Trogir, Tel. 021/88 54 00, www.concordia-hotel.net

Hotel Tragos. Historisches Steinhaus mit Restaurant und Garten. Auch die modernen Zimmer besitzen Charme. Budislavićeva 3, 21220 Trogir, Tel. 021/88 47 29, www.tragos.hr

AUSGEHEN

Smokvica. Stylischer In-Treff. Trg Radovanov 9, 21220 Trogir, Tel. 021/88 58 72

INFORMATION

Touristisches Informationszentrum Trogir. Trg Pape Ivana Pavla II 1, 21222 Trogir, Tel. 021/88 56 28, www.tztrogir.hr

Bauernmarkt von Trogir

MITTELDALMATIEN

32 Split
... das ist der Diokletianpalast!

Wer hat je in der Menschheitsgeschichte sich einen solchen Alterssitz gegönnt? Innerhalb von nur zehn Jahren errichtet, genau in die Mitte des Römischen Imperiums platziert, ist der Palast des Diokletian eine der monumentalsten Anlagen der Antike. Das Fantastische ist, dass er kein Museum ist, sondern die – selbstredend autofreie – Innenstadt von Split.

Auf einem Grundriss von 215x180 Metern mit riesigen Steinquadern erbaut, von zwei sich im rechten Winkel kreuzenden Straßen in vier Viertel geteilt, versammelt der Palast in seinen Mauern alles, was der kaiserliche Rentner Gaius Aurelius Valerius Diocletianus benötigte: eine hochherrschaftliche offene Säulenhalle, um die Huldigungen des Volkes entgegennehmen zu können, private Gemächer, Tempel und Thermen, Quartiere für hunderte Soldaten und Bedienstete, Pferdestallungen, Vorratskeller und gleich auch schon das eigene Mausoleum.

Eine Stadt in der Stadt

Zugegeben, ab und zu tritt ein »römischer Legionär« auf Touristen zu und versucht, ihnen eine Sightseeing-Tour aufzuschwatzen. Aber sonst leben hier 3000 Menschen ihr ganz alltägliches Leben. Hausfrauen kehren mit dem Besen die (antiken) Stufen vor ihrer Wohnungstür, Katzen dösen auf (antiken) Fenstersimsen, in (antiken) Mauern werden im »Frizerski salon« Haare gewaschen, geschnitten und geföhnt oder Bankgeschäfte erledigt. Die engen Gassen sind mit Wäscheleinen überspannt, wie überall im Süden. Da ist eine Boutique, daneben ein Café. Das alles ist das Ergebnis

Mitte: Stadtloggia am Narodni trg
Unten: Bildschöner Blick auf Split vom Wasser aus

Split

Das römische Peristyl mit seinen hohen Marmorsäulen

eines jahrhundertelangen Verwandlungsprozesses. Wer auch immer nach Diokletian hier lebte, formte sich den Ort nach seinen Bedürfnissen, ohne dass dabei die Struktur des Palastes demoliert wurde. Aus dem heidnischen Mausoleum wurde im 10. Jahrhundert die christliche Kathedrale Sveti Duje, aus dem Jupitertempel bereits im 6. Jahrhundert die Taufkapelle Sveti Ivan Krstitelj. Wie bei einem Termitenbau stopften Generationen von Bewohnern die alten Mauern mit Anbauten, Einbauten und Zubauten voll. Und so wuchs in den Palast hinein und aus ihm heraus die Stadt Split. Beinahe überflüssig zu erwähnen, dass der von den Palastmauern umgebene Altstadtkern Splits auf der Liste des UNESCO-Weltkulturerbes steht.

Das muss man sehen

Egal, von welchem der vier Tore die Altstadt betreten wird: Zum Peristyl kommt jeder. Das Herzstück des Palastkomplexes, an den beiden Längsseiten von Säulenarkaden geschmückt, war früher der Zugang zum Sakralbereich mit den Tempeln der Venus und der Kybele. Heute wird der Besucher hier mit der von einer schwarzen Sphinx bewachten Kathedrale und dem Campanile konfrontiert – und dem Tourismusbüro, das sich ganz

AUTORENTIPP!

STARI PAZAR

An ihrem Ende stößt die Riva auf die Hrvojeva ulica entlang der Ostseite des Diokletianpalasts. Sie ist werktags ein einziger überquellender Marktplatz. Zu kaufen gibt es auf dem Stari Pazar vom frühen Morgen an fast alles: Feigen, Oliven, Weintrauben. Orangen, Eier, Kartoffeln. Tomaten, Käse, Pršut. Die bunten Rakija-Schnäpse und frische Kräuter. Blumen, Bohnen, Brokkoli. Sonnenhüte, Gürtel, Taschen. Sie brauchen gar nicht zu fragen: Koliko košta? Zeigt man Interesse, wird in einem Kauderwelsch aus Kroatisch und Englisch schon der Preis genannt. Man sagt, der Stari Pazar und der Fischmarkt halten den Diokletianspalast wie im Butterbrot fest. Wer also fangfrischen Fisch zum Salat will, der quert einfach den Palast geradeaus von der Porta Argentea zur Porta Ferrea und eilt zur Markthalle. Dort dann die übliche Qual der Wahl: Berge von Fischen aller Art, Wannen voller Muscheln und Scampi. Auf ihre Peskarija sind die Spliter besonders stolz – wegen der nahen Schwefelquellen gibt es hier keine einzige Fliege!

Stari Pazar. Mo–Sa Hrvojeva ulica
Fischmarkt. Östlich des Trg Republike.

MITTELDALMATIEN

AUTORENTIPP!

SPLITSKO LJETO

Das Splitsko Ljeto ist das älteste und mit Sicherheit eines der attraktivsten Kulturfestivals Dalmatiens. Eine fulminante Mischung aus Opern- und Theateraufführungen, Konzerten, Ballett und Ausstellungen bietet für jeden Geschmack etwas: Kammermusik und Jazz, Klavierabende und Opernchöre, Straßentheater und Klapa-Gesänge. Und das Schöne daran ist, dass sehr viele Darbietungen nicht in klimatisierten Sälen vor einem exklusiven Publikum, sondern auf allen Plätzen der Stadt stattfinden. Insbesondere die Altstadt wird zur Open-Air-Bühne. Die Künstler fluten die Straßen und Plätze von Split, und die ganze Stadt lebt zusammen mit ihrem Festival: da kann es passieren, dass ein als Kaiser Caligula kostümierter Schauspieler aus dem Caféhaus kommt, und zuweilen lassen sich Künstler spontan zu Darbietungen hinreißen, in die dann umstehende Passanten miteinstimmen.

Splitsko Ljeto. www.splitsko-ljeto.hr

ungeniert in der Rochuskirche aus der Renaissancezeit eingenistet hat. Nur an wenigen Stellen wird ein kleines Eintrittsgeld erhoben: bei Besichtigung der Kathedrale und der dazugehörigen Schatzkammer, vor der Besteigung des Campanile und bei Betreten von Sveti Ivan Krstitelj.

Etwas beklommen steigt man den Glockenturm empor, die Gänge sind niedrig, eng, dunkel. Doch von oben genießt man nicht nur einen phantastischen Blick vom Telegrin-Hügel bis ins nordöstliche Hinterland, und über den umtriebigen Hafen auf die Inseln Brač und Hvar, sondern man erkennt, was die Einzigartigkeit von Split ausmacht: Die Stadt ist eine moderne Metropole mit einem antiken Kern, ihre zwiebelähnlichen Wachstumsringe bis zu den Hochhäusern an der Peripherie sind wie nach einem architekturgeschichtlichen Lehrbuch angeordnet.

Mausoleum und Kathedrale

Das Gotteshaus verheimlicht nicht seinen Ursprung: das Oktogon des Mausoleums von Diokletian, mit einer von zwei Säulenreihen getragenen Kuppel, ist nicht nur von seiner ganzen Anmutung antik. Oberhalb der Marmorsäulen sind unter dem Gebälk Reliefs mit den lorbeerumkränzten Porträts von Diokletian und seiner Gemahlin Prisca zu entdecken. Beider Särge standen einst zentral unter der Kuppel; nun ruhen seit dem Mittelalter in den Sarkophagen der Seitenkapellen die sterblichen Überreste der einstigen Bischöfe von Split Duje und Staš. Das dramatische Relief des Anastatius-Altars schuf kein Geringerer als Juraj Dalmatinac. Wunderschön ist das 800 Jahre alte zweiflügelige Tor aus Nussbaumholz, das von Andrija Buvina geschnitzt wurde und zu den wertvollsten Werken der romanischen Kunst in Dalmatien zählt: 28 Bildtafeln erzählen das Leben Christi.

Split

Highlights im Diokletianpalast

Man muss es sich immer vor Augen halten: der nicht ganz quadratische Stadtgrundriss ist in vier Viertel unterteilt, an den Außenpunkten durchbrechen die vier **Stadttore** A B C D die Festungsmauer. Von ihnen führen die beiden römischen Hauptstraßen Decumanus und Ordo in west-östlicher bzw. nord-südlicher Richtung. Die Straßen tragen heute andere Namen: Die Decumanus wurde auf den Namen des altkroatischen Königs und Nationalhelden Kresimir umbenannt, die Ordo nach dem Bauherrn des Palastes.

Dort, wo die beiden Straßen aufeinandertreffen, liegt das ebenfalls rechteckige **Peristyl** E, das mit dem **Vestibul** F den antiken Kern bildet. Im Osten des Platzes ragt die Kathedrale **Sveti Duje** G empor. Vom Peristyl in westlicher Richtung öffnet sich ein kleiner Platz mit dem Baptisterium **Sveti Ivan Krstitelj** H, das ursprünglich ein Jupitertempel war.

Museumsgeher haben innerhalb des Diokletianpalastes die Wahl zwischen dem **Muzej Grada** (Stadtmuseum) I im nordöstlichen Viertel oder dem **Etnografski Muzej** (Volkskundlichen Museum) J in der ehemaligen Kirche Sv. Andrija bei der Porta Aenea.

- A **Porta Aenea**
- B **Porta Aurea**
- C **Porta Argenta**
- D **Porta Ferrea**
- E **Peristyl**
- F **Vestibul**
- G **Sveti Duje** (Kathedrale)
- H **Sveti Ivan Krstitelj** (Baptisterium)
- I **Muzej Grada** (Papalić-Palast mit Stadtmuseum). Geöffnet im Sommer Di–Fr 9–21 Uhr, Sa–Mo 9–16 Uhr; an Feiertagen geschlossen; Eintritt 10 HRK. Papalićeva ulica 1, www.mgst.net
- J **Etnografski Muzej** (Volkskundliches Museum). Geöffnet täglich außer So 9–15 Uhr, im Sommer täglich 9–21 Uhr, So 9–13 Uhr. Eintritt 15 HRK. Iza Vestibula 4, Tel. 021/34 31 64, www.etnografski-muzej-split.hr/

MITTELDALMATIEN

Rechts neben der Kathedrale verschwinden Leute in einem Abgang: er führt in den Kryptoportikus, die Kellerräume des Palastes. In der Hauptpassage der unterirdischen Gemäuer haben heute Händler ihre Verkaufsstände mit Souvenirs aufgebaut, sonst kann man hier nur über die monumentalen antiken Fundamente und den für die damalige Zeit gewaltigen Luxus der Wasserleitungen und Abwassersysteme staunen oder durch die Porta Aenea hinaus zur Riva ans Sonnenlicht schlüpfen.

Wir sind aber noch nicht zu Ende! Zurück am Peristyl, führt eine seitliche Treppe hinauf in das Vestibul: es war einst der Zugang zu den Privatgemächern Diokletians und von einer reich verzierten Kuppel überwölbt. Die gibt es schon lange nicht mehr, und so kann man durch das kreisrunde Loch in der Decke den freien Himmel sehen. Wieder treppab, gelangt man, links von der »Kavana Luxor« durch die Gasse Kraj Sv. Ivana, bald zu einem kleinen Platz mit dem Jupitertempel. Das im 10. Jahrhundert zu einem Baptisterium umgewidmete Gebäude besitzt noch sein reich geschmücktes Portal und das antike Deckengewölbe. Das Taufbecken stammt aus der Zeit des altkroatischen Königreiches: wie von Picasso geschaffen wirkt das Relief mit der Darstellung eines Königs, der das Kreuz triumphierend hochhält. Tatsächlich moderne Kunst ist die Bronzestatue des Täufers Johannes, des Namenspatrons von Sv. Ivan Krstitelj; sie wurde geschaffen von Ivan Meštrović.

Am nördlichen Ende des Peristyls mündet die Krešimirova in den Kraljice-Platz: auch er wartet mit Cafés und Souvenirläden auf; schlendern wir weiter, vorbei an Häusern, die aus allen möglichen Stilepochen datieren. Zu den schönsten Gebäuden zählen neben dem barocken Cindro-Palast in der Krešimirova und dem spätgotischen Agubio-Palais in der Dioklecijanova der Stadtwohnsitz der Patri-

Oben: Im Vestibul empfing Diokletian seine Gäste. Ursprünglich war der Raum mit einer Kuppel überwölbt.
Unten: Sarkophag (1448) des Stadtpatrons Sv Anastazije im Altarraum der Kathedrale

Split

Die unterirdischen Hallen des Diokletianpalastes

zierfamilie Papalić: das ursprünglich romanische Haus wurde im 15. Jahrhundert von dem berühmten Juraj Dalmatinac im Stil der venezianischen Gotik renoviert. Heute birgt das Palais in der Papalićeva ulica das Städtische Museum, und wer sich näher für die Geschichte von Split interessiert, ist hier genau an der richtigen Adresse. Wieder auf der Dioklecijanova geht es geradeaus zur Porta Aurea, die zur römischen Metropole Salona ausgerichtet war. Wenige Meter außerhalb steht das, ebenfalls von Meštrovic geschaffene, überlebensgroße Standbild des missionierenden Bischofs Grgur von Nin.

Riva

An der langen, mit hohen Palmen geschmückten Uferpromenade längs der Hafenbucht Gradska Luka vermittelt sich dem Gast das urbane Flair der zweitgrößten Stadt Kroatiens: die riesigen Fährschiffe und die archaische Südfront des Diokletianpalastes liefern die einzigartige Szenerie für ein ständiges »Go and See«. Die Terrassen der Restaurants und Cafés sind mit weißen Segeln überspannt. Man sitzt, löffelt sein Eis, lässt ohne Langeweile die Zeit vergehen. So verrinnen die Stunden, bis die Sonne rot hinter der Bucht versinkt ...

AUTORENTIPP!

NATUR UND KULTUR AM MARYAN

Rund um den 178 Meter hohen Hügel Telegrin finden sich herrliche breite Spazierwege. Doch selbst hier auf dem Maryan holt einen das überbordende kulturelle Erbe der Stadt ein: Auf dem Kamm liegt malerisch die kleine spätgotische Kapelle Sveti Nikolaj, an der Südseite des Hügels befindet sich das großartige Museum Kroatischer Archäologischer Denkmäler, und in unmittelbarer Nähe dazu thront auch noch die pompöse klassizistische Sommervilla von Ivan Meštrovic, in deren Park zahlreiche Skulpturen des Meisters zu besichtigen sind.

Museum Kroatischer Archäologischer Denkmäler. Geöffnet Mo–Fr 9–16 Uhr, Sa 9–14 Uhr, So und an Feiertagen geschlossen. Eintritt 10 HRK. Stjepana Gunjace bb, 21000 Split, Tel. 021/32 39 01, www.mhas-split.hr

Galerie Meštrović. Geöffnet Di–So 9–19 Uhr, Winter Di–Sa 9–16 Uhr, So 10–15 Uhr, Mo geschlossen. Eintritt 30 HRK. Šetalište I. Meštrovića 46, 21000 Split, Tel. 021/34 08 00

Statue des Grgur Ninski

MITTELDALMATIEN

Infos und Adressen

ESSEN UND TRINKEN

Buffet Trattoria Šperun. Beliebtes Lokal mit Hafenatmosphäre. Preiswert, gut und entspannt, weil der Padrone Zdravko Banović selber ein Genießer ist. Seine Spezialität: Kutteln (Trippa). Sperun 3, 2100 Split, Tel. 021/34 69 99

Kavana & Restoran Luxor. Man fasst es kaum, ein Restaurant-Café mitten im Diokletianpalast am Peristil. Staunen und Genießen! Kraj Sv. Ivana 11, 2100 Split, Tel. 021/34 10 82, www.lvxor.hr

Split ist eine Stadt entspannter Lebenskunst.

Konoba Fife. Gleichermaßen beliebt bei Einheimischen und Touristen – preiswerte und authentische Küche. Trumbićeva obala 11, 2100 Split, Tel. 021/34 52 33

Konoba Hvaranin. Neuinterpretation der Konoba-Küche: urig sitzen, aber neue leichte Küche, sogar die klassische Rožata crème caramel schmeckt hier feiner. Ban Mladenova 9, 2100 Split, Tel. 091/767 58 91

Pimpinella. Unauffällige Konoba im Osten der Stadt, nahe dem Bačvice-Strand. Der Wirt Zeljan Radman ist stadtbekannt und seine Küche echt dalmatinisch. Spinčićeva 2a, 2100 Split, Tel. 021/38 96 06

ÜBERNACHTEN

Goli & Bosi. Das moderne Low-Budget-Hostel liegt im Stadtzentrum, 28 Zimmer mit 138 Betten, v. a. 4- und 6-Bett-Zimmer mit Dusche, WC und kostenlosem WLAN. Im Keller das Restaurant De Belly mit Show-Küche. Morpurgova Poljana 2, 2100 Split, Tel. 021/51 09 99, www.gollybossy.com

Hotel Park. Die alte Palme im Entree sagt schon alles: das 4-Sterne-Hotel in der Nähe zum Fährhafen gibt es schon seit 1921. Schöner Garten, eigener Sandstrand, Restaurant –»Simply the Best 2010«. Hatzeov perivoj 3, 2100 Split, Tel. 021/40 64 06, www.hotelpark-split.hr

Marmont Hotel. Schickes Boutique-Hotel in einer Altstadtgasse, nur ein paar Schritte von der Riva entfernt. Dachterrasse und Lounge-Bar. Zadarska 13, 2100 Split, Tel. 021/30 80 60, www.marmont-hotel.com

Radisson Blu. Brandneues Luxushotel mit eigenem Strand und Strandrestaurant, 2 Pools, Spa, »Door«-Bar, Lobby Lounge und Hotelrestaurants. 246 Zimmer; 3 km östlich der Altstadt, in der Nähe der Zenta Marina. Put Trstenika 19, 2100 Split, Tel. 021/30 30 30, www.radissonblu.de/resort-split

AUSGEHEN

Hemingway. »Don't miss it!« Hierher geht man nur gestylt. Die Bar hat das gewisse Etwas: die längste Theke von Split, und wer nach draußen geht, steht direkt am Meeresufer. Mediteranskih igara 5, 2100 Split, Tel. 099/211 99 93, split@hemingway.hr

Puls 2. Und noch ein In-Treff im Palast: Cocktailschlürfen auf den antiken Stufen, im 1. Stock wird getanzt und geflirtet. Freitagnacht Live-Music, Samstagnacht Disco. Buvinina 1, 2100 Split

Red Room. Im echt antiken Ambiente, Clubdevise: Funky & Fun – die komfortablen roten Sofas sind immer besetzt. Carrarina poljana 4, 2100 Split, Tel. 021/45 92 31

Split

SCHIFFSVERBINDUNGEN

Der Hafen von Split ist in zwei Zonen unterteilt. Von der Altstadt kommend gelangt man zunächst zu Pier 1, von wo die Pkw-Fähren nach Vis und Hvar (Stari Grad) ablegen, der Jadrolinija-Ticketschalter liegt direkt gegenüber.

Erst am Ende der Zufahrt schließt sich der eigentliche, sehr große Passagierhafen mit Pkw-Fähren zu den Inseln Lastovo, Brać, Korčula und Šolta an.

Die Kresimirova ist die Shoppingmeile von Split.

Katamaran-Schnellboote für reinen Personentransport verkehren von Split nach Rijeka, Zadar, Rab, Brbinj, Hvar, Korčula, Dubrovnik, Sobra, Brač, Drvenik und Trogir.

Die wichtigste internationale Fährverbindung besteht nach Ancona (Italien), das Schiff geht 1 x täglich, im August ist eine Vorabreservierung bei Jadrolinija unbedingt angeraten.

Sämtliche Informationen: www.jadrolinija.hr

BUSSE

Busse spielen in Kroatien eine Hauptrolle. Der überregionale Busbahnhof (mit Gepäckaufbewahrung) liegt zentral beim Diokletianpalast. Von den vier Bahnsteigen fahren die Busse wie folgt:

Steig 1 nach Norddalmatien (Küste), Istrien, Slowenien, Steig 2 Süddalmatien (Dubrovnik), Steig 3 BiH, Steig 4 Norddalmatien (Hinterland).

Stadtbus: Die blau-grün-gelben Stadtbusse »Promet« zirkulieren zwischen 5.30 und 23.30 Uhr in alle städtischen Bezirke und das nähere Umland (z. B. Omiš, Trogir); für Fahrten innerhalb des Stadtbereis ist Zone 1 gültig. Zentrale Abfahrtsstelle: das Rondell am palastseitigen Ende der Uferpromenade.

INFORMATION

Touristisches Informationszentrum Split.
Peristil bb, 21000 Split, Tel. 021/34 56 06,
www.visitsplit.com

Das stimmungsvolle Gartenrestaurant im »Hotel Park«

MITTELDALMATIEN

33 Brač, Šolta, Drevnik
Das Inseltrio vor Split

Bol – »Baden ohne Limit«! Die Insel Brač schießt mit dem »Goldenen Horn«, Kroatiens berühmtestem Strand, den Tourismusvogel ab. Der Archipel vor Split war immer schon ein Erholungsort für die Festlandbewohner. Die ausgezeichneten Verkehrsanbindung macht Brač immer interessanter für den Fremdenverkehr.

Die größte und höchste dalmatinische Insel bietet ihren Gästen Wanderungen in mediterraner Landschaft, eine interessante Inselgeschichte und ein Strandleben, wie es sich viele erträumen. Die westlich liegenden kleineren Inseln, Šolta und die zwei Drevnik-Eilande, sind dagegen noch fest in der Hand der Kroaten, hier taucht man in den Alltag der Einheimischen ein.

Brač

Mit beinahe 400 km² ist Brač die größte Insel Dalmatiens. Seine Besonderheit verdankt Brač dem rauen Gebirgsblock, der an der Südküste mit schroff zerrissenen Felswänden jäh ins Meer abfällt. Die Vidova Gora (Monte Sveti Vid) bildet mit ihren 778 Metern die höchste Erhebung in der Adria. Einen Ausflug auf die Anhöhe sollte man nicht versäumen. Von der einzigen, erst 1977 gebauten Hauptstraße, die von Supetar quer durch das gebirgige Innere nach Sumartin führt, zweigt hinter Nerežišća ein schmaler geteerter Weg ab bis zum Gipfel. Die Kiefern lichten sich, bis sich nur mehr eine mediterran duftende Heidelandschaft ausbreitet. Trockenmauern und Trulli setzen Akzente. Der Weg endet abrupt an der Abbruchkante der Südküste – und bietet einen erhebenden Fernblick hinüber zur Nachbarinsel Hvar.

Mitte: Über der Stadt thront die dem heiligen Petrus geweihte Kirche von Supetar.
Unten: Inselhüpfen in der Adria: Eine Kreuzfahrt durch die dalmatinische Inselwelt ist ein wunderbares Urlaubserlebnis.

Das »Goldene Horn«: berühmtester Strand der kroatischen Adria

Brač ist seit der Antike berühmt für seine Steinbrüche. Aus dem weißen Bračer Kalkstein wurden der Diokletianpalast in Split errichtet, die Kathedralen von Trogir und Šibenik, das Parlament von Wien, und der Berliner Reichstag. Brač hat auch eine starke sinnliche Seite: ihr Olivenöl und ihr Wein, ihr Käse und ihr Lammfleisch liefern die Zutaten zu einer regionalen Küche, die Abend für Abend in den Konobas die Gäste in lukullischen Hochgefühlen schwelgen lässt.

Ein Horn als Top-Destination

Auf Millionen Postkarten in alle Welt verbreitet: Die Abbildung des »Goldenen Horns« ist das Vorzeigemuster aller kroatischer Strandträume. An der Südküste drängt sich der legendäre Badeort Bol an den Fuß der Vidova Gora. Hell leuchtend streckt sich das sichelförmige Zlatni Rat bis zu 600 Meter weit in die Adria: Die glitzernd gelbe Landzunge aus Sand und feinem Kies, die je nach herrschenden Windverhältnissen ihre Spitze mal nach Osten, mal nach Westen richtet, ist ein Traum für Sonnenanbeter. Auch die Surfer zieht es her. Der Maestral, der jeden Nachmittag im Hvarski Kanal aufkommt, gewährt ideale Freeride-Bedingungen. Auf dem Fußweg zum Zlatni Rat

AUTORENTIPP!

AGROTOURISMUS AUF DEM KONOBA TOMIĆ

Im Weinkeller eines alteingesessenen bäuerlichen Wirtschaftsbetriebes wurde diese Konoba eingerichtet, die mit ihrer alten Weinpresse und anderen bäuerlichen Geräten auch als Heimatmuseum gelten könnte. Was dem Gast geboten wird, liegt voll im Trend: »Öko-Küche« und »Slow food« mit jahreszeitlichen Produkten aus Bio-Anbau. Das Fleisch kommt aus eigener Aufzucht. Wein, Schnaps und Olivenöl sind selbst gemacht. Das Gemüse kommt direkt aus dem eigenen Garten frisch auf den Tisch.

Das Hofgut liegt 12 Kilometer von Bol entfernt auf 485 Metern Seehöhe. Die 10 geräumigen Zimmer der Frühstückspension sind einfach und zweckmäßig eingerichtet, alles in allem ein idealer »Ekoturizam«-Betrieb.

Konoba Tomić. Otok Brač, 21414 Gornji Humac, Tel. 021/64 72 42, www.konobatomic.com

MITTELDALMATIEN

Kitesurfen ist der trendigste Wassersport am Zlatni rat.

stehen neben Souvenirhändlern und Erfrischungskiosken auch gleich drei Surf-Center zur Auswahl, die eine passendes Leihequipment bereit halten.

Diskrete Kulturschätze

Unter den vielen Schildern im Ortskern von Bol kann man leicht den Wegweiser zum Dominikanerkloster übersehen, das am östlichen Ortsrand malerisch über den Uferklippen thront. Die im 15. Jahrhundert errichtete Anlage ist von zeitloser Schönheit und gänzlich unversehrt. Inmitten der schwer zu kultivierenden, gebirgigen Südküste von Brač sind noch andere bedeutende Zivilisationsspuren zu entdecken. Nicht nur in der kulturhistorischen Sammlung des Klostermuseums, das römische Amphoren und liturgische Handschriften besitzt. Gleich neben dem Kloster steht die rührend winzige altkroatische Kirche Sveti Ivan i Tudor, die Fragmente frühromanisch-byzantinischer Fresken birgt.

Und dann warten versteckt in der abgeschiedenen Bergwelt westlich von Bol noch zwei weitere Attraktionen. Erreichbar sind sie nur zu Fuß. Es beginnt mit einem Strandspaziergang Richtung Westen nach Murvica, bloß fünf Kilometer. Von

---

AUTORENTIPP!

CHARTERTÖRNS IM ARCHIPEL VON SPLIT

Warum nicht auch mal mit einer Yacht wie die Happy Few cruisen? Das ist gar nicht mal so viel teurer als der Aufenthalt in einem Mittelklassehotel. Und wer keinen Segelschein hat, bucht den Skipper einfach mit dazu, die Männer strahlen Sicherheit und Kompetenz aus. Master Yachting ist eines der größten Unternehmen dieser Art mit einem ausdifferenzierten Leistungsangebot. In Rogač auf Šolta kann man an Bord gehen, es sind aber auch Oneway-Törns nach Dubrovnik, Sukošan und Kaštela möglich. Rogač ist auch Start/Ziel für reizvolle Thementörns zu den Natur- und Kulturschönheiten der kroatischen Küste.

So ist zu fixen Terminen beispielsweise ein »Unesco Segelweg« im Angebot: da geht es eine Woche lang von Dubrovnik über Ston, Mljet, Hvar und Split nach Rogač. Im Kojenpreis von ca. 800 € sind Skipper, Guided tours, Eintrittskarten und Taxitransfers enthalten. Übrigens: Wer Angst davor hat, seekrank zu werden, der wird auch seekrank. Und sonst hilft Vitamin C am besten.

Chartertörns im Archipel. Ein guter Veranstalter ist Master Yachting GmbH, Landstrasser Hauptstrasse 60/14, 1030 Wien, Tel. 0043/(0)1-814 44, www.masteryachting.com

Brač, Šolta, Drevnik

hier erst führt ein einstündiger Marsch bergauf durch Kiefernwälder zu einer Klosterruine, hinter der sich, wenige hundert Meter weiter, die Zmajeva špilja entdecken lässt. Die geheimnisvolle Drachenhöhle hat ihren Namen von dem züngelnden, riesenmäuligen Untier, das mittelalterliche Eremiten in der Felskapelle in die Wand modellierten.

Ein Teleskop und ein Klavier

Noch einsamer in der Berglandschaft liegt das Kloster Blaca (16. Jh.): es wurde von kroatischen Mönchen gegründet, die sich vor den Angriffen der Türken vom Festland hierher geflüchtet hatten. Nur zwei Pfade führen hierher: einer von Dragovoda, südwestlich von Nerežišća, der andere von der Bucht Popola vala. Zuletzt wurde das Kloster von Pater Nikola Miličević (1887–1963) bewohnt, der es als Sternwarte nutzte und hier am phantastischen Nachthimmel einige astronomische Entdeckungen machte; ihm zu Ehren wurden 2005 zwei Asteroiden »Nikola Miličević« und »Brač« genannt. Die Eremitage wurde in den letzten Jahren in ein kleines Museum umgewandelt, in dem auch das große Teleskop und der Flügel zu sehen sind, die Don Miličević mit Hilfe von Eseln hierher verbracht hatte.

Strände und Steine

Auch wenn mit dem Goldenen Horn kein anderer Strand und kein anderer Ferienort von Brač konkurrieren kann, die Städtchen an der Nordküste behaupten sich als Ausflugsziele eigenen Charakters. Da ist zunächst Supetar, das mit seiner Palmen gesäumten Hafenpromenade und dem weißen Kirchturm aussieht wie ein »Mini«-Split. Die Hotels auf einer bewaldeten Halbinsel am Ortsrand liegen ganz in der Nähe der schönen Kiesstrände. Dann Škrip, vier Kilometer östlich von

Oben: Dominikanerkloster von Bol
Mitte: Wanderern, die Brač durchstreifen, eröffnen sich Ausblicke von unbeschreiblicher Schönheit.
Unten: Die Altstadt von Supetar mit ihrer palmengesäumten Riva und dem malerischen Bootshafen

Oben: Steinbruch von Pučišća
Mitte: Siesta an Bord
Unten: Renaissance-Pfarrkirche Sv Marije in Milna

MITTELDALMATIEN

Supetar, der älteste Inselort. Er entwickelte sich innerhalb einer vorgeschichtlichen Wallburg und ist heute ein einziges Museumsdorf mit illyrischen Ruinen, einem römischen Friedhof, einer altkroatischen Kirche und einem Heimatmuseum, das für neugierige Besucher extra aufgesperrt wird. Weiter nach Osten dann das Städtchen Pučišća, das sich an der Nordseite von Brač einen ansteigenden Hang hinaufzieht. Sein Exportartikel ist weltberühmt: In der fjordartigen Bucht sieht man den Steinbruch, wo das »weiße Gold von Brač« gewonnen wird. Der reine, edle Kalkstein wird seit über 2000 Jahren verschifft. Der Steinmetz-Tradition begegnet man in Pučišća auf Schritt und Tritt: Kunstvolle Tür- und Fenstereinfassungen, Reliefs, Bänke, ja selbst die Straßenlaternen sind aus dem Stein. Westlich von Supetar führt eine gut ausgebaute Straße nach Sutivan, ein Bauern- und Fischerdorf, das ganz auf Individualtourismus setzt und gut daran tut. Und auch das pittoreske Milna, das sich mit seiner bestens frequentierten Marina an eine tiefe Bucht schmiegt, wartet mit einsam gelegenen Badestränden und Kiesbuchten auf.

Entspannen auf Šolta ...

Nur durch einen schmalen Meereskanal von der Westspitze von Brač getrennt, liegt die buchtenreiche Insel in gerader Linie vor der Küste von Split. Sanfte Hügel mit Pinien, Zypressen, Lorbeerbüschen und Weinstöcken wechseln mit Feldern voll duftendem Rosmarin, Lavendel oder Salbei, und so ist neben dem Olivenöl der Honig eines der Hauptprodukte der hiesigen Landwirtschaft. Kristallklares Wasser in einladenden Badebuchten, silbern schimmernde Olivenhaine, kleine Fischerdörfer, das alles hat Bilderbuchcharakter. Noch hält ein durchaus lebhafter Weekend-Tourismus vor allem der Splitter sich die Waage mit der stillen Naturlandschaft. Der Hauptort, das uralte

Brač, Šolta, Drevnik

Bauerndorf Grohote, dessen graue Steinhäuser sich um den Wehrturm scharen, liegt in der Inselmitte; touristisch interessanter sind natürlich die Orte an der Küste: Maslinica im Westen, Stomorska mit dem einzigen Campingplatz und der einzigen Disco der Insel, sowie Nečujam, das mit seiner Ferienbungalow-Anlage allerdings eher wie ein Fremdkörper wirkt.

... oder auf Drevnik

Auch Veli und Mali Drevnik, kleinen Eilande nordwestlich von Šolta, werden am Wochenende oder tagsüber als Badeinseln aufgesucht. Häuser haben oft das Schild »Sobe« im Fenster – hier kommt man preiswert unter. Viele schöne, kleine Buchten, die man auf Fußpfaden erreicht, bieten Erholung pur. Abends, wenn die Ausflügler weg sind, kehrt Ruhe ein. Dann beginnen die schönen Stunden, zum Beispiel in der geradezu tropisch wirkenden Lagune von Krknjaši an der Ostküste von Veli Drevnik. Türkis leuchtet hier das seichte, warme Wasser, und wer in der Konoba Krknjaši Platz nimmt, darf sich auf einen lauschigen Abend bei bestem Fisch und gutem Wein freuen...

MAL EHRLICH

WILDFISCHE SIND RAR

In vielen Lokalen wird statt fangfrischem Wildfisch Zuchtfisch zubereitet. Nur wenige Wirte in Dalmatien preisen Zuchtfisch extra aus und machen damit indirekt prima Kasse: Denn Zuchtfisch (riba iz uzgoja) kostet sie ein Drittel von Wildfisch. Auf der Speisekarte spielt diese Differenz keine Rolle, das Kilo Fisch wird zwischen 350 und 400 Kuna (48–55 €) ausgepreist. Die beliebten Wolfsbarsche (branzin) sind heute so selten geworden, dass sie größtenteils aus Meerwasser-Zuchtbecken gefischt werden.

AUTORENTIPP!

STEINBILDHAUERSCHULE KLESARSKA ŠKOLA PUČIŠĆA

Der Besuch der Steinbildhauerschule in Pučišća ist ein ganz besonderes Ferienerlebnis. Hier hämmern, schmirgeln, schleifen, polieren junge Leute Werkstücke aus rohem Bračer Stein. Büsten, Säulen, Brunnendekor und Statuen entstehen unter ihren Händen. Besucher können die Schüler bei ihrer Arbeit beobachten, allerdings nur bei vorheriger Anfrage. Das soll kein Hemmnis sein: im Sommer besuchen bis zu 10 000 Interessierte das ehrwürdige Schulgebäude an der linken Seite des Hafenbeckens, das alleine durch seinen schneeweißen klassischen Fassadenschmuck anzeigt, welchem Zweck es dient. Noch ein wertvoller Tipp: Die Terrasse im ersten Stock des Gebäudes bietet einen schönen Postkartenblick über das Städtchen und den Hafen, der ideale Ort für ein Foto.

Klesarska Škola Pučišća. Es gibt keine Öffnungszeiten und festgelegten Besuchszeiten; über eine der örtlichen Reiseagenturen anmelden lassen. Novo Rivo 4, 21412 Pučišća, Tel. 021/63 31 14, www.ss-klesarska-pucisca.skole.hr

Mit Boot findet sich leicht ein einsames Plätzchen

MITTELDALMATIEN

Infos und Adressen

SEHENSWÜRDIGKEITEN

Dominikanski samostan. Täglich geöffnet 10–12 und 17–19 Uhr. Anđelka Rabadana 4, 21420 Bol, Tel. 021/77 80 00

Heimatmuseum Brač. Keine regulären Öffnungszeiten. Beim Haus links neben dem Turm anklopfen und um den Schlüssel bitten! Škrip, Brač, Tel. 021/63 05 51

Samostan Blaca. Mai bis Oktober täglich geöffnet 9–17 Uhr; Eintritt 40 HRK inkl. Führung. Nerežišća, Brač, Tel. 021/63 70 04

ESSEN UND TRINKEN

Konoba Gušt. Rustikale Kneipe mit dalmatinischen Spezialitäten wie Brodet und Pasticada, sehr beliebt ist auch der Hausschnaps aus Feigen und Kräutern. Frane Radica 14, 21420 Bol, Tel. 021/63 59 11

Konoba Krknjaši. Schlicht und mediterran – einfach gut: würziger Ziegenkäse, gegrillte Sardellen, Schinken und Oliven. Krknjaši 21, Veli Drevnik, Tel. 021/89 30 73

Palais Dešković. Nobelrestaurant in den historischen Mauern eines Herrensitzes aus dem Jahr 1479, Hotel angeschlossen. Pučišća, Brač, Tel. 021/77 82 40, www.palaca-deskovic.com

Kroatische Grillspezialitäten – sa roštilja!

Restoran Nevera. Das Restaurant am Hafenbecken nimmt auch Fisch-Bestellungen für Selbstversorger an, pünktlich um 18 Uhr legt der Fischer am Pier an und verkauft von Bord aus. (November bis März geschlossen). Stomorska, Šolta, Tel. 021/65 80 63

Smrčeva. Das kleine Lokal von Marino Lemešić liegt unter Pinien, die Luft ist geschwängert von Ginster- und Salbeidüften. Und der Fisch ist frisch und schmeckt fantastisch. Bucht Lučice, Südseite von Brač, Tel. 091/422 21 10

ÜBERNACHTEN

Hotel Bretanide Sport & Wellness Resort. Modern gestylte, mittelgroße Anlage eines österreichischen Betreibers, vielfältiges Sport- und Animationsangebot für Junioren und Senioren; 260 Zimmer, 27 4-Sterne-Suiten, Pools. A. Rabadana bb, 21420 Bol, Brač, Tel. 021/74 01 40, www.bretanide.at

Hotel Ivan. Neugebautes Wohlfühlhotel in klassischem Steinhausstil, mit 30 Zimmern, 40 Apartments, Pool und Restaurant. David Cesta 11a, 21420 Bol, Brač, Tel. 021/64 08 88, www.hotel-ivan.com

4 Sterne: das »Bluesun Hotel Elaphusa« in Bol

Brač, Šolta, Drevnik

Hotel Kastil. Kinderfreundliches Hotel im Zentrum von Bol, direkt am Meer gelegen; Frühstück auf der Terrasse mit Blick auf den Yachthafen. Frane Radića 1, 21420 Bol, Brač, Tel. 021/63 59 95, www.kastil.hr

Hotel Waterman Supetrus Resort. In vielen Reisekatalogen vertretenes familienfreundliches Hotel (mit Kinderpool und Kinderclub), gepflegter Strand, Gartenanlage, Pool. Put Vele Luke 4, 21400 Supetar, Brač, Tel. 021/64 01 70, www.waterman-resorts.com

Martinis-Marchi. Der deutsche Softwaremillionär Hartmut Lademacher hat den barocken Palast Martinis-Marchi zu einem Hotel mit Pool und Restaurant topsaniert und davor eine Marina angelegt. Ein nobler Traum. Maslinica, Šolta, Tel. 021/57 27 68, www.martinis-marchi.com

ANREISE, VERKEHR

Der Flughafen Brač in der Inselmitte nahe bei Bol ist während der Sommersaison in Betrieb, es bestehen von Mai bis Oktober Direktflüge mit AUA und Croatia Air nach Wien, Graz, Salzburg, Innsbruck. Die Hauptlinie geht nach Zagreb, von wo dann weitere Anschlussverbindungen zu zahlreichen europäischen Destinationen bestehen. Tel. 021/63 13 70, www.airport-brac.hr

Neuester Trend: über's Wasser laufen

Ein Bračer Weinkeller mit stolzem Besitzer

Auf Šolta verbinden zwei Buslinien Rogač mit den Orten Stomorska und Maslinica (6–9 x täglich)

SCHIFFSVERBINDUNGEN

Brač: Pkw-Fährverbindung der Jadrolinija von/nach Split (ab Supetar, 10–12 x täglich) wie auch von/nach Makarska (ab Sumartin, 3 x täglich). Auf der Route Split-Bol verkehrt in der Hauptsaison mehrmals täglich ein Schnellboot. Mit Milna und Sutivan bestehen in der Hauptsaison Fährverbindungen nach Split (4 x wöchentlich).

Šolta: Fähren von/nach Split legen auf in Rogać an. Pkw-Fähren der Jadrolinija mindestens 3 x täglich, im Sommer mindestens 6 x täglich, der Personenkatamaran immer 2 x täglich; das Personenschnellboot von/nach Split/Stomorska/Nečujam verkehrt 3 x täglich.

Veli und Mali Drevnik: Nur Personenfähre von/nach Trogir (Mo–Sa 1 x täglich) und Split (Fr und So 1 x täglich). www.jadrolinija.hr

INFORMATION

Touristisches Informationszentrum Brač. Porat 1, 21400 Supetar, Tel. 021/63 05 51, www.supetar.hr

Mitte: Wild und erhaben – die imposante Steilküste des Biokovo-Massivs
Unten: Die Bergkapelle Sv Vid im Rogoznica-Gebirge

MITTELDALMATIEN

34 Cetina und Naturpark Biokovo
Bergland mit Erlebnisgarantie

Ein langgestreckter, steilaufragender, unbelebter Steinwall, so abweisend präsentiert sich der Biokovo, wenn man von den Inseln Brač, Hvar oder Korčula zum Festland hinüberschaut. Doch der Eindruck täuscht. In dem Karstgebirge finden sich dichte Kiefernwälder, seltene Tiere und Pflanzen, riesige Höhlen und unerforschte Schluchten. Wegen seiner Naturschönheit wurde die »Wiege der Schöpfung«, wie die Einheimischen ihren Biokovo nennen, 1981 zum Naturpark erklärt.

Immer mehr Aktivurlauber entdecken den Biokovo als attraktives Ziel für Wanderungen, Ausritte, Radtouren, zum Klettern und Motorrad fahren. Und auf der flotten Cetina, die nördlich, bei Omiš, in die Adria mündet, geben sich die Kanuten und Schlauchbootfahrer das Paddel in die Hand.

Nass-fröhlicher Rafting-Spaß

Die Cetina, die aus den Bergen von Mosor und Biokovo talwärts fließt, gilt mit ihrer wildromantischen Schluchtenlandschaft als einer der schönsten Flüsse Kroatiens. In Omiš nimmt das Rafting-Erlebnis seinen Anfang. Das sieht man gleich. Auch Privatleute bieten Schlauchboote plus Zubehör an. Vor Haustüren stehen Monitore, auf ihnen sind Raftingszenen in der Endlosschleife zu sehen. Lust bekommen? Dann kann man in einer der vielen Agenturen seine Teilnahme buchen, und bald geht es vom Treffpunkt Izletište Luka mit Kleinbussen zum Startplatz in Slime, wo der Fluss ganz harmlos zwischen buschigen Ufern dahinplät-

Cetina und Naturpark Biokovo

Adlerblicke vom Sveti Jure

Die graue Flanke des Biokovo-Massivs ist ein markanter Blickfang der dalmatinischen Küste. Von **Makarska** Ⓐ oder **Tučepi** Ⓑ aus kann man den Biokovo-Naturpark bestens zu Fuß erkunden. Höchster Gipfel ist der **Sveti Jure** Ⓒ (1762 m), der die Stadt Makarska überragt. Er ist gewiss eines der spannendsten Ziele der Region und belohnt jeden, der zu ihm hinauf kommt.

Man sollte meinen, dass nur Wanderer, die nach gut fünfstündigem Aufstieg vom Startpunkt **Makar** Ⓓ in der Berghütte unterhalb des Gipfels übernachtet haben, in den Genuss des spektakulären Sonnenaufgangs kommen. Doch durch den »Park Prirode Biokovo« führt eine 20 Kilometer lange Mautstraße (30 HRK).

Sie schlängelt sich von **Gornji Tučepi** Ⓔ zunächst noch durch den Wald, gelangt jedoch bald in den nackten Karst. Oft ersetzen Steinblöcke oder Seile die gelben Leitplanken, dahinter lauert der Abgrund. Je höher man kommt, desto enger wird die Straße. Im letzten Steilstück ist sie nur mehr einspurig. Ausweichmöglichkeiten? Am Ziel angelangt, heißt es erstmal tief durchatmen!

Dann aber genießt man, wie die Adler, die man hier oben kreisen sieht, ein phantastisches Panorama: Die ganze Makarska-Riviera liegt einem zu Füßen, in der Adria, zum Greifen nahe, Brač, Hvar, Korčula, Mljet, im Hintergrund zeichnet sich Vis ab, und bei sehr guter Sicht nimmt man am Horizont sogar das 250 km entfernte italienische Festland wahr.

Ⓐ **Makarska**

Ⓑ **Tučepi**

Ⓒ **Sveti Jure**

Ⓓ **Makar**

Ⓔ **Gornji Tučepi**

MITTELDALMATIEN

> ### AUTORENTIPP!
>
> **BERGTOUREN MIT BIOKOVO ACTIVE HOLIDAYS**
>
> In Makarska hat, nur wenige Schritte von der Kirche Sveti Marko entfernt, die Agentur Biokovo active holidays ihre Niederlassung. Der Inhaber Drago Erceg kennt als Chef der Bergwacht den Biokovo in- und auswendig und bietet Wander- und Bergtouren aller Schwierigkeitsgrade und Längen, von einem bis zu mehreren Tagen, an, zum Teil kombiniert mit Wildwasser-Rafting, Seekajak oder Canyoning.
> Das Programmangebot enthält auch Kurzreisen inkl. Unterkunft und Verpflegung in andere kroatische Natur- und Nationalparks. Und das Beste: Für 37 € bringen einen Minibusse zur Stunde der Morgendämmerung auf den Sveti Jure.
>
> **Biokovo active holidays d.o.o.**
> Kralja Petra Krešimira IV 7b,
> 21300 Makarska, Tel. 021/67 96 55,
> www.biokovo.net
>
>

schert. Hat sich die sechsköpfige Mannschaft ins vertrauenserweckend stabile Schlauchboot gesetzt, wird die Gruppe fotografiert. Die ersten Minuten treibt das Boot ruhig, Ungeübte können noch rasch lernen, wie man das Paddel greift und führt. Trotzdem gut, dass ein erfahrener Profi mit an Bord ist, denn schon kommen die ersten Felsen in Blickweite und der Fluss wird immer lebhafter. Heftige Stromschnellen sind zu passieren, Klippen, Barrieren, Wirbel. Gischt spritzt auf. Jeden packt bei der »Hydro-Massage« die Angstlust. Wieder in ruhigem Gewässer, wird Pause gemacht. Auf der Weiterfahrt bewältigt der Skipper die heikle Stelle Oblačnik alleine, die Gruppe umgeht das Hindernis auf dem Trockenen. Dann aber wieder alle Insassen rein ins Boot zur rasanten Talfahrt in reißendem Gewässer. Schlussendlich besänftigt die Cetina sich wieder. Das Boot treibt auf ein imposantes Felsentor zu, und nach drei Stunden Abenteuer ist der Zielort Radmanove Mlinice erreicht.

Streifzüge durch Omiš

Man sollte nicht versäumen, das Seeräubernest Omiš zu erkunden. Nicht nur wegen seiner geradezu pathetischen Lage im steilen Canyon der Cetina-Mündung, sondern weil sich auf dem Spaziergang in den alten krummen Gassen manch fotogener Winkel entdecken lässt. Da werden, alles Grau in Grau, die Kirchen Sveti Duha und Sveti Roko von der Festungsruine Mirabella überragt, dort bemerkt man eine venezianische Schandsäule, hier das »Haus des Glücklichen Mannes«. In der Glagoljaška Ulica steht das winzige Kirchlein Sveti Petar (10. Jh.), ein altkroatisches Kleinod erster Güte. Und man muss es nicht erst aus den mittelalterlichen Befestigungen erraten, dass das Städtchen eine verwegene Vergangenheit hat. Die Piraten sind als »kulturtouristisches Markenzeichen« von Omiš unübersehbar.

Cetina und Naturpark Biokovo

Infos und Adressen

ESSEN UND TRINKEN

Kaštil Slanica. Der alte Piratenunterschupf an der Cetina, 4 km von Omiš entfernt, ist ein beliebtes Ausflugslokal. Tel. 021/86 17 83, www.radmanove-mlinice.hr

Restoran Radmanove Mlinice. In einer Wassermühle aus dem 18. Jahrhundert. Die Besitzer betreiben auch eine Agentur für Exkursionen; Paddelbootverleih. River Cetina Canyon, 21310 Omiš, Tel. 021/86 20 73, www.radmanove-mlinice.hr

Vrata Biokova. Berghütte mit Pferdegehöft in traumhafter Höhenlage (1000 m) mit Meerblick: Wirtin Marijan Prgomet hat immer Schinken und Bergkäse vorrätig, zur Hochsaison auch Peka-Gerichte. Der Sohn des Hauses begleitet Ausritte in der herrlichen Gipfelregion. Park Prirode Biokovo, Tel. 021/61 39 02

ÜBERNACHTEN

Hotel Villa Dvor. Bequemes 3-Sterne-Boutique-Hotel in phantastischer Lage auf einem Felsen oberhalb der Cetina; Panoramaterrasse und Restaurant Knež. Mosorska cesta 13, 21310 Omiš, Tel. 021/86 34 44, www.hotel-villadvor.hr

Villa Olka. Gutshof im Landesinneren, ideale Ausgangslage für Berg- und Raftingtouren. Das 5-Sterne-Minihotel mit Fitnessraum, Sauna, Jacuzzi, Pool; nach der Fertigstellung des Biokovo-Tunnels nur 10 km vom Meer entfernt. 21271 Grabovac, Tel. 021/35 83 00, www.villa-olka.com

AKTIVITÄTEN

Dalmatia Rafting. Mažuranićevo šetalište 8a, 21000 Split, Tel. 021/32 16 98, www.dalmatiarafting.com

Pinta Rafting. Stefan Barbaric. Duce, Rogac 1/10, 21310 Omiš, Tel. 021/73 40 16, www.rafting-pinta.com

INFORMATION

Touristisches Informationszentrum Omiš. Trg kneza Miroslava, 21310 Omiš, Tel. 021/86 13 50, www.tz-omis.hr

Naturpark Biokovo. Für den Besuch des Naturparks wird beim Haupteingang in Gornje Tučepi eine Eintrittsgebühr verlangt: 35 HRK. Trg Tina Ujevića 1, 21300 Makarska, Tel. 021/61 69 24, www.biokovo.com

Omiš schmiegt sich spektakulär in den steilen Canyon der Cetina-Mündung.

MITTELDALMATIEN

35 Makarska Riviera
50 Kilometer Badebuchten

Für die Makarska-Riviera wirbt der Spruch: »Kopf im Schatten, Bauch in der Sonne, Füße im Wasser«. Der schmale Landstreifen am grünen Fuß des Biokovo-Gebirges ist mit seinen leuchtend weißen Kieselstränden und 2700 Sonnenstunden im Jahr schon seit den späten 50er-Jahren komplett auf Tourismus eingestellt und bietet alle denkbaren Annehmlichkeiten.

Wie auf einer Perlenschnur reihen sich entlang der Makarska-Riviera reizvolle alte Ortschaften und weite Strände aneinander. Hotelresorts, Apartmenthäuser, Campingplätze und Promenaden bilden die »Infrastruktur« für Tausende Besucher, die vor allem eines wollen: einen tollen Badeurlaub. Den bekommen sie. Hier ist einer der Stars unter den kroatischen Stränden: das Magazin Forbes wählte Punta Rata bei Brela 2003 zu einem der zehn schönsten Badeplätze der Welt.

Brela und Baška Voda

Mitte: Vielleicht das Hauptmotiv der Makarska-Riviera: der pittoreske Felsen am Strand Punta Rata
Unten: Baška Voda – ein beliebter Badeort

Und wirklich hat der idyllische Strand alles, was das Herz begehrt: ein flaches Ufer, türkis leuchtendes, kristallklares Wasser mit einem grün bewachsenen Felsen als Hingucker, Pinien, die Schatten spenden. Die anderen Strände von Brela, die nur zu Fuß erreichbare Plaza Stomarica und die Plaza Berulia, halten durchaus mit. Jüngere Wasserratten treffen sich an dem mit Kiefern bewachsenen Felsstrand Vrulja nordwestlich von Brela, weil man dort mehrere Meter tief ins Meer springen kann. Der vom Durchgangsverkehr verschonte Ort pflegt sorgfältig sein Image als mondänes Seebad, die stets saubere Promenade lädt ebenso sehr zum Flanieren ein wie der kleine Ha-

Makarska Riviera

Makarska ist unvergleichlich schön.

fen mit seinen Bars und Cafés zum gemütlichen Verweilen. Kulturfeste und »Fischerabende« sorgen im August für Abwechslung, alles wirkt locker improvisiert, charmant. Bedeutendste Sehenswürdigkeit ist im alten Ortsteil Gornja Brela die Kirche Sveti Nikola (14. Jh.). Das Brela benachbarte Baška Voda punktet mit traumhaft weißen, flach abfallenden feinen Kiesstränden, freilich kann es in der Hochsaison dort eng werden. Wo schwerer zugängliche, »versteckte Badeplätze« zu finden sind, verraten die haufenweise geparkten Pkws an den oberhalb gelegenen Straßen.

Makarska

Eine Postkartenidylle: Im satten Grün von Pinien und Palmen schmiegt sich Makarska harmonisch an den Hang einer natürlichen Hafenbucht, die im Nordwesten von der Parklandschaft der Halbinsel Sveti Petar und im Südosten vom Kap Osejava umfangen wird. Der alte Stadtkern ist typisch mediterran. Sv. Marko setzt sich vor der herrlichen Gebirgskulisse in Positur, links daneben erzählt das Heimatmuseum im Palazzo Tonolli die bewegte Geschichte des Ortes: die Keimzelle war das 533 erstmals urkundlich erwähnte Bergnest Makar. Im 14. und 15. Jahrhundert war Makarska Verwal-

AUTORENTIPP!

EIN KLEINER, FEINER BADEORT

Tučepis malerischer weißer Strand, an dem natürlich die »Blaue Fahne« flattert, ist der längste an der Makarska-Riviera. Ein Yachthafen, viele neue Hotels, eine blitzsaubere Uferpromenade mit Palmen, an der sich Weinstuben, Pizzerien und Restaurants aneinanderreihen. Einfach ein feiner Badeort. Das scheint schon früher nicht viel anders gewesen zu sein, wie nicht nur die Sommervillen aus dem 18. Jahrhundert zeigen, sondern auch Reste einer römischen Villa Rustica aus dem 1./2. Jahrhundert, deren Grundstück später auch den Kirchenerbauern von Sv. Jure (13. Jh.) gefiel. Am nördlichen Ende führt ein wunderschöner Spazierweg durch das Waldgebiet Osejava Rat Richtung Makarska in 4 Kilometer Entfernung, am südlichen ein nicht weniger gepflegter zum Nachbarort Podgora. Insgesamt eine ewig lange Promenade. So verläuft sich die Gästeschar – ein entspannter Aufenthalt ist garantiert. Und nicht vergessen: außer Badelatschen gehören auch Bergschuhe ins Gepäck.

Tučepi. www.tucepi.com

Brela spielt mit seinem schönen Kiesstrand seit Jahrzehnten eine Hauptrolle im Tourismus der Makarska-Riviera.

MITTELDALMATIEN

Einer der meist frequentierten Küstenstreifen der Adria

AUTORENTIPP!

DER BOTANISCHE GARTEN KOTIŠINA

ÖKO

Nur ein schlichtes Holzgestell markiert den Eingang, der Eintritt ist frei: der »Biokovski Botanički vrt Kotišina« ist ein unscheinbares, aber kostbares Highlight – nicht nur für Botanikfreunde.

Von der Straße nach Gornji Tučepi zweigt nach zwei Kilometern links ein Strässchen zu dem Bergdorf Kotišina ab. Oberhalb des Ortes, vor den senkrecht aufragenden Felswänden des Biokovo, gedeiht auf einer Seehöhe von 340 bis 500 Meter ein 16 Hektar großer botanischer Garten. In ihm sind rund 1200 alpine und mediterrane Pflanzen versammelt, darunter viele endemische Arten, die im Biokovo in freier Natur zu finden sind. Dort müsste man aber viel weiter wandern, um auch nur einen Bruchteil dieser Artenvielfalt zu entdecken. Der Garten wurde auf Initiative des Franziskanermönchs und Wissenschaftlers Fra Jure Radic (1920–1990), dem Makarska auch die reiche Muschelsammlung verdankt, als »Biokovo im Kleinen« gepflanzt. Er war mit diesem ökologischen Lehrpfad seiner Zeit weit voraus.

Botanischer Garten Kotišina. Oberhalb von Kotišina. Eintritt frei.

tungssitz der Osmanen und Handelsdrehscheibe zwischen Konstantinopel und der nördlichen Adria; nach deren Vertreibung legte der Ort sich ein neues, barockes Gesicht zu. Aus dieser Zeit stammt der Palazzo Ivaniševića, Sitz einer bedeutenden Kaufmannsfamilie, deren jüngster Spross der weltberühmte Tenniscrack Goran Ivanišević ist. Für eine Überraschung sorgt auch das bereits im frühen Mittelalter gegründete, im 17. Jahrhundert »renovierte« Franziskanerkloster am südlichen Rand der Altstadt: Muscheln, Muscheln, Muscheln. Fra Jure Radic war nicht nur Botaniker (siehe Autorentipp 2), er steckt mit seinem Sammeleifer auch hinter dem Malakologischen Museum.

So interessant die Geschichte auch sein mag, Makarska heute ist einfach ein sympathischer Ferienort. In den Gassen mit den vielen Geschäften und Straßenhändlern pulsiert das Leben, alle Düfte des Südens liegen in der Luft. Der eineinhalb Kilometer lange Kieselstrand Donja Luka, natürlich mit »Blauer Fahne« und Wasserrutsche, erstreckt sich nordwestlich von Sveti Petar. Noch weiter außerhalb finden sich kleine, von Felsen eingefasste Sandbuchten. FKK-Freunde treffen sich am Strand Nugal. Die Uferpromenade lädt mit Cafés und Eisdielen zum Genießen ein, und der Jahrmarkt in

Makarska Riviera

der Nähe des Strandes braucht sich über Besuchermangel nicht beklagen. Nachtschwärmer ziehen in Scharen zur Discothek »Grota«, die in Felshöhlen unter Sveti Petar hineingebaut ist.

Nicht genug der Ferienorte

Entlang der Jadranska Magistrala reihen sich in südlicher Richtung noch weitere namhafte Ferienorte: Podgora, Igrane, Drvenik, Gradac. Erst danach verändert sich im fruchtbaren Neretva-Delta das Landschaftsbild komplett.

Podgora, wörtlich »unterm Berg«, definiert sich ausdrücklich über den organisierten Tourismus. Der alte Port war jahrzehntelang für seine Fischereiflotte bekannt. Nichts von dem, was die historischen Fotografien zeigen, kann man in dem heutigen, völlig neu angelegten Hafengelände erkennen. Ein liebenswertes Relikt in der modernen Urlauberwelt ist nur noch das Kirchweihfest von Gornja Podgora am dritten Augustsonntag.

Das kleine Igrane wartet mit der wohl bedeutendsten, dabei unscheinbarsten kulturellen Sehenswürdigkeit der Makarska-Riviera auf: Inmitten uralter Olivenhaine duckt sich die winzige spätantike Kirche Sv. Mihovil. Weitaus auffälliger ist die Basilika »Gospa od Rožarija« (1752), die hoch über den Dächern des Ortes auf der hügeligen Halbinsel thront. Ihr schlanker Kirchturm wirkt wie eine bescheidene Variante des Campanile von Split. Etwas unterhalb verstellt dem Spaziergänger ein Koloss aus grauer Vorzeit beinahe den Weg: es ist der Zalina Kula, in dem sich einst die Ortsbewohner rund um ihren Anführer Ivan Antičić-Zale vor anstürmenden Osmanen verschanzten. Heute belagern Touristen den schönen langen Kiesstrand, der sich mit Restaurants, Geschäften, Bars, Cafés und Ferienvillen bis nach Živogošće hinzieht.

Oben: Yachtmarina von Makarska
Mitte: Apartmenthäuser im Grün des Küstenstreifens
Unten: Von Bord aus zeigt sich die Makarska-Riviera in ihrer vollen Schönheit.

MITTELDALMATIEN

Oben: Tradition und Moderne liegen nah beisammen.
Mitte: Franziskanerkloster an der Uferstraße von Makarska
Unten: Strand von Tučepi

Jeder Feriengast freut sich an der Makarska-Riviera seines Lebens: Baden, Sporteln, in der Sonne liegen, zur Abwechslung Essen, Trinken, Abfeiern ... Wie glücklich man hier schon in alter Zeit war, beweist die in den Fels gemeißelte lateinische Dankinschrift des Lycinianus über der Quelle der Pokrivenica. Sie findet sich unterhalb des Franziskanerklosters von Živogošće, das als besonders schönes architektonisches Ensemble den Besuch lohnt.

Drevnik hat vor allem als Fährhafen nach Sućuraj auf Hvar, nach Korčula sowie Trpanj auf der Halbinsel Pelješać Bedeutung, aber an ihrem südlichen Endpunkt setzt die Makarska-Riviera mit Gradac einen strahlenden Schlussakkord. Der Ort besitzt nicht nur einen der schönsten und längsten Strände der dalmatinischen Adria, sondern er gilt auch als die »Hauptstadt der Volksfeste«: die heilige Margaritha wird da ebenso gefeiert wie die Muttergottes der Engel oder der heilige Michael, und zum Glück fallen diese Feiertage just in die Zeit der Sommermonate, womit für den regen Zulauf von Einheimischen und Feriengästen gesorgt ist.

MAL EHRLICH

KEIN PLATZ AN DER SONNE
Statistiker haben errechnet, dass in Makarska an Spitzentagen jedem Badegast nur 1,75 m^2 Strand zur Verfügung stehen, Brela weist mit 4,4 m^2 etwas bessere Werte auf – aber dazu muss man wissen: der »Wohlfühlfaktor« beginnt bei 6 m^2. Die Gemeinden schieben das Problem auf die Tagesausflügler, die vor allem aus Bosnien mit Bussen für einen Badetag herangekarrt werden. Hinter dieser Schuldzuweisung kann man durchaus ein kommunales »Mobbing« gegen die Kurzurlauber wittern, die keine Kurtaxe entrichten. Anderseits: sind nicht die Bettenkapazitäten vor Ort längst an der Wachstumsgrenze angelangt?

Makarska Riviera

Infos und Adressen

SEHENSWÜRDIGKEITEN
Gradski Muzej (Stadtmuseum Makarska). Geöffnet Mo–Sa 9–12 und 18–22 Uhr, Eintritt: 10 HRK. Obala Tomislava 17, 21300 Makarska, Tel. 021/61 11 80

Malakološki Muzej (»Muzej Školjaka«). Geöffnet täglich 10–12 und 17–19 Uhr, Sonn- und Feiertage nur 10–12 Uhr, Eintritt: 10 HRK. Franjevački put 1, 21300 Makarska, Tel. 021/61 12 56

ESSEN UND TRINKEN
Konoba Feral. Altbekannte Konoba direkt an der Strandpromenade von Brela, nach wie vor gut. Obala Kneza Domogoja 30, 21322 Brela, Tel. 021/61 89 09

Konoba Galinac. Ausflugslokal oberhalb der Jadranska Magistrala, Blick auf das Meer und das Gebirge. 21322 Brela, Tel. 021/61 82 51, www.konoba-galinac.hr

Konoba Ranc. Auf 200 m Höhe in romantischer Berglage, also entfernt vom Strandgetümmel. Kamena 62, 21325 Tučepi, Tel. 021/62 35 63

ÜBERNACHTEN
Hotel Biokovo. Gemütliches Hotel in der Touristenhochburg. Obala Kralja Tomislava bb, 21300 Makarska, Tel. 021/61 52 44, www.hotel-biokovo.hr

Hotel Croatia. Edles Boutique-Hotel der Orvas-Kette. Iza Palaca bb, 21320 Baška Voda, Tel. 021/69 59 00, www.orvas-hotels.com

Hotel Kaštelet. Im 18. Jahrhundert die Ferienresidenz des Abtes Klement Grubišić, heute ein intimes Hotel; Pool, Restaurant, Bar und abendlichen Musikveranstaltungen. Dračevice 35, 21325 Tučepi, Tel. 021/60 12 02, www.hoteltucepikastelet.com

Hotel Marco Polo. Eines der ersten Boutique-Hotels an der Makarska-Riviera, direkt am Meer;

Empfang im »Hotel Kaštelet«

Restaurant und Bar unter Bäumen. Obala 15, 21330 Gradac, Tel. 021/69 75 02, www.hotel-marcopolo.com

Hotel Porin. Eines der ältesten Hotels an der Makarska Riviera, ausgezeichnetes Restaurant. Marineta 2, 21300 Makarska, Tel. 021/61 36 50, www.hotelproin.com

Hotel Soline. Erstes Haus am Platz, direkt am Strand; 206 DZ. Das jüngst renovierte Hotel besitzt ein Hallenbad, von dem die Gäste durch eine »Blaue Grotte« in den Outdoorpool schwimmen. Trg Gospe od Karmela 1, 21322 Brela, Tel. 021/60 30 20, www.bluesunhotels.com

INFORMATION
Touristisches Informationszentrum Brela. Trg Alojzija Stepinca bb, 21322 Brela, Tel. 021/61 84 55, www.brela.hr

Touristisches Informationszentrum Makarska. Obala Kralja Tomislava 16, 21300 Makarska, Tel. 021/61 20 02, www.makarska.hr

MITTELDALMATIEN

36 Hvar
Kroatiens Schönheitskönigin

Was ist das Geheimnis von Hvar? Die Sonne und das Meer? Der Duft von Salbei, Rosmarin und Lavendel? Nacktbaden in einer verschwiegenen Bucht? Die Wanderung zur Grabčeva-Höhle? Der Aufstieg hoch zur Španjola-Festung? Der Küstenspaziergang von Vrboska nach Jelsa? Der VIP-Faktor? Alles zusammen und noch viel, viel mehr.

Hvar ist nur bis zu 11 Kilometer breit, aber 68 Kilometer lang, wie eine Seeschlange, deren langer schmaler Schwanz aus sanft gewelltem, von Feldern und Weiden bedecktem Hügelland besteht. Im Westen hat sich in einer geschützten Bucht Hvar Stadt entwickelt, in der Natur und Geschichte eine mehr als glückliche Verbindung eingegangen sind.

Millionaires-Watching in Hvar

Im Jahr 1868 gründeten Hvarer Bürger, angeführt von ihrem Bischof Juraj Duboković und dem österreichischen Arzt Franz Unger, die »Hygienische Gesellschaft« zur Beförderung des Tourismus. 1900 eröffnete das »Kurhotel Königin Elisabeth« die Pforten. Es war Sissi nicht vergönnt, in dem nach ihr benannten Hotel zu residieren.

Heute trägt die Nobelherberge den Namen »Palace« und andere gekrönte und ungekrönte Häupter geben sich hier die Klinke in die Hand. Denn über hundert Jahre später gilt Hvar erneut als exklusiver Ferienort, dank etlicher Investoren, die das alte, elegante Ambiente nicht nur frisch aufpolierten, sondern mit zeitgemäßem Luxus ausstatteten. Prompt folgte der internationale Jetset.

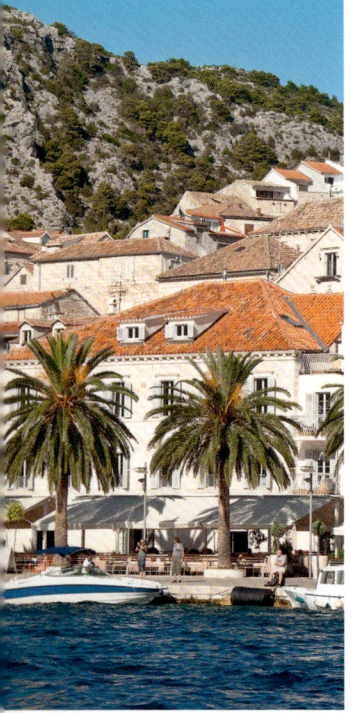

Unten: Die elegante Uferpromenade von Hvar wird von Palmen und Cafés gesäumt.

Hvar

Spaziergang

Hvar erlangte Ruhm und Macht als Hafen der Venezianer. Sie erneuerten mit Hilfe spanischer Baumeister die vorgefundene illyrische Festung, daher der Name **Španjola** Ⓐ. Sie zogen eine Stadtmauer hoch und errichteten das Arsenal. Beim Angriff der Türken im Jahr 1571 explodierte das Pulverlager und legte die Stadt in Trümmer. Aber die Venezianer bauten alles noch einmal auf.

Am Trg Sveta Stjepana, dem eigentlichen Altstadtzentrum, mit dem bauchigen Brunnen von 1520 erhebt sich die **Kathedrale Sveti Stjepan** Ⓑ, ein Prunkstück der Spätrenaissance. Reizvoll ist der Campanile mit seinen säulengeschmückten Durchbrüchen. Mit jedem Stockwerk höher wirkt er immer filigraner.

Entlang der palmengesäumten, mit Bračer Marmor gepflasterten Riva versammeln sich in wunderbarem Erhaltungszustand die historischen Sehenswürdigkeiten: die **Stadtloggia** Ⓒ, in der heute die Gäste des Hotels »Palace« empfangen werden und das **Arsenal** Ⓓ, dem der Fürst Semitecolo 1612 ein reizendes Theater aufsetzen ließ,

Wertvolle Kunstwerke birgt das **Franziskanerkloster** Ⓔ an der südöstlichen Landzunge, darunter das monumentale »Letzte Abendmahl« von Matteo Ingoli aus Ravenna.

Stadtmauer hinauf zur mittelalterlichen Festung Španjola

Ⓐ **Festung Španjola.** Geöffnet Sommer 8 Uhr–Mitternacht, Winter 9–18 Uhr. Eintritt: 12 HRK

Ⓑ **Kathedrale Sv. Stjepan**

Ⓒ **Stadtloggia – Hotel Palace**

Ⓓ **Arsenal.** Geöffnet Sommer 10–13 Uhr und 17–23 Uhr; sonst nur vormittags. Eintritt: 12 HRK

Ⓔ **Franziskanerkloster.** Geöffnet Sommer tägl. 10–12 und 17–19 Uhr, So 10–12 und 16–17 Uhr. Eintritt: 15 HRK

Oben: Luxusyachten kreuzen gerne im Revier vor Hvar.
Mitte: Sehen und Gesehenwerden
Unten: Das »Hotel Palace« direkt an der Hafenbucht

MITTELDALMATIEN

Das Reisemagazin »Traveler« reihte Hvar unter die zehn schönsten Inseln der Welt und die »New York Times« zählte Hvar 2008 zu den »Top 11«-Urlaubsdestinationen.

Hotelboys beladen Elektrokarren mit den Louis-Vuitton-Koffern ihrer britischen, amerikanischen, russischen Gäste. Die ganze autofreie Stadt ist eine Bühne, Sehen und Gesehen-Werden ist das ewig amüsante Spiel in den zahlreichen überfüllten Cafés und Bars. Kellner servieren einen Ristretto nach dem anderen. Zwischen den Luxusyachten finden tatsächlich noch Fischerboote Platz. Wie seit eh und je begutachten die Fischer in den Morgenstunden ihren nächtlichen Fang. Ist ein Hai oder eine andere spektakuläre Beute darunter, bildet sich rasch eine Menschentraube. Wer in all dem Trubel eine kleine Pause einlegen möchte, spaziert von der Uferpromenade weiter zum Franziskanerkloster. Dort steht ein Naturdenkmal, das in anderen Dimensionen wurzelt als unsere schnelllebige Zeit. Die über 500 Jahre alte Zypresse im Klosterhof hat alles überlebt: den Türkenangriff, die venezianische Epoche, die napoleonischen Kriege, die Donaumonarchie und Jugoslawien.

Strände auf Hvar

Wenn die Quecksilbersäule auf 40 Grad klettert, möchte man nichts als baden. Wo sind die Strände auf Hvar? Eine Frage, die Segler bestens beantworten können. Denn Buchten mit intimen Stränden finden sich an den beiden langen Nord- und Südküsten und auf der ihnen vorgelagerten Inselwelt mehr als genug. Vor Hvar Stadt locken die Pakleni Otoci mit herrlichen Naturstränden, zu denen in regelmäßigen Abständen Taxiboote starten. Die Badeinsel Zečevo ist einer der bekanntesten Naturistenstrände Dalmatiens, auch auf Jero-

Blick von der Festung auf Hvar

lim und Marinkovac haben die Badenden nur Badeschuhe an. Doch auch wer nicht erst in ein Boot steigen möchte, findet auf Hvar bequem erreichbare Strände. Der populärste, mit der Blauen Flagge ausgezeichnete Strand ist Vela plaža Amfora, fünf Minuten von Hvar Stadt entfernt. Sensationell schön ist das luxuriöse Strandbad Bonj Les Bains in einem Pinienhain, das von der Hotelkette Suncani betrieben wird: die Anlage des Strandclubs stammt aus den 30er-Jahren. Hier bieten Restaurants, Bars, Duschen, Sonnenliegen, Massagezelte jeglichen erdenkbaren Komfort. An der Südküste in der Inselmitte ist der schönste Strand in der Bucht Petaršćia bei Zavala: den feinen Kiesstrand schmückt eine Grotte.

Ein Streifzug, der Länge nach

Wer von Hvar Stadt im äußersten Westen nach Sucuraj im äußersten Osten der Insel gelangen möchte, der braucht auf der Straße D116 sicherlich mehr als zwei Stunden. Allerdings wird ihm auf der Route ein kompletter Eindruck der Lavendelinsel gratis mitgeliefert und er lernt alle Hauptorte kennen. Stari Grad ist die älteste Stadt auf Hvar, gegründet von den Griechen, die ihr den Namen Pharos gaben. Der laute Fährhafen

AUTORENTIPP!

LAVANDULA CROATICA

Seelenpflanze, Nervenkraut: Lavendel beruhigt, reinigt und ist vielfältig heilsam. Hvar ist eine Lavendelinsel. Die würzige Duftpflanze findet auf der Insel ideale klimatische Bedingungen. Handgesät und handgeerntet ist sie von allerbester Öko-Qualität. Sogar die Parfumeure von Grasse kaufen den Lavendel von Hvar! Besucher, die zur Blütezeit Ende Juni/Anfang Juli auf Hvar unterwegs sind, erleben ihr blaues Wunder, denn dann wogen die duftenden Lavendelfelder in voller Blüte im Wind. Fast jedes Dorf auf Hvar hat seine eigenen Destillierbetriebe. Alle Läden, Hotelshops, Apotheken und Drogerien haben Lavendel-Duftkissen, Lavendelseifen, Lavendelöle und Lavendelhonig nahe am Eingang platziert – und es spricht ja wirklich alles dafür, dieses Universalheilmittel mit dem Gütesiegel »autochthones kroatisches Souvenir« für die Hausapotheke oder den Wäscheschrank mitzunehmen.

AUTORENTIPP!

ZA KRIŽEN

»Dem Kreuz folgen« ist ein anrührender Osterbrauch der Hvarer. Sie wird seit über fünfhundert Jahren in der Nacht vom Gründonnerstag auf den Karfreitag abgehalten.
In den sechs Pfarrkirchen von Jelsa, Pitve, Vrisnik, Svirče, Vrbanj und Vrboska setzt sich jeweils um 22 Uhr eine Prozession in Bewegung. Dem Kreuzträger erleuchtet die voranschreitende Bruderschaft mit Kandelabern den Weg, dahinter gehen Frauen, Männer, Kinder. 8 Stunden lang, die ganze Nacht hindurch, bewältigt jeder Zug von Pfarrkirche zu Pfarrkirche 25 Kilometer auf alten Pfaden, zwischen Feldern, Wiesen und Weinbergen, bis er am Morgen zurückkehrt in sein Heimatdorf. Lärmende Holzklappern halten alle Sinne der Pilger wach. Bei jeder Station singen die »Kantaduri« emphatisch das »Lamento der Muttergottes«, ein uraltes Passionslied.
Der Umzug ist, sowohl was seine Dauer wie seinen leidenschaftlichen Gestus betrifft, so außergewöhnlich, dass die UNESCO ihn 2009 auf die Liste des immateriellen Kulturerbes der Menschheit setzte. Ein unauslöschliches Erlebnis für jeden, der einmal mitgegangen ist.

Traditionelles Inselleben auf Hvar

MITTELDALMATIEN

wird von den meisten Urlaubern rasch verlassen, aber der Altstadtkern mit der mittelalterlichen Piazza Škor und die Sommerresidenz Trvđalj des Renaissancedichters Petar Hektorović sind sehenswert: der Poet lebte fürstlich in einem Atriumhaus mit Meerwasser-Fischbecken und einem wunderbaren Gartenreich.

Vrboska präsentiert sich als friedliche Postkartenidylle. Entlang der kleinen Promenade haben die Wirte der Konobas Zeit für den Gast. Mediterrane Gemächlichkeit gibt hier den Takt vor. Mit einem malerischen Uferweg ist Vrboska mit Jelsa verbunden. Das Städtchen ist die touristische Boomtown Hvars. In seiner unmittelbaren Nähe liegen gleich drei Autocamps und eine Marina. Es ist aber auch der Ausgangspunkt für interessante Ausflüge ins naturbelassene Hinterland: durch Olivenhaine zum antiken griechischen Beobachtungsturm Tor, von dort weiter über den Inselrücken zum verlassenen Hirtenweiler Humac. Oder zum Höhlenlabyrinth Grapčeva spilja, das eine der wichtigsten prähistorischen Stätten ganz Dalmatiens ist.

Hvar ist immer gut für Überraschungen. Da führt zum Beispiel von Zaraće eine neue Straße entlang der Felsküste nach Sv. Nedjelja. Der kleine Fischerort unterhalb des höchsten Inselberges Sv. Nikola (626 m) erregt neuerdings internationale Aufmerksamkeit, weil in seinen Weingärten der berühmteste Winzer der gesamten Adria zugange ist: Zlatan Plenkovic. Sportler suchen andere Spitzenerlebnisse: Auf der D116 Richtung Osten zeigt der Wegweiser bei Polje nach Vela Stiniva. Hier ist Freeclimbing »in«. Ohne Sicherung und direkt über dem Wasser wird in den Klippen und Felsen von tollkühnen Jungs geklettert, dass einem Hören und Sehen vergeht. Sogar im Winter, aber Hvar ist ja berühmt für seine milden Winter.

Hvar

Infos und Adressen

ESSEN UND TRINKEN

Bilo Idro. Restaurant des Starwinzer Zlatan Plenkovic. Spitzenweine und eine Küche, die ganz auf das natürliche Aroma setzt. Sveta Nedjelja, 21465 Jelsa, Tel. 021/74 57 09, www.zlatanotok.hr

Eremitaž. Aus einer Mönchsklause wurde ein idyllisches Restaurant. Obala hrvatskih branitelja, 21460 Stari Grad, Tel. 091/542 83 95

Palača Paladini. Essen in einem schönen Innenhof unter Zitronenbäumen. Petra Hectorovića 4, 21450 Hvar, Tel. 021/74 21 04, www.paladinihvar.com

Restoran Zlatna Školjka. Spezialität sind natürlich Muscheln und der für Hvar typische Lammbraten Jagnjeće. Ulica Petra Hektorovica 8, 21450 Hvar, Tel. 098/16 87 97, www.zlatna.skoljka.com

ÜBERNACHTEN

Camping Vira. Hochwertig ausgestatteter 4-Sterne-Campingplatz, ökologisch auf neuestem Stand; nur 4 km von der Stadt Hvar entfernt. www.campingkroatienhvar.com/campingplatz-vira-hvar

Hotel Adriana. Stylisch. Fabrika, 21450 Hvar, Tel. 021/75 02 00. www.suncanihvar.com

Hotel Croatia. 1997 renoviertes Wohlfühlhotel in traumhafter Lage. Majerovica bb, 21450 Hvar, Tel. 021/74 24 00, www.hotelcroatia.net

Hotel Riva. Zwei Stadtvillen aus dem 18. Jahrhundert, kultige Lounge am Hafen. Riva bb, 21450 Hvar, Tel. 021/75 01 00, www.suncanihvar.com

Hotel Skalinada. Für Individualtouristen, die preiswert und trotzdem direkt am Meer wohnen möchten. Zavala, 21465 Jelsa, Tel. 021/76 70 19, www.skalinada-apartmani-hvar.hr

Hotel Villa Dalmacija/Dalmacija Beach Lodge. Ältere Semester bevorzugen die 3-Sterne-Villa, junge Leute wählen die Beach Lodge, Nightlife inklusive. Riva bb, 21450 Hvar, Tel. 021/74 11 20 bzw. 021/75 05 55, www.suncanihvar.com

Meneghello. Kleine Bungalows in einem gepflegten Paradiesgarten. Sveti Klement, 21450 Hvar, Palmižana, Tel. 021/71 22 70, www.palmizana.hr

AUSGEHEN

Carpe Diem. An der Hafenmole: Live Acts, DJs, Drinks. Riva bb, 21450 Hvar, Tel. 021/74 23 69, www.carpe-diem-hvar.com

Dgigibabaoo Club. Hier legen Top-DJs aus aller Welt auf. Jelsa, 21450 Hvar, Tel. 021/76 15 24

AKTIVITÄTEN

Hvar Adventure Tours. Touren für Hiking & Biking, Freeclimbing, Segeln etc. Obala bb, 21450 Hvar, Tel. 021/71 78 13, www.hvar-adventure.com

SCHIFFSVERBINDUNGEN, BUSSE

Fähren: Dichter Fahrplan der Kfz-Fähren von/nach Split (Stari Grad) und von/nach Drevnik (Sućuraj), Personenkatamarane von/nach Split Hvar Stadt und Jelsa an (1–2 x täglich); zur Nachbarinsel Brač nur Personenschiffe. www.jadrolinija.hr

Bus: Stari Grad/Hvar Stadt 4 x täglich, von Hvar Stadt fahren Busse 4–6 x täglich nach Jelsa und Sućuraj.

INFORMATION

Touristisches Informationszentrum Hvar. Trg Sv Stjepana 16, 21450 Hvar, Tel. 021/74 10 59, www.tzhvar.hr

Leuchtturm am östlichsten Punkt der Insel Hvar

MITTELDALMATIEN

37 Vis und die Blaue Grotte von Biševo
Fernab in der Adria

Ein Stück geheimes Dalmatien – verschont vom Mahlstrom der Zeit. Null Massentourismus. Auf Vis genießt man einen Sommer, wie er früher einmal war. Gassen uralter Fischerorte heizen sich in der Mittagsglut auf, abends, wenn die Sonne hinter duftenden Pinienwäldern blutrot am Horizont versinkt, brutzeln über dem Holzkohlenfeuer die Meeresfrüchte. Die Tische der Konobas stehen am Straßenrand. Das Leben ist schön.

Südwestlich von Hvar, fernab in der Adria, liegt die Insel Vis, die mit nur 3500 Einwohnern und zwei idyllischen Städtchen Urlaubsträume wahr werden lässt. Dass sie sich so unverfälscht erhalten konnte, liegt an der großen Politik.

Abgeschiedenheit einst und jetzt

Als Dalmatien Kronland der Donaumonarchie war, zogen vor den Küsten von Lissa, wie Vis damals hieß, die Kriegsschiffe auf. Die Seeschlacht von Lissa (1866) ging in die Geschichtsbücher ein. Dort ist auch vermerkt, dass Josip Broz Tito während des Zweiten Weltkrieges von Vis aus seinen Partisanenkampf gegen Hitlerdeutschland organisierte, folglich sind die »Tito-Höhle« bei Žena Glava und Titos »U-Boot Versteck« Pilgerstätten kroatischer Touristen.

Als strategischer Vorposten in der Adria blieb die 17 Kilometer lange und halb so breite Insel auch für Jugoslawien bedeutsam. Vis wurde als Marinebasis zum militärischen Sperrgebiet und durfte

Mitte: Franziskanerkloster auf der Halbinsel Prirovo
Unten: Das »Hotel Tamaris« in Vis Stadt

Wahrlich märchenhaft – die Blaue Grotte

von Ausländern nicht betreten werden. Im Jugoslawien-Krieg diente Vis als Landebahn für Militärflugzeuge. Erst seit 1995 weht hier ein anderer, ziviler Wind. Heute gedeihen in den Weingärten der Ebene Trauben zur vollen Reife, genießen Fahrradfahrer die Abgeschiedenheit und Segler steuern die Buchten an, darunter auch Promis wie Caroline von Monaco, der hier gewiss keine Paparazzi auflauern.

Die Tage auf Vis haben einen kommoden Rhythmus. Nach dem Frühstück werden die Badesachen in die Tasche gepackt oder die Wanderschuhe geschnürt. Radler genießen die herrliche Fahrt auf der einzigen Inselstraße, die sich von Vis Stadt in die romantische Bergwelt hinauf schlängelt, um sich, mit weitem Blick auf die Westküste, zum zweiten Hauptort Komiža dann wieder abwärts zu schlängeln.

Nach dem feinen Abendessen beim Hafen in Vis – »Scampi buzzara«? Oktopus aus der Peka? – führt der Spaziergang auf der langen Uferpromenade an die Ostseite der Bucht in das reizenden Kneipenviertel Kut. »Bildungsgesättigt« ist der kürzere Spaziergang linksrum zur Halbinsel Prirovo. Hier, wo die alten Römer ins Theater gingen, steht seit

AUTORENTIPP!

WANDERN AUF VIS

Auf Vis gibt es ein Netz von schönen Wanderwegen. Die Routen führen durch ein abwechslungsreiches, bewaldetes Gelände bergauf, bergab und an der spektakulär schroffen Küste entlang. Die Landschaft wirkt unbesiedelt, nur alte Steinmauern und von Macchia überwachsene Terrassen erzählen von der bäuerlichen Lebensweise früherer Generationen. Die meisten Touren sind für fünf bis sechs Stunden ausgelegt, der Schwierigkeitsgrad reicht von einfach bis anspruchsvoll. Die beiden britischen Vis-»Immigranten« Miles und Maggie Robinson, die sich mit der Kulturgeschichte von Vis ebenso gut auskennen wie mit dem Wanderterrain, organisieren in Zusammenarbeit mit einheimischen Guides Wandertouren.

Wandern auf Vis. Gute Anbieter für Touren inkl. Verpflegung und Unterbringung sind Miles und Maggie Robinson. Tel. 021/71 12 00, www.walkingholidaysvis.com

MITTELDALMATIEN

Sv Nikola, die bedeutendste Kirche von Komiža

AUTORENTIPP!

KROATISCHES SLOW FOOD BEI SENKO

Er ist Kultschriftsteller, Koch, Winzer und Gründer des »Multimedia Centre for Research of Alternative Ways of Survival on Small and Distant Islands«. Senko Karuza ist ein Lebenskünstler und Gastrosoph, der seine Gäste (nur nach vorheriger Anmeldung!) mit einem fabelhaften »Erlebnisessen« bewirtet.

Man nimmt Platz auf der Terrasse seines alten Steinhauses. Zum Aperitif gibt es hausgemachten Travarica. Dem Grundprinzip »nur lokale Zutaten« entspricht dann auch alles Weitere. Wilder Spargel, Oliven und Tomaten, Schafskäse mit Kräutern, knusprig gebratene Sardinen, Schneckensuppe, Brodetto aus Meeräsche, Scampi, Meeraal und Drachenkopf, Lammpeka. Dazu schmeckt der herrliche Vugava, der selbstverständlich auch von Trauben aus Senkos eigenen Weingärten gekeltert wurde. Immer wieder kommt etwas Neues zum Probieren auf die Teller. Die Mahlzeit beginnt am Nachmittag, und zieht sich, mit kleinen Pausen, denn Senko kocht alleine – über Stunden bis tief in die Nacht hinein bei Kerzenschein. Am Ende sind die glücklichen Gäste zu Freunden geworden, die sogar den Abwasch erledigen.

Senko Karuza. Bucht Mala Travna, 21485 Komiža, Tel. 091/733 32 99

dem 16. Jahrhundert auf antiken Grundmauern ein Franziskanerkloster. Rund um das Kloster, die Kirche Sv.Jere und den wunderschönen Friedhof findet man venezianische Palazzi wie den Garibaldi Palast und die berühmte Villa Kaliopa, in deren subtropischem Garten jeder Gast seinen persönlichen Sommernachtstraum erlebt. Halli Galli und Partylife? Fehlanzeige. Dafür findet sich Zeit, um für geringen Eintritt das Archäologische Museum von Vis zu besuchen, das in einer kleinen, aber sehr ansprechenden Präsentation Funde aus illyrischer, griechischer und römischer Zeit zeigt (im Sommer geöffnet Di–So 10–13 und 17–21 Uhr).

Auch in Komiža im Inselwesten scheint die Zeit irgendwie stehen geblieben zu sein. Dabei wartet das Fischerdorf in einer Bucht zu Füßen des Berges Hum (587 m) durchaus mit einigen Sehenswürdigkeiten auf: da lohnt der malerisch oberhalb der Ortschaft liegende Klosterkomplex der Nikolauskirche (13.–17. Jh.) den Aufstieg, und das Fischereimuseum im trutzigen Kastell der Grimaldi erzählt anschaulich von der bedeutenden Fischfangflotte von Komiža, die berühmt war für ihre Geschicklichkeit und ihren Mut (im Sommer geöffnet tgl. 9–12 und 17–22 Uhr). Die im Hafen dümpelnde Gajeta Falkuša ist übrigens eine Nach-

Vis und Blaue Grotte von Biševo

bildung der historischen Fischkutter. Doch genug der Geschichte. Was jeder Feriengast hier vor allem aufsucht, das ist seine höchst persönliche Traumbucht.

Strände nach Belieben

Sandig, seidig, schotterig: Vis hat 54 Buchten, darunter sind nicht wenige von unberührter Schönheit. Natürlich können Sie in den Sommermonaten nicht erwarten, dass Sie die berühmtesten Strände ganz für sich alleine haben. Dafür liegt der flach abfallende, mit Palmen bestückte Sandstrand Stončica, das »Hawaii von Vis«, zu nahe bei Vis Stadt, außerdem ist er ebenso wie der herrlich weite Strand Zaglav an der Südwestküste in allen Reiseführern vermerkt.

Wenig bekannt sind die Strände und Buchten an der rauen, der Bora ausgesetzten Nordseite. Wer die Einsamkeit fernab jeglicher Zivilisation sucht, wird Oklujčna aber sicherlich genießen. Felsig und deshalb verschwiegen sind auch die Buchten Tiha, Slatine und Gradac. Srebrena, der »Silberstrand« bei dem Fischerdorf Rukavac, oder der idyllische Kiesstrand mit dem Piratenkirchlein Gusarica, gleich am Ortsrand von Komiža, sind weiträumige, familienfreundliche Strände. Gigantische Steinplatten bilden Liegeflächen in den Buchten Ruda, Velika und Mala Travna. Nicht verpassen sollte man die Stivina-Bucht im Süden, erreichbar von der Straße von Podstražje nach Žena Glava: Wie ein beinahe zugezogener Vorhang schieben sich von links und rechts zwei gigantische Felswände vor die tropfenförmige Bucht – ein »Chambre séparée« am Meer.

Vor der Südküste liegt der Archipel von Vis, mit den Inselchen Greben, Veli und Mali Paržanj, Veli und Mali Budikovac, Ravnik, sowie den Riffs

Oben: Vis ist berühmt für versteckte, herrliche Strände.
Unten: Mediterrane Stimmung und Lebensart auf Vis

MITTELDALMATIEN

Pupak, Žuberka, Pločica – ein herrliches Revier für Taucher und Segler. Budikovac, das mit die schönsten Lagunen der Adria besitzt, und Ravnik mit seiner Höhle Zelena špilja, die eine genauso schöne Lightshow bietet wie ihre viel frequentiertere Schwester auf Biševo, sind bis jetzt noch echte Geheimtipps.

Ausflugsfahrt zur Blauen Grotte

Von der Komižer Riva erblickt man in der Ferne die Insel Biševo (6 km²). Nimmt man Fahrt dorthin auf, kommt auch die Insel Sv. Andrija (Svetac) in Sicht. Beide Inseln sind kaum besiedelt, genauer: Biševo zählt 14 Einwohner. Das heißt aber nicht, dass auf dem von Heidekraut, Rosmarin, Stechpalmen und verwildertem Wein überwucherten Eiland das Ende der Welt ist. Nautischer Tourismus sorgt für lebhaften Verkehr, in den Buchten Porat, Salburna und Mezoprat liegen Yachten vor Anker, ihre Passagiere haben wunderbare Strände ganz für sich. Fast, denn die Nachfrage nach »Robinson«-Quartieren nimmt immer mehr zu, auch decken schon zwei kleine Konobas die gastronomische Nachfrage ab.

Für den »Massentourismus« sorgen die Ausflugsschiffe aus Komiža, die während der Hochsaison täglich zur Modra špilja in der Bucht Balun herüber kommen. Denn wer schon mal so tief in der Adria Urlaub macht, lässt sich ihr sagenhaftes magisches Blau nicht entgehen. Dazu braucht es nur glatte See. Bei Wellengang kommt man nämlich gar nicht in die Höhle hinein. Woher der Zauber kommt? Das Sonnenlicht dringt durch ein Felsentor in die Grotte ein und erleuchtet, zur Mittagszeit am allerschönsten, von unten her das Wasser. Kaum einer der in Schlauchbooten herein geschipperten Besucher, der nicht die Kamera zückt: so ein Blau hat Seltenheitswert!

Oben: Sehenswert ist die archäologische Sammlung des Museums von Vis.
Mitte: Die Modra špilja im schönsten Mittagsleuchten
Unten: Delikate Souvenirs: in Olivenöl eingelegte Sardinen, Sardellen, Kapern und Oliven

Vis und Blaue Grotte von Biševo

Infos und Adressen

ESSEN UND TRINKEN
Konoba Jastožera. Feinschmecker-Restaurant in einer umgebauten Langusten-Zuchthalle. Tische auf einem Holzponton direkt über dem Wasser, wo in Gitterkörben die Delikatessen auf ihre Zubereitung warten. Direkt am Hafen, 21485 Komiža, Tel. 021/71 38 59, www.jastozera.com

Konoba Kantun. Gerne empfohlenes Grillrestaurant in einem alten Fischerhaus, kein Bier. Motto: »Alles frisch von der Insel«. Biskupa Mihe Pušića 16, 21480 Vis, Tel. 091/371 13 06

Konoba Stončica. Die drei Brüder Lincir beliefern die Küche selbst: Zwei Fischkutter, ein Gemüsefeld, ein Weinberg und eine Ziegenzucht werden von ihnen mit besorgt. Dobro Luka d.o.o (Uvala Stončica), 21480 Vis, Tel. 021/71 19 52, www.konoba-stoncica.com

Konoba Vatrica. Urig, an der Mole von Kut. Kralja Krešimira IV 15, 21480 Vis, Tel. 021/71 15 74

Pol murvu. Vom Magazin »Vanity Vair« als bestes Grillrestaurant der Welt (!) gelobt, es gibt aber auch Fisch- und Fleischgerichte aus der Peka. Dörfliche Konoba in den Hügeln von Vis. Podšpilje, 21480 Vis, Žena Glava, Tel. 021/71 51 17

Restoran Pojoda. Legendär. Dem Küchenchef wird nachgesagt, dass er den besten Grillfisch der ganzen Adria zubereitet. Don Cvjetka Marasovića 8, 21480 Vis, Kut, Tel. 021/71 15 75

Villa Kaliopa. Eines der schönsten Restaurants der Adria: kaum vorstellbar, dass es irgendwo sonst ein romantischeres Candlelight-Dinner geben soll. Das hat auch seinen Preis. Vladimira Nazora 32, 21480 Vis, Kut, Tel. 021/71 17 55

ÜBERNACHTEN
Hotel San Giorgio. Sorgfältig restauriertes Steinhaus, diskret erweitert mit einem Neubau. Petra Hektorovića 2, 21480 Vis, Tel. 021/71 13 62, www.hotelsangiorgiovis.com

Im venezianischen Viertel Kut gibt es exzellente Restaurants.

Hotel Tamaris. Traditionelles 3-Sterne-Hotel direkt am Hafen. Obala Sv. Jurja 30, 21480 Vis, Tel. 021/71 13 50, www.vis-hoteli.hr

Robinson accomodation. Die rustikalen, einfachen Hütten auf Biševo werden vermittelt von einer »grünen« NGO. Ljiljana Božanić, Bisevo bb, Tel. 095/571 11 24, www.bisevo.org

Villa Nonna. Moderne Apartments in einem historischen Steinhaus. Nur 2 Minuten zum Strand. Ribarska 50, 21485 Komiža, Tel. 021/71 35 00, www.villa-nonna.com

SCHIFFSVERBINDUNGEN
Split/Vis in der Hochsaison 2 x täglich Fähre; weitere Fähren z. B. von Dubrovnik (1 x pro Woche), Hvar oder Korčula; auch von Ancona (I) verkehrt eine Fähre nach Vis.

Ausflugsschiffe zur Blauen Grotte: Infos über Abfahrtszeiten und Preise im Touristenbüro Komiža. Empfehlung: möglichst die ganztägige Tour mit Inselumrundung buchen, mit den spektakulären Klippen von Vis und dem Sandstrand von Biševo.

INFORMATION
Touristisches Informationszentrum Vis. Šetalište Stare Isse 2, 21480 Vis, Tel. 021/71 70 17, www.tz-vis.hr

SÜD-DALMATIEN

38 Korčula
»Die Romantische« — 216

39 Der Pelješac
Die Beinahe-Insel — 222

40 Ston
Kroatiens chinesische Mauer — 226

41 Mljet
Oase der Ruhe — 230

42 Lastovo
Ein einsames Highlight — 234

43 Dubrovnik
Einst Weltmacht – heute Welterbe — 236

44 Spaziergang auf der Stadtmauer von Dubrovnik
Ein Rundgang — 244

45 Die Elafiten
Dreizehn kleine Eilande … — 246

46 Cavtat und Konavle
Der tiefe Süden Dalmatiens — 250

Seite 116/117: Dubrovnik - »Perle der Adria«
Mitte: Korčula wirkt wie eine Taschenausgabe von Dubrovnik.
Unten: Den Hauptzugang zur Altstadt bildet der Turm Veliki Revelin mit dem Landtor, zu dem breite Stufen hinaufführen.

SÜDDALMATIEN

38 Korčula
»Die Romantische«

Schönheit hat ihren Preis: Sie bleibt nicht unentdeckt. Korčula zählt mit seinen 300 Sonnentagen im Jahr zu den Top-Urlaubszielen Dalmatiens, und das seit über hundert Jahren. Die alte Dame des Kroatien-Tourismus hat sich hervorragend gehalten. Mehr noch, das jüngste Facelifting hat ihr ausgesprochen gut getan: Die mittelalterliche Architektur des Museumsstädtchens Korčula präsentiert sich heute wunderhübsch herausgeputzt.

Urlaubsprospekte werben für Korčula mit Palmen, Pinienwäldern und paradiesischen Stränden. Natürlich will da jeder hin! Doch man kann sagen, dass sich die Hotelanlagen und Apartment-Settlements zurückhaltend in das Gesamtkunstwerk aus Natur und Geschichte einfügen. Und dass an neuralgischen touristischen Punkten Souvenirstände mit kitschigen Sandmalereien, Pareos und chinesischem Plastikspielzeug unvermeidlich sind, nimmt man halt in Kauf. Zu schön ist die »Insel der Glückseligkeit«, als dass man darin einen Makel sehen würde.

Eine grüne Insel

Wenn man der Sage glauben will, hat der Trojaner Aeneas Korčula als Siedlungsort entdeckt. Blickt man hinüber auf die knochenweiße Felswand des Sveti Ilija auf dem Pelješac, dann ist es mehr als plausibel, dass der antike Prinz dem bewaldeten Eiland den Vorzug gab: Tatsächlich ist Korčula eine der grünsten Inseln des Mittelmeeres. Radfahrer und Wanderer genießen in den Frühlings- und Herbstmonaten die spärlich besiedelte, mediterrane Insellandschaft von Lumbarda bis hinüber

Pupnatska Luka – ein herrlicher Strand

nach Vela Luka. Weinberge wechseln sich mit Steineichen- und Zypressenwäldern ab. In Gärten leuchten Orangen und Granatäpfel, die Zeit der Mandelblüte ist ebenso schön wie die der Olivenernte.

Museumsort mit Fischgräten

Der Katamaran steuert direkt auf Korčula zu. Die gleichnamige Inselhauptstadt ist nach Dubrovnik der meistbesuchte Ort im Süden Kroatiens und hat mit der weltberühmten größeren Nachbarin manches gemeinsam. Auch Korčula wirkt, als wäre es aus dem Mittelalter direkt ins 21. Jahrhundert gebeamt worden.

Eng aneinander gelehnt stehen in den schmalen Gassen die alten Häuser mit ihren kunstvoll gemeißelten Fensterbrüstungen und zierlichen Balkonen. Ein mächtiger, von den Venezianern errichteter Mauerring mit Toren und Türmen hat jahrhundertelang die Bewohner gut beschützt. Was die Architektur so besonders macht, spürt man anfangs nur, begreift es aber erst, wenn man den Stadtplan studiert: es ist das Straßennetz, das die genialen Stadtbaumeister des 13. Jahrhunderts in Form eines Fischskeletts angelegt haben,

AUTORENTIPP!

MIT DEM BOOTSTAXI ZUM TRAUMSTRAND

»Wildes« Badeleben, mit Mietschirm, Plastikliege und Strandbar findet sich östlich des Weinortes Lumbarda am seichte Strand Bilin Zal.
Ein paar Schritte weiter auf der südlichen Inselseite, mit Blick auf die Insel Lastovo, liegt der viel gepriesene Strand Vela Prižina, eine weite, windgeschützte Sandbucht.
Die idyllische Pupnatska Luka (unterhalb der Straße Pupnat – Čara) ist nur über einen Trampelpfad erreichbar.
Per Taxi-Boot geht es von Korčula Stadt auf eine der kleinen Inseln des Skoji-Archipels im Peljesac-Kanal. Und in Vela Luka ist die Insel Proizd ein »Must«: ein Badeparadies mit strahlend weißen Kiesstränden und türkis leuchtendem Wasser. (Taxi-Boote verkehren vom Hafen Vela Luka, Nähe Hotel Korkyra.)

Taxi-Boot Roko.
Ratko Ojdanic,
Tel. 091/515 25 55

SÜDDALMATIEN

AUTORENTIPP!

KULTUR MIT KOSTÜM

Geschichte? Folklore? Show? Die Korčulaner sehen in der »Moreška« ein unverfälschtes Kulturgut. Doch wie kamen die spanischen Mauren nach Korčula? Man weiß es nicht. Vielleicht gelangten die maurischen Einwanderer über Sizilien nach Dalmatien, vielleicht war es aber auch nur ihr Tanz, der mit den Venezianern hier Fuß fasste. Der Schwerttanz, der den Kampf zwischen einem schwarzen und einem weißen König um die Zuneigung einer Prinzessin thematisiert, war jedenfalls im 12. und 13. Jahrhundert im gesamten Mittelmeerraum verbreitet und hat sich auf Korčula bis auf den heutigen Tag gehalten. Und weil die traditionelle Aufführung des Ritterspiels am 29. Juli, dem Festtag des Heiligen Theodor (Sveti Todor), den touristischen Bedarf nicht deckt, und die Kroaten sich gerne kostümieren, wird die von einer Blaskapelle begleitete »Moreška« in der Hochsaison zwei Mal in der Woche neben dem Landtor aufgeführt (Mo, Do). Falls Sie das Schauspiel dennoch verpassen: im Revelin-Turm unterrichtet eine Dauerausstellung über die Moreška (geöffnet Juli–Sept. täglich 9–21 Uhr, sonst bis 16 Uhr).

so dass die Gassen morgens und nachmittags Sonne haben, in der Zeit der Mittagshitze aber im Schatten liegen. Nicht genug damit, berücksichtigten die Planer auch die Wirkungen der hier herrschenden Winde: in den gebogenen Gassen bricht sich im Winter die Macht der kalten Bora, des heftigen Jugo, sommers aber fächeln sie den erquickenden Maestral in die Häuser.

Der letzte Löwe

Den Haupteingang zur Stadt bildet eine monumentale Freitreppe, die zum Landtor Veliki Revelin hinauf führt. Über dem Torbogen prangt stolz der Markuslöwe. Er ist in dieser Gegend ein Single, schließlich gehörte das übrige Süddalmatien niemals zur Dogenrepublik. Eine einzige Hauptstraße, die Ulica korčulanskog statuta 1214, durchläuft die gesamte Altstadt, von ihr zweigen links und rechts die engen Gassen Richtung Meer ab. In einer dieser Gassen, gut ausgeschildert nördlich der Kathedrale, sei 1254 Marco Polo, der berühmte Weltreisende, geboren, so behaupten es die Korčulaner. Und natürlich halten sie sein angebliches Geburtshaus als Sehenswürdigkeit gewinnbringend in Ehren (Juni–Sept. tägl. geöffnet 9–21 Uhr). Der Ausblick vom Turm des Hauses lohnt den Besuch.

Am höchsten Punkt der Altstadt mündet die Hauptstraße in den Trg Sv. Marka: der Domplatz wird gesäumt von den beiden schönsten Adelspalästen der Stadt, Arneri und Gabrielis, dem Bischofspalast und der mächtigen Katedrala Sv. Marko aus weißem Korčulaner Stein (15. Jh.). Klobig wirkt sie, erst auf den zweiten Blick erkennt man die Schönheit des von zwei würdigen Löwen bewachten gotischen Hauptportals und die filigran gearbeitete Rosette. Man muss mit der Kamera zoomen, um zu sehen, wie wundervoll die

Korčula

Rundgang

Der Trg kralja Tomislava vor dem zinnenbewehrten Festlandtor **Veliki Revelin** A ist der Ausgangspunkt. Geht man gegen den Uhrzeigersinn Richtung Fährhafen, gelangt man über die Rampada zur Bastion **Svih Svetih** B.

Die halbrunde **Kula Zakerjan** C an der äußersten Spitze zum Meer war einst der Wachtposten, von dem aus anrückende feindliche Flotten gesichtet wurden. Nach der Inselspitze kommt die bildschöne, vertikal halbierte **Kula Kanavelić** D in den Blick.

Jetzt nicht links unterhalb des Stützbogens in die Altstadt hineingehen, sondern hinunter zur Obala Dr. Franje Tuđmana, um den Postkarten-Blick auf Palmen und ein- und auslaufende Kreuzfahrtschiffe zu genießen! Neben dem Hotel Korčula residiert in der venezianischen Loggia die Touristenzentrale.

Rechts davon führt, flankiert vom **Kula Morška vrata** E, dessen lateinische Inschrift darauf aufmerksam macht, dass Korčula nach dem Fall Trojas gegründet wurde, eine elegant geschwungene Treppe in die Altstadt hinein. Nun fehlt noch zu guter Letzt zur Vervollständigung des Türme-Rundgangs die **Velika kneževa kula** F, der dicke kreisrunde »Große Fürstenturm« (1483).

- A **Veliki Revelin**
- B **Bastion Svih Svetih**
- C **Kula Zakerjan**
- D **Kula Kanavelić**
- E **Kula Morška vrata**
- F **Velika kneževa kula**

SÜDDALMATIEN

Steinmetzarbeiten hoch oben an der Stirnwand und am Glockenturm sind.

Das Gradski Muzej im Gabrielis-Palast (16. Jh.) hält für seine Besucher ein Sammelsurium aus der überreichen Stadtgeschichte bereit, das von illyrischen, griechischen und römischen Relikten über venezianische Kunst bis zu Exponaten aus Steinmetzkunst, Seefahrt, Schiffsbau etc. reicht (Juni–Sept. tägl. geöffnet von 9–21 Uhr).

Prall gefüllt präsentiert sich auch die Schatzkammer der Kathedrale im barocken Bischofspalast nebenan. Münzen, sakrale Objekte, Skulpturen, Gemälde von Tiepolo und Raffael, ja sogar Skizzenblätter von Leonardo da Vinci – das Bistum von Korčula zählte sichtlich nicht zu den ärmsten von Dalmatien (Juli/Aug. tägl. 10–13 und 17–19 Uhr geöffnet). Aber fromm oder schutzbedürftig waren die Korčulaner Bruderschaften und Adelsfamilien schon, sonst hätten sie nicht gar so viele Kirchen auf so wenig Raum gebaut. Es bräuchte Tage, um sie alle aufzusuchen und ihre Kostbarkeiten zu studieren. Für eine Kirche sollte man sich aber auf jeden Fall noch Zeit nehmen: Sv. Antun (1420) auf dem Hügel Glavica (»Köpfchen«). Zu ihm hinauf führen 102 Stufen entlang eines Zypressenspaliers und von oben genießt man den wohl schönsten Blick auf Korčula.

Oben: Fassadendetail der Kathedrale Sv. Marko
Mitte: Per Boot lassen sich auch auf Korčula stille Badebuchten entdecken.
Unten: In den engen Gassen von Korčulas atmosphärischer Altstadt

---

MAL EHRLICH

PURE ABZOCKE

Man weiß es ja: Angebot und Nachfrage bestimmen den Preis. Aber die Preise auf dem malerischen Bauernmarkt Rotonda gleich bei der Treppe zum Veliki Revelin sind schon reiner Touristennepp. Obst und Gemüse kommen an den Marktständen bis zu 10 Mal teurer in die Tüte als im Supermarkt ein paar Schritte weiter.

Korčula

Infos und Adressen

ESSEN UND TRINKEN

Fresh. Die Kette ist Kult: Treff in der Nähe von Busbahnhof und Marina, Wraps und Smoothies. Kod Kina Liburne 1, 20260 Korčula, Tel. 091/799 20 86

Hajduk. Gostionica mit klassischem Kroatien-Feeling, außerdem kleine Pension mit Pool. Ulica 67 br. 6, 20260 Korčula, Tel. 020/71 12 67

Kanavalića Dvori. Fischrestaurant in einem alten Kastell mit schönem Garten. Ulica svete Barbare 12, 20260 Korčula, Tel. 020/71 18 00

Konoba Maslina. Tintenfisch-Risotto, Spezialitäten aus der Peka – lokale Küche, die man nicht überall bekommt. Lumbarajska cesta Sv. Anton, 20260 Korčula, Tel. 020/71 17 20

Konoba Mate. Kleine rustikale Konoba 15 km von Korčula Stadt, unverfälschte dalmatinische Küche; keine Kreditkarten! Pupnat 28, 20274 Pupnat, Tel. 020/71 71 09

ÜBERNACHTEN

Hotel Borik. Gepflegtes Steinhaus mit moderner Dependance; Pool und Loungebar; in der Nähe drei Strände. Prvi žal bb, 20263 Lumbarda, Tel. 020/71 22 15, www.hotelborik.hr

Hotel Korkyra. Ultramodernes 4-Sterne-Designhotel mit Spa, Pool und Restaurant. Obala 3 br. 21, 20270 Vela Luka, Tel. 020/60 10 00, www.hotel-korkyra.com

Hotel Korčula. Das 1912 eröffnete 3-Sterne-Haus am Hafen war das erste Hotel auf Korčula: es präsentiert sich heute wieder wie neu. Stilvoller kann man den »Sundowner« nicht genießen als auf der Hotelterrasse. Obala Dr. Franje Tuđmana 5, 20260 Korčula, Tel. 020/71 10 78, www.korcula-hotels.com/en/hotels/hotel-korcula

Lešić Dimitri Palace. Gehört zu den Top-Residenzhotels der Welt, Luxus mit Diskretion in der Altstadt von Korčula. Don Pavla Poše 1-6, 20260 Korčula, Tel. 020/71 55 60, www.lesic-dimitri.com

EINKAUFEN

Cukarin. Matijaca Smiljana ist die beste Bäckerin in Korčula. In ihrer winzigen Backstube werden die Bleche ständig neu befüllt mit den süßen Zitronenbrezeln, die der Bäckerei ihren Namen gaben. Hrvatske bratske zajednice bb (außerhalb der Altstadt!), 20260 Korčula, Tel. 098/34 53 47, www.cukarin.hr

SCHIFFSVERBINDUNGEN, BUSSE

Schnellfähren von/nach Rijeka und Dubrovnik verkehren direkt vom/zum Stadthafen Korčula. Die Pkw-Fähren von/nach Orebić auf Peljesać und von/nach Drvenik legen in Dominče an bzw. ab (5 km Richtung Lumbarda); Pendelbusverkehr nach Korčula Stadt.

Pkw-Fähren von Rijeka bzw. Split via Hvar legen in Vela Luka an/ab. Inselbusse verkehren 6 x täglich Korčula–Vela Luka und 13 x täglich Korčula–Lumbarda.

INFORMATION

Touristisches Informationszentrum Korčula. Obala Vinka Paletina, 20260 Korčula, Tel. 020/71 58 67, www.korcula.net

In Korčulas Restaurants bleibt in lauen Sommernächten kein Platz frei.

SÜDDALMATIEN

39 Der Pelješac
Die Beinahe-Insel

Kroatiens zweitgrößte Halbinsel ist ein heimlicher Schatz. Wer hier Urlaub macht, findet in einer fast menschenleeren Landschaft ein sehr ursprüngliches Dalmatien: eine Naturlandschaft mit Felsen, Kiefern und Schafen, mit Weingärten und Klettersteigen und wunderschönen Stränden. Und einem wirklichen Schmuckstück namens Orebić.

Der Festland-Zugang zur dünn besiedelten, ellenlangen Halbinsel (350 km²) liegt erst südlich des Neum-Korridors (BiH); doch die Fähren von Ploče oder Drevnik verkürzen die Anfahrtszeit all jener Camper, die den Pelješac schon lange ins Herz geschlossen haben. Eigentlich möchte man sich freuen, dass das politische Prestigeprojekt einer Brücke über die Bucht von Mali Ston, die Komarna mit dem Pelješac verbinden soll, unlängst gestoppt worden ist, auch wenn die Autofahrt in den Süden Dalmatiens dadurch weiterhin umständlich bleibt. Das gibt der Halbinsel die Chance, ihre sympathische Abgeschiedenheit zu bewahren.

Ein mediterranes Roadmovie

Starke Kontraste prägen das Landschaftsbild. Der Pelješac misst an seiner breitesten Stelle zwar nur sieben Kilometer, dafür besitzt er mit dem nackten Gipfel des Sveti Ilija einen »Fast-Tausender« (941 m). Auch wenn man auf dem Landweg kommt, es macht nichts, dass sich die Fahrt von Ston nach Orebić zieht. Der Weg ist das Ziel! Mal steigt die Straße durch die Macchia hoch hinauf in die Felsregion, mal schlängelt sie sich durch Täler mit Zypressen und Granatapfelbäumen. Seit

Mitte: Herrliche Aussicht auf die süddalmatinische Inselwelt
Unten: Mit dem Boot sind es nur zwei Seemeilen von Orebić hinüber nach Korčula.

Der Pelješac

2011 ist die schmale Straße zwischen Žuljana und Trstenik eröffnet. Wer in Dubrava Richtung Žuljana abzweigt, kommt in den Genuss einer Abkürzung und dazu einer ganz besonders reizvollen Route. Immer wieder gibt die Straße den Blick frei hinüber nach Mljet und Korčula. Dicht an der Küste führt das Asphaltband durch Weingärten, umrundet grüne Hügel. So macht Autowandern Spaß.

Die Kapitäne von Orebić

Das Hafenstädtchen Orebić im Windschatten des imposanten Sveti Ilija ist ein bescheidener, aber angenehmer Ferienort. Man spürt seine große Vergangenheit, als hier die zweitgrößte Flotte Dalmatiens zu Hause war.

Bis zum Ende des 19. Jahrhunderts währte die glanzvolle Zeit der Orebićer Schifffahrtsgesellschaft, deren Kapitäne auf stolzen Hochseeklippern alle Weltmeere durchsegelten – und nicht wahrhaben wollten, dass die neue Ära der Dampfschifffahrt angebrochen war. Von ihren vielen Reisen in ferne Länder brachten sie exotische Pflanzen mit, im Ruhestand errichteten sie sich würdevolle Natursteinhäuser. Auf dem Friedhof, oben auf der Anhöhe, sind sie alle begraben. Generationen verstorbener Kapitäne schauen von dort wie von einer Kommandobrücke auf das Meer hinunter.

Wer mehr über das Goldene Zeitalter von Orebić wissen möchte, kann vor Ort gleich zwei Sammlungen mit Schiffsmodellen, Sextanten, Kompassen etc. besichtigen: im Marinemuseum (geöffnet Juni–Sept. Mo–Fr 9–12 und 17–19 Uhr, Wochenende 17–20 Uhr) und im Franziskanerkloster Podgorje (tägl. geöffnet 10–12 und 16–18 Uhr), zu dem der Aufstieg immer lohnt.

AUTORENTIPP!

DIE PELJEŠAC-WEINSTRASSE
»Blut der Erde«: Dalmatinische Weine sind seit der Antike berühmt und der Pelješac gilt als die älteste Weinregion Kroatiens. Sechs Weingüter haben sich zu einer »Weinstraße« zusammengeschlossen: Sie zieht sich entlang der Straße 414/415 über die gesamte Halbinsel, von Ponikve bei Ston bis nach Vručica bei Trpanj. Klein und knorrig sind die der prallen Sonnenglut und starken Winden ausgesetzten Rebstöcke im Ursprungsgebiet der Plavac Mali-Weine. Zu ihnen zählen der berühmte Dingač mit seiner samtigen Note nach Brombeeren und Maraskakirschen und der rubinrote Poštup mit seinem duftigen Bukett von Waldbeeren.
Bei Verkostungen in den Weingütern lernt man nicht nur spannende Weine kennen, sondern auch Erfolgsstories wie jene des aus dem kalifornischen Napa Valley in seine Heimat Trstenik zurückgekehrten »Zinfandel-Papstes« Miljenko (Mike) Grgić. (Info: www.vinskiputidnz.com/peljesac).

SÜDDALMATIEN

Kloster mit Wachposten

Vom Kirchenvorplatz bietet sich ein unvergesslicher Blick. Man weiß es nicht, ob die Lage des Klosters von Anbeginn auch einem strategischen Kalkül unterlag, jedenfalls waren die frommen Mönche hier oben nicht nur auf ihr Seelenheil bedacht, sondern beobachteten als Vorposten der Republik Ragusa mit Argusaugen jede Bewegung auf der zum Greifen nahen Insel Korčula, auf der der Erzfeind Venedig saß.

Das Kloster ist heute der Ausgangspunkt für Wanderer, die den Gipfel des Sveti Ilija stürmen wollen. Man sollte die Kräfte raubende Tour nicht unterschätzen: sie ist unter vier Stunden kaum zu schaffen. Und der »Wanderverein Sveti Ilija« empfiehlt, trotz markierter Wege nicht nur eine Karte mitzunehmen, sondern ins Handy auch die Telefonnummer der HGSS (Kroatischen Bergrettungswacht) einzugeben. Wer es unverzagt dennoch wagt, sieht vielleicht sogar Mungos, Mufflons oder Schakale!

Strände und Surfbretter

Auf Pelješac findet jeder seinen Traumstrand, denn die Küstenlinie ist sowohl zum Festland hin wie auch zum Meer mit feinen Buchten reich bestückt: da ist Luka östlich von Trpanj, und ein Stück weiter westlich die Bucht Divna, die mit ihrem vorgelagerten kleinen Inselchen als einer der schönsten Strände der Adria gilt.

Oben: Aufwendige Grabanlagen der Kapitäne vor Orebić
Mitte: Kreuzgang und Innenhof des Franziskanerklosters
Unten: Die Buchten der Halbinsel Pelješac bieten mediterranes Badevergnügen ohne Massenandrang.

Sehr viel ruhiger geht es in den traumhaften Sandbuchten bei Trstenik und Žuljana zu, viele von ihnen kann man nur mit dem Boot erreichen. Im Kanal von Pelješac weht immer der Maestral: ideale Bedingungen für Dutzende sausender Surfer, für die Viganj und Kučiće magische Anziehungskraft besitzen.

Der Pelješac

Infos und Adressen

ESSEN UND TRINKEN

Konoba Mlinica. Gemütliche Kneipe in einer ehemaligen Mühle. Spezialität: Gerichte aus der Peka. Obala pomoraca, 20250 Orebić, Tel. 020/71 38 86

Konoba Panorama. Von der Terrasse hat man den schönsten Blick auf das nächtliche Korčula, dazu eine hervorragende dalmatinische Küche. Ein Stück hinter dem Franziskanerkloster. 20250 Orebić

Konoba Škojera. Spezialität des »Agroturizam«-Lokals sind Miesmuscheln – und der Direktverkauf von fangfrischen Meeresfrüchten. Ulici Kralja Tomislava, 22010 Krpanji, Tel. 020/74 34 54

Restoran Amfora. An der Strandpromenade von Orebić; Spezialitäten vom Grill. Šetaliste kneza Domagoja 6, 20250 Orebić, Tel. 020/71 37 79

ÜBERNACHTEN

Hotel Indijan. Modernes Strandhotel mit Pool, Restaurant, Bar. Škvar 2, 20250 Orebić, Tel. 020/71 45 55, www.hotelindijan.hr

EINKAUFEN BEI WINZERN

Vinaria Bartulović. Pelješac peninsula, 20242 Prizdrina, Tel. 020/74 23 46, www.vinarija-bartulovic.hr

Vinarija Matuško. 20244 Potomje, Tel. 098/42 86 76

Vinarija Roso. Kuna 19, 20243 Kuna Pelješka, Tel. 098/42 75 26

Vinarija Skaramuča. 20244 Potomje, Tel. 020/74 22 11

Vinarija Vukas. Gornje Selo 13, Ponikve, 20230 Ston, Tel. 020/75 30 31, www.vinavukas.com

CAMPING

Autocamping Antony Boy. 4 Sterne-Campingplatz; 200 Parzellen, ein schöner Kiesstrand, Restaurant, Café, beliebt bei Surfern. 20267 Viganj, Tel. 020/71 90 77, www.antony-boy.com

Autocamp Adriatic. Mit Pool und Tauchschule, steil terrassierte Anlage, schöner Strand; der vom ADAC ausgezeichnete Campingplatz ist bei Deutschen sehr beliebt; 150 Parzellen. Mokalo bb, 20250 Orebić, Tel. 020 / 713 420

Autocamp Paradiso. Olivenbäume, Pinien, und ein kleiner Kiesstrand mit Liegeflächen. Postup bb, 20242 Postup, Tel. 020/71 36 90

SCHIFFSVERBINDUNGEN, BUSSE

Trpanj ist der Fährhafen von/nach Ploče, von/nach Drvenik (5 x täglich). Orebić dient als Transithafen von/nach Dominče auf Korčula (im Sommer 12–16 x täglich), im Sommer verkehrt auch ein Personenschiff von Viganj nach Korčula; Schnellboote fahren Split bzw. Dubrovnik an. Trstenik ist der Fährhafen von/nach Mljet, seit Kurzem zusätzlich die Pkw-Fähre Prapatno nach Sobra (Mljet). www.jadrolinija.hr

Eine Buslinie von Ston über Trpanj nach Orebić verkehrt 2–3 x täglich.

INFORMATION

Touristisches Informationszentrum Orebić. Ulica Zrinsko frankopanska 2, 20250 Orebić, Tel. 020/71 37 18, www.tz-orebic.hr

In die relativ kleine Fähre Ploče-Trpanj müssen auch Wohnwagen rückwärts hineinfahren!

SÜDDALMATIEN

40 Ston
Kroatiens chinesische Mauer

Die »Stoner Mauer«. Sie ist der längste erhaltene Schutzwall Europas und zieht sich mit ihren zwanzig Türmen und Bastionen im Zickzack über den Hügel zwischen Ston und Mali Ston. Nach jahrzehntelanger Restaurierung ist das fünf Kilometer lange Bollwerk seit 2010 wieder in seiner vollen Länge für Touristen zugänglich.

Warum und von wem diese gigantische Mauer mit einst 41 Wehrtürmen errichtet wurde? Ihr Bauherr war im 14. Jahrhundert die freie Seerepublik Ragusa, das heutige Dubrovnik, die damals im Mittelmeerraum fast ebenso mächtig war wie ihre Feindin Venedig. Die Stadtväter griffen dafür tief in den Säckel: 18 Jahre lang setzten hier Lohnarbeiter Stein auf Stein. Die Ragusaner verfolgten mit dem Bau gleich zwei Ziele. Einerseits diente die Mauer der Sicherheit, sperrte sie als Querriegel doch den Pelješac ab und verhinderte damit von dieser Seite ein Vordringen der Venezianer und Osmanen. Anderseits beschützte die Mauer einen kostbaren Rohstoff. Denn Ston lieferte mit seinen Salzgärten das ertragreichste Handelsgut von Ragusa.

Sightseeing in Ston

Ein massives steinernes Fünfeck umschließt Ston, das im 14. Jahrhundert als Planstadt auf dem Reißbrett entworfen wurde. Der Ort geriet 1996 in die Schlagzeilen der internationalen Presse, als er von einem schweren Erdbeben heimgesucht wurde. Heute ist fast alles wieder aufgebaut. Die Mauer nahm ohnehin keinen größeren Schaden. Und so setzt der Ston voll und ganz auf seine At-

Unten: Die monumentale Mauer zwischen den Zwillingstädten Mali Ston und Ston

Die Tvrđava Veliki kaštio war ursprünglich ein Wohnhaus.

traktion, die mit der Eintrittsgebühr von 30 Kuna einen hübschen Batzen zum Haushalt der Stadt beiträgt. Kaum ein Reisender, der nicht auf dem Wall herumspaziert. Das Städtchen wartet aber durchaus auch noch mit anderen Sehenswürdigkeiten auf: Am Ortseingang stellt sich das monumentale Veliki kaštio (1357) geradezu furchterregend in den Weg.

Die meisten Bauten auf der Gradska plača wurden nach einem früheren Erdbeben erneuert, darunter die neugotische Kirche Sv. Vlaho und der ursprünglich aus der Renaissancezeit stammende Rektorenpalast. In ihm hat sich heute die Touristeninformation eingenistet. Dafür sind im Lapidarium des Bischofspalastes (16. Jh.) antike und mittelalterliche Steinmonumente ausgestellt, und eine besondere Kostbarkeit birgt die unversehrte frühgotische Kirche Sv. Nikola: ein bemaltes Kruzifix des bedeutendsten gotischen Malers Kroatiens, Blaž Trogiranin. Bildungshungrige sollten sich auch zu der auf dem Gradac Hügel gelegenen Kirche Sv. Mihovil (8. Jh.) aufmachen. Nicht nur, dass ihr unlängst erst restauriertes Äußeres mit den vertikalen Blendbögen wie futuristische Architektur wirkt, birgt sie in ihrem Inneren die einzigen Zeugnisse frühromanischer Wandmalerei in Dalmatien.

AUTORENTIPP!

DAS AUSTERNFEST IN MALI STON

Der Termin liegt gänzlich außerhalb der touristischen Saison. Aber die Natur kümmert das nicht.
Die Auster erreicht nun mal im März zum Namensfest des Heiligen Joseph ihre volle geschmackliche Reife. Feinschmecker schwören darauf, dass die Austern nur frisch geöffnet und ausschließlich pur geschlürft werden dürfen, nur so schmecke man das Meer.
Und gerade so werden sie jedes Jahr in Mali Ston zur Zeit des Austernfestes rund um den 18. März geschlemmt, das Stück für umgerechnet einen Euro, direkt vom Meer in den Mund, begleitet nur von Wein und dalmatinischen Liedern.
Wem das zu puristisch ist: Natürlich sind die kulinarischen Königinnen nicht bloß nackt erhältlich, sondern auch auf viele Arten zubereitet: garniert mit verschiedenen Soßen oder knackig frischen Salaten, gratiniert, frittiert oder gebacken.

Oben: Im Hafen von Mali Ston kann man sich angenehm die Zeit vertreiben.
Mitte und unten: Wo, wenn nicht hier, sollte man Austern essen? Sie kommen meerwasserfrisch von den Austernbänken in der Bucht auf den Restauranttisch.

SÜDDALMATIEN

Weisses Gold

Eine Attraktion eigener Art ist das Salzwerk von Ston, in dem das Meersalz wie vor tausend Jahren durch »Sonnenenergie« gewonnen wird. Die Sommerhitze verdunstet das in flache Becken geleitete Meerwasser. Dann wird das kristallisierte Salz von Arbeitern mit Holzschaufeln geerntet, auf Loren verladen und für den Verkauf verpackt. Täglich kommen so 55 Tonnen zusammen. Die Becken tragen alle Namen von Heiligen, nur eines heißt »Volk«: dessen Ertrag wurde einst kostenlos an die Bevölkerung abgegeben. Aber bloß kein Missverständnis: Wer ein Jutesäckchen dieses besonders reinen Meersalzes als Souvenir mitnehmen möchte, muss dafür umgerechnet fünf Euro zahlen. Dafür ist aber auch ein Schleifchen rumgebunden.

Feinster Genuss aus dem Meer

Das kleinere Wehrdorf ist »bloß« von einer rechteckigen Mauer umgeben, aber wen kümmert das. Der Ort ist doch berühmt für seine Austern! Mali Ston produziert jährlich etwa drei Millionen Austern. Von der Festung Koruna oberhalb von Mali Ston kann man im glasklaren Meerwasser der Bucht geometrische Muster erkennen: das sind die Unterwasser-Parzellen, die schon seit sehr, sehr langer Zeit zur Muschelzucht dienen. Die Meeresgrundstücke, wie es sie so nirgendwo anders gibt, wurden im 16. Jahrhundert als »Stoner Kodex« erstmals namentlich erwähnt.

Bis auf den heutigen Tag reift in den Zuchtbecken die berühmte weiße Mali Ston-Auster, die so besonders gut schmeckt, weil das Meerwasser hier einen kleinen Süßwasseranteil aufweist. Die Delikatesse krönte schon in der Renaissancezeit adelige Festtafeln, wurde von Kaiser Franz Josef geschätzt und von Tito seinen Staatsgästen serviert.

Infos und Adressen

ESSEN UND TRINKEN
Bota Šare. Tolles Ambiente in den hohen Räumlichkeiten eines ehemaligen Salzlagers; Spezialität »Stonsko Risotto«. Kroz Polje 5, 20230 Ston, Tel. 020/75 44 82, www.bota-sare.hr

Kapetanova Kuća. Mit dem Großen Stern als eines der besten Restaurants Kroatiens ausgezeichnet, hält seit vielen Jahren Top-Niveau. Ausschließlich Meeresfrüchte aus der Bucht Mali Ston (siehe auch Hotel Ostrea). Ante Starčevića 9, 20230 Mali Ston, Tel. 020/75 45 55, www.ostrea.hr

Kod Baće. Die Terrasse ist von Maulbeerbäumen beschattet, serviert werden Hummer, Muscheln, Scampi. Placa 1, 20230 Ston, Tel. 020/75 48 76, www.kodbace.com

Konoba Bakus. Gepflegter Familienbetrieb in der malerischen Altstadt von Ston, Fisch- und Fleischgerichte. Branka Angeli Radovani 5, 20230 Ston, Tel. 020/75 42 70, www.bakus.hr

Vila Koruna. Hervorragendes Meeresfrüchte-Restaurant; alle Gerichte werden mit Meersalz zubereitet. Weine vom Pelješac, da passt es, dass ein

Im »Konoba Bakus« in Ston schlemmen Freunde von Meeresfrüchten.

kleines Hotel angeschlossen ist! Mali Ston, 20230 Ston, Tel. 020/75 49 99, www.vila-koruna.hr

ÜBERNACHTEN
Hotel Ostrea. 1998 eröffnetes Hotel in einem denkmalgeschützten Steinhaus; Restaurant »Mlinica«. Ante Starčevića 9, 20230 Mali Ston, Tel. 020/75 45 55, www.ostrea.hr

INFORMATION
Touristisches Informationszentrum Ston.
Pelješka cesta 2, 20230 Ston, Tel. 020/75 44 52, www.ston.hr

Gepflegte Gastronomie ist im Feinschmeckermekka Ston Ehrensache.

SÜDDALMATIEN

41 Mljet
Oase der Ruhe

Mljet, die südlichste und grünste aller großen dalmatinischen Inseln, ist ein sehr stilles Naturparadies. Eine Insel wie ein Traum. Perfekt für alle, die erschöpft sind vom Trubel im nahegelegenen Dubrovnik. Odysseus soll hier gestrandet sein, und so lange mit der Nymphe Kalypso geflirtet haben, bis seine Sehnsucht nach Zuhause dann doch zu groß wurde.

Die knapp 100 km² große Insel hat nur 1200 Einwohner und ist bis zu 90 Prozent mit einem sattgrünen Teppich aus Eichen, Pinien und Kiefern bedeckt. Die Hälfte der Insulaner lebt in der Mitte, im Straßendorf Babino Polje. Für das Lebensnotwendige sorgen drei Bäcker, ein Supermarkt, eine Apotheke und eine Tankstelle.

Landschaftsgarten in der Adria

Die Straße von Saplunara im äußersten Südosten quer über die Insel bis nach Pomena im Westen bietet 50 Kilometer lang Fahrvergnügen vom Feinsten. Man meint, auf einer von einem Landschaftsgärtner gepflegten Privatinsel unterwegs zu sein: Mastixsträucher, Myrthen, Aleppokiefern. Zikaden zirpen. An den beiden benachbarten herrlich weiten Sandstränden Saplunara und Blace kommen sogar im Hochsommer Einsamkeitsgefühle auf. Wer vor lauter ungewohnter Ruhe hibbelig wird, sucht sich Ausflugsziele. In der Inselmitte wollen die höchsten Berge erwandert werden: der Veli Grd (524 m) oberhalb von Babino Polje oder der Vrh od Kantuna (465 m). Wem das zu hoch ist, der findet auch mit dem 253 m hohen Montokuc nördlich von Soline sein Auslangen, schließlich genießt man von dessen

Unten: Im 12. Jahrhundert ließen sich Benediktinermönche auf der Insel inmitten des Großen Sees nieder.

Mljet

Im Nationalpark Mljet

Der Nationalpark umfasst mit seiner Fläche von 30 km² das nordwestliche Drittel von Mljet. Die Besucher des Parks, die an drei offiziellen Eingängen in **Pomena** Ⓐ, **Polace** Ⓑ und **Crna Klada** Ⓒ Einlass finden, haben alle dasselbe Ziel: die beiden in herrliche Kiefernwälder eingebetteten Salzseen **Veliko Jezero** Ⓓ und **Malo Jezero** Ⓔ.

Die Gewässer, nach der letzten Eiszeit vor 10 000 Jahren durch Karstsenken verursacht, waren ursprünglich mit Süßwasser gefüllt. Erst nachdem christliche Mönche eine schmale Passage zum Meer gegraben hatten, versalzten die Seen. Ein kilometerlanges, bestens markiertes Netz von Wanderwegen umgibt den »Großen« und den »Kleinen« See, es ist also ganz leicht, den Park auf eigene Faust radelnd oder zu Fuß zu erkunden.

Überall finden sich Badestellen und Liegeflächen auf Felsplatten, um in die warmen, klaren Gewässer zu tauchen, sogar im November ist das Wasser vor allem des Kleinen Sees noch angenehm temperiert. Bauerndörfer wie Goveđari, Babino Kuće, Pristanište (Parkplatz F) und Soline liegen am Weg, den Verbindungskanal zwischen den beiden Seen kann man leicht durchwaten oder über eine kleine Steinbrücke queren. Nicht aber den winzigen Durchlass hin zum offenen Meer bei Soline! In dem zweieinhalb Meter tiefen Kanal herrscht eine reißende Strömung.

Stündlich setzt ein Boot zur malerischen Klosterinsel Sv. Marija über. Die Abtei mit einer Kreuzkuppelbasilika (12. Jh.) wurde in der Renaissancezeit zu einer Klosterburg erweitert.

Nationalparkverwaltung
Goveđari, Pristanište 2; geöffnet im Sommer täglich 7–11 Uhr, Tel. 020/74 40 58

Am Parkplatz Pristanište ebenfalls Information. Das Eintrittsticket in den Nationalpark (90 HRK) schließt die Bootsfahrt zur Klosterinsel mit ein.

Ⓐ **Pomena**

Ⓑ **Polace**

Ⓒ **Crna Klada**

Ⓓ **Veliko Jezero**

Ⓔ **Malo Jezero**

Begegnungen mit freilaufenden Ziegen gehören auf Mljet zu einer Wanderung dazu.

Steine und Stille: Der Kreuzgang des Klosters Sv. Marija

AUTORENTIPP!

KULTURGENUSS SV. MARIJA
A-capella-Konzerte, Gitarrenabend, Kammermusik: die tausend Jahre alte Klosterkirche Sv. Marija ist heute ein Konzertsaal und sorgt mit den Einnahmen selbst für ihren Erhalt. Der »Mljeter Kultursommer« hat mit der romanischen Kirche einen wunderbaren Veranstaltungsort, der Nationalpark ein kulturelles Programm und der Träger der Stiftung »Zaklada Svete Marije« eine sinnvolle Nutzung des Areals.
Wer hier im Publikum sitzt, kommt also nicht nur in einen Kunstgenuss, sondern er trägt direkt zum Fortbestehen eines bedeutenden kulturellen Erbes bei. Und kann es einen schöneren Ort für einen romantischen Konzertabend geben? Lauschige Plätzchen unter Zypressen, Palmen, Pinien und Orangenbäumen laden zum Verweilen ein. Die Abendstimmung am See ist einfach wundervoll. Programminformationen in der Nationalparkverwaltung oder im Hotel Odisej in Pomena.

niedlicher Höhe den allerschönsten Ausblick auf den Nationalpark und die beiden Salzseen.

Babino Polje ist der beste Ausgangsort, um auf schmalen Pfaden die wilde Südküste zu erforschen. Dort ist unterhalb des Veli grd die saphirblaue Odisjeva špilja zu finden, die legendäre Grottenwohnung der Kalypso. Die Höhle wird heutzutage gerne von Tauchern erkundet, denen statt der Nymphe feuerrote Drachenköpfe und fette Zackenbarsche Gesellschaft leisten. Nur zu Fuß oder mit Boot zu erreichen sind auch die wunderschöne Bucht Okuklje und der malerische Fischerort Prožurska Luka. Zwei Kilometer oberhalb duckt sich das verschlafene Nest Prožura an die Inselflanke. Hier sind die Uhren vor langer Zeit stehen geblieben. Da steckt noch ein Esel seinen Kopf über das Gatter, Eidechsen sonnen sich auf Bruchsteinmauern, Weintrauben hängen aus der Pergola.

Quirliger geht es nur in den beiden Küstenorten Pomena und Polače im Westen von Mljet zu: sie sind die Tore zum Nationalpark, wobei Polače sogar mit bis zu 15 Meter hohen Überresten einer antiken Villa rustica aus der Zeit des Kaisers Septimius Severus (1.–2. Jh.) und Ruinen einer altchristlichen Basilika auftrumpfen kann.

Mljet

Infos und Adressen

ESSEN UND TRINKEN

Dalmatinac. Östlich der beliebten Bucht von Polače liegt das ehemalige k.u.k. Forsthaus Tatinica. Eine Spezialität sind Tintenfische. Tatinica-Bucht, Tel. 098/69 94 80

Konoba Marijina. Aus dem Holzkohleofen kommen Fische, Krustentiere, Wildschweineintopf und Tintenfischrisotto. Prožura, 20224 Maranovići, Tel. 020/74 61 13

Konoba Triton. Sehr populäre Kneipe mit konstanter, guter kulinarischer Qualität. Sršenovići 43 a, 20225 Babino Polje, Tel. 020/74 51 31

Maran. An der Nordküste von Mljet in der wunderschönen Okuklje-Bucht gelegen. Marlis und Rajko Božanja sind berühmt für ihre Hausspezialität Brudet (Fischeintopf). Tel. 020/74 61 86

Restoran Melita. Ausflugsgaststätte auf der Klosterinsel. Otok Sveti Marije, 20226 Goveđari, Mljet, Tel. 020/74 41 45, www.mljet-restoranmelita.com

Stermasi. Oberhalb der Bucht gelegen; alleine der Blick aufs Meer macht schon glücklich. Adrijan Stermasi nimmt seine Gäste auf den Fischfang mit. Saplunara 2, 20224 Maranovici, Mljet, Tel. 020/74 61 79, www.stermasi.hr

ÜBERNACHTEN

Hotel Odisej. 3-Sterne-Hotel im Nationalpark. Kostenloses Bootstaxi zu Stränden, Boots-, Mountainbike- und Surfbrettverleih. Pomena bb, 20226 Pomena, Mljet, Tel. 020/43 08 30, www.hotelodisej.hr

Villa Mirosa. 3-Sterne-Gästehaus in Saplunara; Restaurant, Sandstrand in 300 m Entfernung. Saplunara 26, 20224 Maranovići, Tel. 020/74 61 33, www.villa-mirosa.com

Zaklada Svete Marije. Träger des ehemaligen Klosters ist eine Stiftung; einige Gastzimmer in den ehemaligen Mönchszellen. Otok Sv. Marije, 20226 Goveđari, Mljet, Tel. 020/74 41 32, www.zakladasvetemarije.hr

TAUCHEN

Tauchcenter Aquatica Mljet. Verleih von Tauchausrüstung, Organisation von Ausfahrten und Schnorcheltouren. Basis der Tauchschule Freaky Diving (Trstenik, Pelješac) beim Hotel Odisej, . Pomena bb, 20226 Pomena, Mljet, Tel. 098/47 99 16, www.freaky-diving.com

SCHIFFSVERBINDUNGEN, BUSSE

Von/nach Sobra/Dubrovnik verkehrt täglich eine Pkw-Fähre, zusätzlich fährt der Katamaran »Nona Ana« täglich von/nach Sobra/Dubrovnik, im Sommer auch von/nach Polače. (www.jadrolinija.hr). 4–6 x täglich Fähren von/nach Sobra/Prapratno (Pelješac) bzw. von Polace nach Trestenik (Pelješac).

Ein Inselbus verbindet 3–4 x täglich Sobra mit Pomena.

INFORMATION

Touristisches Informationszentrum Mljet. Zabrježe 2, 20225 Babino Polje, Tel. 020/74 51 25, www.mljet.hr

Mljet ist einen Ausflug wert – auf der Fähre von der Insel zurück nach Prapatno.

Mitte: Paradiesische Natur: An manchen Stellen wirkt Lastovo wie ein verwunschener Ort.
Unten: Venezianisch anmutende Architektur: Blick von der Inselhöhe auf die Kirche Sv Kuzma i Damjan in Lastovo Stadt

SÜDDALMATIEN

42 Lastovo
Ein einsames Highlight

Wer eine richtig einsame Insel sucht, ist hier genau richtig. Lastovo ist ein Refugium für Individualisten, die durch eine archaische Landschaft mit Macchia, Ginsterflächen, Weingärten und Olivenhainen streifen möchten – und trotzdem nicht auf herzliche Gastfreundschaft und kulturelle Besonderheiten verzichten wollen.

Langweilig ist das gebirgige Lastovo keineswegs. Wer mit den Fischerbooten hinausfährt, sieht Steilküsten mit Grotten und Höhlen. Durch die nach Harz duftenden Wälder rund um den Hauptkamm Hum (417 m) führen Wanderwege. Für Nightlife sorgt ein funkelnder Sternenhimmel, der so fantastisch klar ist, dass Lastovo zum geschützten »Dark Sky Park« ernannt werden soll. Selbst wenn eines Tages der Astrotourismus für höhere Gästeziffern sorgt, die 56 km^2 große Insel ist seit 2006 als Naturpark deklariert, auf den auch der World Wildlife Fund ein wachsames Auge hat. Damit scheidet Lastovo als Standort für Großinvestoren der Tourismusbranche aus und wird auch in Zukunft eine »Insel am Ende der Welt« sein.

Lust auf Natur

Im Mittelmeer gibt es nur wenige Inseln, die so viel Einsamkeit bieten: Auf Lastovo leben bloß 835 Einwohner, die umgebenden 46 kleineren Inseln sind gänzlich unbewohnt. Und so pflegt die Insel das Image der unberührten Natur, der »guten Delfine«, die den Seglern anmutig schnelles Geleit geben. Unterwassersportler rühmen Lastovo als das ursprünglichste Tauchgebiet der Adria. Badefreuden bieten die schönen Buchten Zaklopatica, Pasadur und Lučica an der grünen Nordküste,

Lastovo

die flache, sandige Škrivena Luka (»Versteckte Bucht«) im kargen Süden und Ubli im Westen. Dort hat auch das vorgelagerte, bewaldete Inselchen Kopište feine Sandstrände.

Kuriose Fumari und 46 Kirchen

Schon Illyrer, Griechen und Römer schätzten die Insel – als strategischen Stützpunkt ebenso wie als Kurort. Prominentester Gast war Kaiser Augustus. Im Verlauf seiner weiteren Geschichte sah Lastovo viele Herrscher: kroatische Könige, venezianische Dogen, Ragusaner Patrizier. Auf Napoleon folgten die Engländer, dann die Österreicher. Von 1918 bis 1943 war Lastovo italienisch. So überrascht es nicht, dass die Insel reich an kulturellen Zeugnissen ist, die eine aufmerksame Spurensuche lohnen.

Die beginnt man am besten im Hauptort Lastovo, der sich so gut in einer Mulde am Berg Glavica versteckt, dass man ihn vom Meer aus nicht sehen kann. Nur die Mauerreste des Kašćel (15. Jh.) ragen hervor. Das erste, was in dem mittelalterlichen Städtchen auffällt, sind die turmähnlichen Schornsteine mit ihren individuell gestalteten »Krönchen«. Der älteste dieser »Fumari« sitzt seit der Renaissancezeit auf dem Hausdach der Familie Biž, dem jüngsten sieht man seine Herkunft aus einem Baumarkt am Festland an. Die zweite Besonderheit sind die vielen Kirchen. An der Hauptstraße steht die spätgotische Kapelle Sv.Vlaho, wenige Schritte bergaufwärts stellt sich die glockenlose Kirche Sv Antun vor die prächtige Wallfahrtskirche Sv Kuzma i Damjan (14. Jh.). Diese drei sind bei weitem nicht die einzigen im Ort, und auf der ganzen Insel sollen es 46 sein. Fährt man von Lastovo auf der Inselstraße nach Westen, kann man im Fährort Ubli bei der ältesten Kirche mit dem Zählen beginnen: von Sv. Petra (6. Jh.)sind allerdings nur mehr die Fundamente übrig.

Infos und Adressen

ESSEN UND TRINKEN

Augusta Insula. Alteingesessenes Gasthaus am Bootshafen. 20290 Lastovo, Zaklopatica, Tel. 020/80 11 67, www.augustainsula.com

Konoba Bačvara. Pittoreske Konoba in Lastovo Stadt. Počuvalo bb, 20290 Lastovo, Tel. 020/80 10 75

Triton. Frisch gefangener Fisch, selbst angebautes Gemüse. 20290 Lastovo, Zaklopatica, Tel. 020/80 11 61

ÜBERNACHTEN

Agroturizam Simić. Unterkunft in einem alten Steinhaus. Polje Prgovo, 20290 Lastovo, Podanje, Tel. 098/920 48 21, www.podanje.com

Apartments Villa Maria. Preiswerte Apartments in einem Steinhaus. Zaklopatica bb, 20290 Lastovo, Tel. 020/80 11 27, www.lastovo.biz

Hotel Solitudo. 3-Sterne-Hotel mit zwei Restaurants. Uvala Pasadur bb, 20290 Lastovo, Ubli, Tel. 020/80 21 00

Leuchtturm Struga. Einer der ältesten Leuchttürme der Adria (1839). Er wird heute an max. 14 Feriengäste vermietet. www.lighthouses-croatia.com/Svjetionici/Struga

SCHIFFSVERBINDUNGEN

Jadrolinija, 2–3 x täglich im Fährort Ubli auf der Linie Split-Hvar-Korčula an; ab Lastovo nur Mo, Fr und So, auch zu Mittag. www.jadrolinija.hr

INFORMATION

Touristisches Informationszentrum Lastovo. Touristen zahlen für ihren Besuch auf Lastovo pro Tag und Person 20 HRK »Naturpark-Eintritt«. Pjevor bb, 20290 Lastovo, Tel. 020/80 10 18, www.lastovo.hr

SÜDDALMATIEN

43 Dubrovnik
Einst Weltmacht – heute Welterbe

Ein einziges, maßgeschneidertes Kunstwerk aus Stein: Dubrovnik ist eine atemberaubende urbane Schönheit mit idealen Proportionen und erlesenem Schmuck, ihr Teint ist überzogen von einer hauchfeinen Patina und ihr Charakter ist fest. Denn obwohl sie sich ihrer vielen Bewunderer kaum erwehren kann, behält sie ihre zeitlose Würde und zurückhaltende Eleganz.

Mitte: Der gotische Sponza-Palast überstand als eines von wenigen Gebäuden das Erdbeben von 1667.
Unten: Der Stradun ist die zentrale Achse der Altstadt, hier mit Blickrichtung zu Uhrturm und Luža-Platz an seinem östlichen Ende.

»Stari Grad«, die von der kolossalen Festungsmauer umgebene Altstadt Dubrovniks, UNESCO-Weltkulturerbe und Kroatiens touristische Attraktion Nummer 1, steht in einer Reihe mit Europas berühmten Handelsstädten Florenz, Venedig oder Brügge: wie diese wurde Ragusa, so der alte Name der Seerepublik, im Mittelalter reich durch Handel und mächtig durch kluge Politik. Über Jahrhunderte konnte der Stadtstaat seine Unabhängigkeit behaupten. Als letzte Station der Ostadria auf dem Seeweg in den Orient bot Ragusa einen geschützten Ankerplatz. Die sprudelnden Gewinne aus tausend Jahren Handel verdichteten sich in den kommunalen und kirchlichen Gebäuden, kamen öffentlichen Einrichtungen wie Brunnen und Hospizen zugute, füllten Schatztruhen, häuften sich zu Kunstwerken. Und wurden gut behütet von einer im ganzen Mittelmeer vergleichslosen Stadtmauer. Wie Phönix aus der Asche bewältigte die Stadt Heimsuchungen, denen sie im Lauf ihrer langen Geschichte ausgesetzt war: Feuersbrünste, Pestepidemien, das Erdbeben von 1667. Zuletzt den Krieg vor zwanzig Jahren. Die Regeln zur Restaurierung legte die Stadt stets selber fest: Harmonie und Anpassung an das Bestehende.

Der alte Stadthafen an der Ostseite von Dubrovnik

Eine unwirklich schöne Kulisse

Dubrovnik ist so unwirklich schön und so perfekt altertümlich, dass es als Museumsstadt immer wieder die Oscar-reife Kulisse für Fantasy- und History-Filme liefert. Dubrovnik lebt aber wirklich und lebt heute. Sobald man sich links von der Hauptstraße Stradun in die schattigen Schluchten der ansteigenden Treppengassen hineinbegibt, oder im romanischen Kreuzgang des Franziskanerklosters einen raren Augenblick meditativer Stille erwischt, vergisst man Showbusiness und Touristenrummel, erlebt man ein Stück wahres Dubrovnik.

Der Stradun

Beim Wiederaufbau Ragusas nach dem Erdbeben von 1667 wurde der Stradun und die ihn säumenden mehrstöckigen Gebäude höchst raffiniert angelegt, mit perspektivischer Verengung zu seinem Ende hin, während gleichzeitig die Häuser zu beiden Seiten niedriger und niedriger werden, so dass vom Luža-Platz der Eindruck entsteht, er sei endlos. Dabei misst er nicht einmal 300 Meter.

AUTORENTIPP!

DUBROVNIK AUSSERHALB DER SAISON

Der Heilige Blasius ist in Dubrovnik allgegenwärtig. Der Rat wählte den Heiligen im Jahr 971 zu seinem Schutzpatron, denn nach einer frommen Legende war es der frühchristliche Bischof selbst, der zusammen mit himmlischen Heerscharen die Venezianische Flotte in die Flucht schlug. Daraufhin beschloss der Rat die Stadt besser mit einer Mauer zu schützen und den 3. Februar, den Festtag des Heiligen, als Staatsfeiertag zu begehen. Seit 1190 wird an diesem Tag eine fulminante Prozession gehalten: sie ist – zu dieser Jahreszeit – ein authentisches Fest nur für die Stadt und ihre Bewohner sowie Touristen, die das Besondere suchen. Ein einzigartiges religiöses Schauspiel, das seit 2009 auf der UNESCO-Liste des »immateriellen Weltkulturerbes« steht.

Der Legende nach schlug der Ritter Roland im 8. Jahrhundert die Piraten in die Flucht.

AUTORENTIPP!

APOTHEKE IM FRANZISKANERKLOSTER ÖKO

Natur pur heißt die allerneueste Devise in den Wellness-Oasen und Spas der Luxushotels. Das Geld für die kostspieligen Behandlungen können Sie sich jedoch sparen. Kaufen Sie doch einfach einmal in der berühmten Apotheke des Franziskanerklosters Mala Braća ein.

In der dienstältesten Apotheke Europas werden Cremes, Essenzen und Arzneien nach bewährten traditionellen Rezepturen zubereitet. Aqua Lavendulae, Rosmarincreme, Mandelöl – alles in den Fläschchen, Tiegeln und Tuben ist garantiert »bio«, denn etwas anderes als Naturprodukte gabs früher nicht.

Apotheke im Franziskanerkloster. Im Innenhof des Klosters. Geöffnet Mo–Sa 9–14 Uhr. Placa 2, 20000 Dubrovnik, Tel. 020/32 14 10

Auffallend schlichte Steinfassaden, grüne Fensterläden, schmiedeeiserne Laternen, marmorblankes Straßenpflaster: alles zusammen ist von vollendeter Harmonie. Der berühmte Straßenzug entstand, als man im 12. Jahrhundert den verschlammten Kanal zwischen der Festlandsiedlung Dubrava (»Eichenhain«) und dem Inselstädtchen Ragusa zuschüttete. An beiden Enden stehen herrliche Brunnen: die Fontänen, 1438 errichtet, bekundeten den Reisenden in alten Zeiten den ungeheuren Reichtum dieser Stadt, die es sich sogar leisten konnte, aus entfernten Quellen Süßwasser herzuleiten. Geschaffen wurden der Große und der Kleine Onofrio-Brunnen vom späteren aragonesischen Hofkünstler Pietro di Martino, die Wasserleitung war eine technische Meisterleistung des Neapolitaners Onofrio della Cava.

Am Luža-Platz schlug das Herz der Seerepublik Ragusa: da steht eine steinerne Rolandsäule, die mittelalterliche Symbolfigur für Stadtrecht und Handelsprivilegien, nur diente sie hier auch praktischen Zwecken. Vom Arm des Orlando nahm man ab 1418 das Maß für die Ragusaner Elle. Er blickt unverwandt hinüber zum prachtvollen gotischen Palais Sponza, einst Zollhaus und Münze, das die Inschrift trägt: »Betrug und Falschmünzerei sei ferne, wenn wir wiegen und messen, wägt Gott uns«. Heute ist in dem venezianisch wirkenden Gebäude, das dem Erdbeben von 1667 ebenso standhielt wie der benachbarte Uhrturm (1444), ein Gedenkraum für die Gefallenen des Jugoslawienkrieges eingerichtet.

Die Turmglocke rief einst die städtische Ratsversammlung zusammen. In den Räumlichkeiten des 1862 errichteten österreichisch-dubrovniker Rathauses, das die Stelle des bei einem Brand vernichteten ursprünglichen Ratspalastes einnimmt, laben sich die Gäste des Gradskavana an Ristretto,

Dubrovnik

Stadtrundgang

Ⓐ Pile-Tor in der Stadtmauer

Ⓑ Großer Onofrio-Brunnen

Ⓒ Stradun

Ⓓ Sveti Spas. Geöffnet tägl. 9–16 Uhr, Eintritt frei

Ⓔ Franziskanerkloster mit Klostermuseum. Geöffnet April–Okt tägl. 9–18 Uhr, Nov–März tägl. 9–17 Uhr; Eintritt 30 HRK

Ⓕ Rolandsäule

Ⓖ Palais Sponza. Museum der Verteidiger Dubrovniks. Geöffnet Mai–Okt. tägl. 9–22 Uhr, Nov–April tägl. 10–15 Uhr; Eintritt frei

Ⓗ Uhrturm

Ⓘ Rektorenpalast und **Kleiner Onofrio-Brunnen**. Geöffnet April–Okt tägl. 9–18 Uhr, Nov–März tägl. 9–16 Uhr; Eintritt 40 HRK

Ⓙ Sveti Vlaho. Geöffnet tägl. 8–20 Uhr, Eintritt frei

Ⓚ Kathedrale Sveta Marija Gospa mit Schatzkammer. Geöffnet tgl. 8–17.30 Uhr; Eintritt 8 HRK

Ⓛ Dominikanerkloster. Geöffnet Mai–Okt tägl. 9–18 Uhr, Nov–Apr tägl. 9–17 Uhr; Eintritt 10 HRK

Ⓜ Marinemuseum Fort Sv Ivan. Geöffnet Nov–März Di–So 9–16 Uhr, Apr–Okt Di–So 9–18 Uhr, Montag geschlossen; Eintritt 40 HRK

Ⓝ Dubrovnik Galerija Umjetnička. Museum of Modern Art. Geöffnet Di–So 10–20 Uhr, Put Frana Supila 23, Tel. 020/42 65 90, www.ugdubrovnik.hr

SÜDDALMATIEN

Zitroneneis und Rožata. Gleich nebenan drängen sich Touristentrauben vor der Eingangsloggia des Rektorenpalastes.

Ragusas Stadtoberhaupt

Mit dem Eintrittsticket erhält jeder Besucher einen akustischen Führer ausgehändigt. Der Rundgang beginnt bei der Nummer 1 am unteren Handlauf der großen Marmortreppe, die sich im Atrium zur säulengerahmten Empore hochschlingt, und führt im zweiten Stock durch die Säle des dort eingerichteten Kunsthistorischen Stadtmuseums. Zu sehen sind neben dem rot tapezierten Amtsraum des Rektors und zierlichen Rokokosänften Münzen, Fayencen, Gemälde, Waffen. Zu denken gibt dem heutigen Besucher eher anderes. In dem vierflügeligen Komplex residierte der vom Großen Rat der Stadt jeweils für die Dauer eines Monats gewählte Rektor in aller

> **MAL EHRLICH**
>
> **TOURISTEN-TSUNAMI**
> Alle Wege führen nach Rom? Eher nach Dubrovnik, könnte man im Sommer meinen. Den Angaben des Tourismusverbandes zufolge besuchten 2009 insgesamt 627 Kreuzfahrtschiffe mit 846 024 Passagieren die Stadt, etwa genauso viele Besucher reisten per Flugzeug oder Pkw an. Wenn sich vor dem Pile-Tor die Sightseeing-Busse entladen, mit denen auf einen Schlag die jeweils zwei- bis dreitausend Passagiere eines der riesigen Kreuzfahrtschiffe vom Hafen Gruž herangekarrt werden, fragt man sich unwillkürlich, ob die Stadtzitadelle diese Menge an Touristen noch verkraften kann. Der Stradun ist im Juli und August so überlaufen, dass man Platzangst bekommt. Über Langfinger braucht man sich da nicht zu wundern. Das Geschubse und Gewühl in den Gassen ist geradezu ein Biotop für Taschendiebe.

Oben: Die beeindruckende Jesuitenkirche Sv Ignacije wurde 1725 errichtet.
Mitte: Der Große Onofrio-Brunnen
Unten: Eine andere Welt – Lokrum wuchert mit subtropischem Pflanzenwuchs.

Dubrovnik

Pracht und Herrlichkeit, aber getrennt von seiner Familie. Die Inschrift am Portal zu seinen Prunkräumen mahnte ihn eindrücklich: »Obliti privatorum, publica curate« – nicht um seine privaten Dinge habe er sich zu kümmern, sondern um das allgemeine Wohl. Und dass im Erdgeschoß auch gleich Gericht und Kerker der Republik Ragusa untergebracht waren, war vielleicht ja auch als Mahnung gedacht ...

Dubroviks Garten: Lokrum

Vom Alten Hafen legen die Taxiboote nach Lokrum ab, das zum Greifen nahe vor Dubrovniks Mauern liegt. Für ein paar Kuna kommt man in zwölf Minuten auf eine kleine, zauberhafte Insel (0,8 km²), in eine subtropische Waldidylle, wie man sich das im Trubel der Altstadt gar nicht ausmalen kann. Zum Glück wird es so bleiben, denn Lokrum wurde schon 1945 zum Naturpark ernannt.

Die ersten Nutzer der Insel waren, wie so oft, Benediktinermönche, die 1023 ein Kloster gründeten. Es ist schon lange aufgelassen, in dem Gemäuer haben sich ein Restaurant und ein kleines Naturkundemuseum eingerichtet. Dann ließ Napoleon 1806 auf der Anhöhe das Fort Royal errichten, kurz bevor er die stolze Stadtrepublik Ragusa in die Knie zwang; die Festung ist heute zerfallen, einen unvergesslichen Eindruck hinterlässt aber der Ausblick von hier hinüber nach Dubrovnik, wenn die späte Nachmittagssonne die Stadt in satte Rotgoldtöne einfärbt. Schließlich baute Erzherzog Ferdinand von Habsburg hier 1859 ein Schlösschen für sich. Heute genießen die Dubrovniker ihre Garteninsel, die Strände werden von Badenden mit und ohne Textilien belagert, und für Kinder ist vor allem Mrtvo More ein Hauptspaß, das »Tote Meer«, der kleine, flache Salzsee im Südteil der Insel.

AUTORENTIPP!

MIT DER SEILBAHN AUF DEN SRD

Dubrovnik verdankt sein angenehmes Klima auch seinem 412 Meter hohen Hausberg Srd, der unmittelbar hinter dem Altstadtkern steil ansteigt und die Stadt nach Nordosten hin abriegelt. Seit Frühjahr 2011 schweben die orangefarbenen Gondeln der Dubrovniker Seilbahn wieder hinauf zur Bergstation.

Die 1969 errichtete Anlage, die erste ihrer Art an der Adria-Küste, war im Jugoslawienkrieg schwer beschädigt worden. Neben der Talstation, unweit des Ploče-Tors, erkennt man noch kaum verschüttete Schützengräben. Nach nur vier Minuten Fahrzeit genießt man einen unvergesslichen Blick auf Dubrovnik. An klaren Tagen reicht der Fernblick bis zu 60 Kilometer weit über die blitzblaue Adria. Und noch etwas erkennt man von hier oben: die Hotelanlagen auf den Halbinseln Babin Kuk und Lapad, von denen besonders die riesigen Valamar-Anlagen und das Rixos herausstechen, geben einen Eindruck von den enormen Investitionen in den kroatischen Tourismus.

Dubrovnik Cable-Car. Petra Krešimira 4. bb, 20000 Dubrovnik, Fahrt: 70 HRK, www.dubrovnik cablecar.com

Spätnachts auf dem Stradun

SÜDDALMATIEN

Infos und Adressen

ESSEN UND TRINKEN

Buffet Skola. Für den schnellen Hunger: die besten Sandwiches der Stadt. In einer Querstraße vom Stradun. Antuninska 1, 20000 Dubrovnik, Tel. 020/32 10 96

Gil's. Durchgestylte Lounge in der Stadtmauer am Alten Hafen; Restaurant mit Show-Küche, der französische Chef setzt auf kreative mediterrane Fusionsküche mit asiatischem Touch. Svetog Dominika bb, 20000 Dubrovnik, Tel. 020/32 22 21, www.gilsdubrovnik.com

Luxuriös – das »Hotel Imperial Hilton« in Dubrovnik

Konoba Amoret. Rustikale Küche und Livemusik in der Nähe der Kathedrale. Od pustijerne bb, 20000 Dubrovnik, Tel. 020/32 37 39, www.amoretdubrovnik.com

Levanat. An der Küsten-Promenade westlich der Altstadt, in Nähe der Strände von Babin Kuk. Die Tische stehen unter Zypressen und Olivenbäumen, serviert werden dalmatinische Spezialitäten. Šetalište Nika i Meda Pucića 15, 20000 Dubrovnik, Tel. 020/43 53 52

Orhan. Abends Garnelen »Bouzzara« direkt am Meer, mit grandiosem Blick auf die erleuchteten Stadtmauern. Od Tabakarije 1, 20000 Dubrovnik, Tel. 020/41 19 18, www.restaurant-orhan.com

Proto. Renommiertes Fischlokal mit Terrasse im ersten Stock. Široka Ulica 1, 20000 Dubrovnik, Tel. 020/32 32 34, www.esculaprestaurants.com

Tovjerna Sesame. Marina Sibrat sorgt für dalmatinische Gerichte und Dubroviker Spezialitäten. Urgemütliche Gaststube, wunderschöne Terrasse; außerhalb der Altstadt in der Nähe des Hilton Imperial. Dante Alighieria bb, 20000 Dubrovnik, Tel. 020/41 29 10, www.sesame.hr

Vimbula. Idyllisch an der Mündung der Ombla gelegenes Restaurant unweit der ACI-Marina, eine Viertelstunde nördlich von Dubrovnik. Verfeinerte bodenständige Küche: Meeresfrüchte, Flussaale, dalmatinische Grillspezialitäten. Tenturija bb, 20000 Dubrovnik-Komolac, Tel. 020/45 22 44

ÜBERNACHTEN

Berkeley Hotel. Modernes, relativ preiswertes Boutique-Hotel 2,5 km nördlich der Altstadt beim Hafen Gruž; Spezialangebot »Stay & Cruise«: der Aufenthalt kann ergänzt werden durch eine ein- oder zweitägige Bootstour mit der Hotel-Yacht. Ulica Andrije Hebranga 116a, 20000 Dubrovnik, Tel. 020/49 41 60, www.berkeleyhotel.hr

Grand Villa Argentina. Südlich vor der Altstadt am Meer, 5-Sterne-Luxus. Riesige Zimmer, Außen- und Innenpool, Terrasse über dem Meer und ein phantastischer Blick auf die Mauern von Dubrovnik. Frana Supila 14, 20000 Dubrovnik, Tel. 020/44 05 55, www.gva.hr

Hotel Kazbek. Ein schwedischer Investor hat den 1573 errichteten Sommerpalast der Familie Zamanja zu einem noblen Boutique-Hotel umgebaut. 3 km von der Altstadt entfernt in der Hafenbucht von Gruž. Lapadska obala 25, 20000 Dubrovnik, Tel. 020/36 29 99, www.kazbekdubrovnik.com

Hotel Stari Grad. In dem Altstadtquartier ist es trotz des um die Ecke liegenden Stradun schön ruhig; nur 8 Zimmer. Od Sigurate 4, 20000 Dubrovnik, Tel. 020/32 22 44, www.hotelstarigrad.com

Dubrovnik

»Dolce far niente« an den Klippen von Dubrovnik

Hotel Zagreb. 3-Sterne-Hotel im Stadtteil Babin-Kuk, 3 km von der Altstadt entfernt; die Villa hat historisches Flair, die 2005 erneuerte Inneneinrichtung entspricht internationalem Hotel-Standard. Šetalište kralja Zvonimira 5, 20000 Dubrovnik, Tel. 020/43 89 30, www.hotels-sumratin.com

Pucic Palace Hotel. Schickes 5-Sterne-Boutique-Hotel in einem Altstadtgebäude aus der Barockzeit; Café, Restaurant, Bar und Mitbenutzung des Baje-Strands, der 2009 zu einem der 5 »angesagtesten« Strände Europas gewählt wurde! Od Puća 1, 20000 Dubrovnik, Tel. 020/32 62 22, www.thepucicpalace.com

AUSGEHEN

Club Lazareti. Die angesagte »Location« zum Abtanzen ist das historische Lazarettgebäude im Stadtteil Ploče. Frana Supila 8, 20000 Dubrovnik, Tel. 020/32 46 33, www.lazareti.com

Gradskavana. Schönstes und größtes Kaffeehaus von Dubrovnik, im ehemaligen Zeughaus der Stadtrepublik, mit tollem Blick auf den Stradun bzw. den Alten Hafen. Geöffnet täglich 8–24 Uhr. Luža 2, 20000 Dubrovnik, Tel. 020/32 12 02

VERANSTALTUNGEN

Dubrovniker Sommerspiele. Das mit internationalen Stars besetzte Musik-, Theater und Tanzfestival ist der größte Kulturevent Kroatiens; Juli/August. Veranstaltungskalender und andere Informationen: www.dubrovnik-festival.hr

Julian Rachlin & Friends-Festival. Kammermusikfestival im Rektorenpalast; Ende August–Mitte September. www.rachlinandfriends.com

Libertas Film Festival. Open-Air-Filmfestival an der Stadtmauer mit Spielfilmen, Dokumentarstreifen und Kurzfilmen; Mitte Juni–Anfang Juli. Information: www.libertasfilmfestival.com

VERKEHR

Wohin mit dem Auto in Dubrovnik? In den Tiefgaragen in Altstadtnähe (Zagrebačka, Iza Grada) gibt es nur ein paar Hundert Stellplätze; die Automaten nehmen weder Kreditkarten noch Euros. Die Parkplätze an der Mauer sind kostenpflichtig, und wer sein Zeitlimit überschritten hat, wird gnadenlos abgeschleppt. Es ist also besser, beispielsweise auf dem großen Konzum-Parkplatz in Gruž zu parken und auf die öffentlichen Busse auszuweichen.

INFORMATION

Touristisches Informationszentrum Dubrovnik. Brsalje, 20000 Dubrovnik, Tel. 020/31 20 11, www.tzdubrovnik.hr

Die **Citycard**, die über 50 % Eintrittspreisermäßigungen für Sehenswürdigkeiten wie die Stadtmauer, das Schifffahrtsmuseum, die Festung Lovrinac oder den Rektorenpalast bietet, ist erhältlich für einen Tages, drei Tage bzw. eine Woche. Es gibt sie in allen Tourist-Infos, Hotels, Reiseagenturen etc., oder online mit nochmals 10 % Rabatt mehr: www.tzdubrovnik.hr

SÜDDALMATIEN

44 Spaziergang auf der Stadtmauer von Dubrovnik
Ein Rundgang

Jahrhundertelang haben die Mauern und starken Bollwerke die Stadtbewohner der Repubblica di Ragusa beschützt. Wachen hüteten die Tore, Posten patrouillierten auf den Laufgängen. Doch so viele Menschen, wie heute in einem Jahr auf den Mauern entlang laufen, haben diese Bastionen in allen Jahrhunderten zusammen genommen vermutlich nicht gesehen: »765 000 Besucher sind im letzten Jahr diese Mauern abgegangen«, vermeldete 2011 stolz der Präsident des Dubroviker Bürgervereins »Denkmalsfreunde«.

Dabei mussten die vom Meer umspülten, mit über hundert Kanonen bestückten mittelalterlichen Ringmauern niemals einer feindlichen Belagerung standhalten. Sie waren Stein gewordener Ausdruck des ungeheuren Reichtums der mächtigen Seerepublik Ragusa, deren Rektoren Kriegen und Konflikten stets mit einer klugen Schaukelpolitik und Tributzahlungen auszuweichen verstanden. Heute erfüllt das zyklopische Prestigebauwerk einen ganz neuen Daseinszweck als Sightseeing-Rundkurs. Die »Umgehung« der Altstadt auf der komplett erhaltenen Stadtmauer ist buchstäblich das »Highlight« eines jeden Dubrovnik-Besuchs.

Das Wahrzeichen von oben ...

Dabei genießen die Fußgeher einen grandiosen Fernblick auf Meer und Küste. Und können stadteinwärts wie Gulliver in Lilliput auf das unterhaltsame Gewimmel tief unter ihren Füßen hinunter gucken. Achtung: die Steinbrüstung des Wehr-

Mitte: Bis zu 25 Meter hoch ragen an manchen Stellen die Stadtmauern auf.
Unten: Den Minčeta-Turm sollte man bei Sonnenuntergang besteigen – der Blick bleibt unvergesslich!

Stadtmauer von Dubrovnik

gangs reicht an manchen Stellen nur knapp bis zur Hüfte. Alle paar Meter hält irgendeiner an, um zu fotografieren: linker Hand ein Kreuzgang mit Sonnenschirmen! Das alte Klarissinnenkloster ist heute ein Café. Von der Bastion Bokar macht jeder den Schnappschuss hinüber zur massiven Vorfestung Lovrijenac. Vom Erfrischungsstand am Vorsprung des Südflügels Mrtvo Zvono sieht man hinüber auf ein grünes Samtpolster. Das ist Lokrum! Weiter geht's im Pulk zum Fort Sveti Ivan, wo wieder die komplette Stadt in den Blick rückt, mit dem Alten Stadthafen, kontrolliert vom trutzigen Fort Revelin. Als Abschluss des Rundgangs besteigt der Mauerläufer dann noch den Minčeta-Turm an der Nordwestecke, von wo aus sich der schönste Blick auf die Dachlandschaft Dubrovniks bietet. Wen allerdings der Rummel enerviert, wem die sengende Sonne zusetzt oder wer die Anstrengung scheut – es gibt eine prima Alternative.

... oder vom Wasser aus

Die Perspektive von unten ist mindestens genauso aufregend. Im alten Hafen legen minütlich die Wassertaxis und Ausflugsboote an und ab, die um Dubrovnik herumfahren. Man sieht von der Stadt nichts als das Felsenriff, auf dem das imposante graue Mauerwerk aufragt. Nur ab und zu verrät ein ziegelroter Fleck die dahinter liegenden Dächer der Stadt. Bei der Einfahrt in den Hafen entfaltet Dubrovnik seine Stadtsilhouette: zur Linken bewacht die Bastion Sv Ivan die Hafeneinfahrt, zur Rechten die Barriere des Fort Revelin. Hinter den Festungen grüßen rechts die Zwiebelhaube des Turms der Dominikanerkirche und links die Kuppel der Kathedrale, und in deren Mitte der hohe, schlanke Glockenturm. Wer genau schaut, entdeckt an der Mole Porporela noch die massiven Haken für die Sperrketten, mit denen unerwünschte Schiffe ferngehalten wurden.

Infos und Adressen

ZUGANG UND EINTRITT

Zugang am Poljana Paška Milićevića, beim Pile Tor; täglich geöffnet Jan/Feb 10–15 Uhr, Nov/Dez und März 9–15 Uhr, April/Mai 9–18.30 Uhr, Juni/Juli 8–19.30 Uhr, Aug/Mitte Sept 8–19 Uhr, Mitte Sept/Okt 9–18 Uhr.

Eintrittsticket für Erwachsene 70 HRK, Kinder und Jugendliche bis 18 Jahre 30 HRK; es stehen Headsets mit Audioguide zur Verfügung. Das Ticket für die Dauer des Rundgangs aufbewahren – es wird zwischendurch immer wieder kontrolliert.

AUSGEHEN

Buža. Folgen Sie dem Schild vom Marktplatz Gundulićeva Poljana aus. Durch einen schmalen Schlupf in der Mauer geht es zur kühnsten Freiluftbar der Stadt. Außerhalb der südlichen Stadtmauer, auf schmalen Felsterrassen, gibt es einige Tische. Der Sundowner muss freilich ausfallen: die Sonne geht im Westen hinter der Stadtmauer unter. Crijevićeva 9, 20000 Dubrovnik, Tel. 098/36 19 34, www.cafebuza.com

TIPPS

Wenn Sie im Hochsommer den Rundgang unternehmen, sollten Sie eine Wasserflasche dabei haben, Getränke sind nur an einem einzigen Erfrischungsstand an der Südseite der Mauer erhältlich, dementsprechend überteuert. Überhaupt sollte der Rundgang auf der schattenlosen Mauer im Sommer gleich morgens zur Öffnungszeit oder am späteren Nachmittag unternommen werden. Das ist nicht nur angenehmer, sondern auch wegen der Lichtverhältnisse für das Fotografieren besser.

SÜDDALMATIEN

45 Die Elafiten
Dreizehn kleine Eilande ...

... die meisten davon unbewohnt, sind nordwestlich vor Dubrovnik in die Adria ausgestreut. Nur von dreien – Koločep, Šipan, Lopud – sind die Namen geläufig, alle zusammen haben aber als »Elaphiten« Karriere gemacht. Plinius d. Ä. hat ihren griechischen Namen, der so viel wie »Hirscheninseln« bedeutet, überliefert.

Man mag sich gerne vorstellen, wie die alten Römer auf diesen bewaldeten Inseln das Rotwild erlegten, zur willkommenen Ergänzung des kulinarischen Einerleis von Brassen, Hummern und Tintenfischen. Ideal, um Ruhe zu genießen, um zu schwimmen, zu tauchen und in der Sonne zu baden, sind die Inseln bis heute. Noch sind sie touristisch nicht überfrequentiert, trotz der Nähe zu Dubrovnik.

Üppiges Lopud

Reisejournalisten der »Sunday Times« haben das (fast) autofreie Lopud mit seinen 200 Einwohnern auf die Liste der ruhigsten Inseln des Mittelmeeres gesetzt. Doch Lopud ist im Kommen. Italienische Investoren haben jüngst mit dem Lafodia, dessen beide weißen Bauteile so wirken, als ob zwei Kreuzfahrtschiffe an der Anhöhe angelegt hätten, eine attraktive Ferienresidenz im Ort Lopud geschaffen. Schon haben sie ein Auge auf das heruntergekommene Grand Hotel geworfen, einen Stahlbetonbau, der einst ein Vorzeigeobjekt der jugoslawischen Moderne war.

Der Ort an der nordwestlichen Seite mit Blick auf die Insel Šipan liegt inmitten einer breiten Bucht, an deren Ende sich ein großer Kieselstrand hin-

Mitte: Auf den Elafiten scheint die Zeit stehen geblieben zu sein.
Unten: Auf Lopud erholten sich schon die Handelsherren und der Klerus der Seerepublik Ragusa.

Die Elafiten

Einsame Buchten und Strände nahe dem Trubel Dubrovniks

zieht. Als ob die Zeit irgendwann stehen geblieben wäre, bieten die von wuchernden Gärten umgebenen alten Steinhäuser einen verträumten Anblick. Die Insel, deren beide Hügel durch ein fruchtbares grünes Tal verbunden sind, besitzt mehrere Süßwasserquellen. Man streift gerne durch ihre subtropische Vegetation. Das schönste Ziel ist die hufeisenförmige Bucht Šunj auf der südöstlichen Seite. Sie gilt als einer der schönsten Strände Kroatiens: grün gerahmt, sandig, das smaragdene Meer weiß gesprenkelt mit Yachten. Über der Bucht weckt die vor zehn Jahren liebevoll restaurierte Kirche Sv. Gospa od Šunja (11. Jh.) Interesse, die mit dem Wappen der lombardischen Familie Visconti geschmückt ist.

Diskretes Šipan

Die 16,5 km² große Insel ist zwar am weitesten von Dubrovnik entfernt, aber vielleicht war genau das der Grund, warum sich der Statthalter aus Ragusa auf ihr seine Sommerresidenz erbauen ließ. Der Rektorenpalast (1450) ist eine der Hauptsehenswürdigkeiten des liebenswerten Dorfes Šipanska Luka in der tiefen Nordwestbucht. Am anderen Ende der einzigen, nicht sehr langen Inselstraße liegt Sudjuradj, das sich malerisch die

AUTORENTIPP!

PADDELPARADIES MIT PALMEN

Ein harmloses Abenteuer für Junge und Junggebliebene: Die Elafiten sind ein höchst angenehmes Revier zum Wasserwandern. Die Adria zeigt sich hier zahm, die parallel zur Küste liegenden Inseln bieten windgeschützte Seiten ohne heftigen Wellengang und Dubrovnik bildet eine unvergessliche Kulisse. Einerkajaks kann man überall mieten und sich auf eigene Faust aufmachen oder geführten Gruppen anschließen, was nicht nur für Anfänger empfehlenswert ist. Denn bei den Guided-Tours kommt man zu Höhlen, einsamen Buchten und Schnorchelplätzen, zu denen man alleine nicht so leicht findet. Der Paddelspaß kann kurz oder länger dauern: das Angebot reicht von einstündigen Schnupperfahrten bis zu einwöchigen Inselhopping-Touren durch Süddalmatien, deren kurze Tagesetappen genügend Zeit lassen zu Landgängen ganz nach Belieben – der eine sonnt sich unter Palmen, der andere klappert mit dem Fahrrad die jeweilige Insel ab.

Tauchbasis »Elafiti Diving Centar«.
Ronilački Klub Geronimo,
Tel. 098/971 23 41
www.rkgeronimo.hr

Adriatic Kayak Tours.
Dubrovnik, Zrinsko Frankopanska 6,
Tel. 020/31 27 70
www.adriatickayaktours.com

SÜDDALMATIEN

Anhöhe vor seiner Hafenbucht hinaufzieht und mit den befestigten Renaissancevillen der Familien Stjepović-Šločibuha und Sagrojevič genauso viel über die glanzvollste Zeit des ruhmreichen Ragusa berichtet. Dutzende anderer nobler Familien nahmen im 15./16. Jahrhundert auf Šipan ihren Sommeraufenthalt, aber diesen »Massentourismus« hat die Insel bestens verkraftet. Wanderpfade erschließen einen Garten Eden mit Weinreben und Granatapfelbäumen, Mandeln, Oliven und Feigen. Heute führt die stille »Goldene Insel« die Existenz eines »Geheimtipps« für Politprominenz und Filmstars, die hier den Landgang von ihren Yachten wagen können – unbehelligt von Klatschreportern und neugierigen Touristen.

Koločep

Auch die kleinste, Dubrovnik am nächsten gelegene Insel präsentiert sich als autoloser Landschaftspark. Die zwei Siedlungen Donje und Gornje Čelo, die eine im Westen, die andere im Osten, sind über einen Weg miteinander verbunden, der durch eine subtropische Pflanzenwelt mit uralten Kiefern, Johannisbrotbäumen und Olivenhainen führt. Auf Koločep wimmelt es nur so von Überresten altkroatischer Kirchlein, Ruinen von Basiliken, devastierten Wachtürmen; zur Zeit der Völkerwanderung war die nur einen Kilometer vom Festland entfernte Insel ein beliebter, weil sicherer Ort für die Kroaten. Im 15. Jahrhundert blühte Koločep als Standort einer Werft und Handelsflotte auf. Heute wirkt die Insel bäuerlich und einsam: nur 150 Einwohner leben hier vom Wein- und Gemüseanbau und vom aufstrebenden Tourismus, dessen bislang größter Brennpunkt das Hotel Villas Koločep in Donje Čelo ist. Die Sand- und Kieselstrände in den Buchten Sapluni und Porat sowie bei Gornje Čelo locken vor allem Tagesausflügler aus Dubrovnik herüber.

Oben: Eine der Buchten von Koločep
Unten: Geruhsamer Inselalltag

Die Elafiten

Infos und Adressen

ESSEN UND TRINKEN
Konoba kod Marka. Herzhafte dalmatinische Spezialitäten (Lammeintopf, Hauswein), beliebter Seglertreff. Sipanska Luka, 20233 Šipanska Luka, Otok Šipan, Tel. 020/75 80 07

Konoba Obala. Urige Taverne an der Strandpromenade, nicht billig, dafür sind die Sitzplätze direkt am Wasser. Kuljevana 18, 20222 Lopud, Tel. 020/75 90 28

Konoba Stari Miri. Donje čelo bb, 20221 Koločep, Tel. 020/75 71 37

ÜBERNACHTEN
Hotel Šipan. Designhotel in einer umgebauten Olivenölfabrik; Restaurant, Cocktailbar am Meer. 2011 unter den »Top 100«-Hotels Europas. Šipanska Luka 160, 20233 Šipanska Luka, Otok Šipan, Tel. 020/75 49 00, www.hotel-sipan.hr

Lafodia. Supermodernes 4-Sterne-Hotelresort; Pool-Landschaft zwischen den beiden sechsstöckigen Gebäuden; 182 Zimmer mit Terrasse; drei Bars, Restaurant. Iva Kuljevana 51, 20222 Lopud, Tel. 091/644 74 63, www.lafodiahotel.com

Subtropische Blütenpracht auf den Elafiten

Villa Vilina. Das Traumhotel in einer historischen Villa unterhalb des Franziskanerklosters gibt es erst seit ein paar Jahren; Sandstrandbucht, Restaurant. Einziges Mitglied Kroatiens im EIHR-Club (»Exclusive Island Hotels and Resorts«). Obala Ivana Kuljevana 5, 20222 Lopud, Tel. 020/75 93 33, www.villa-vilina.hr

SCHIFFSVERBINDUNGEN
Ab Dubrovnik-Gruž fahren Jadrolinija-Personenschiffe bis zu 4 x täglich nach Lopud, Koločep und Šipan (Sonn- und Feiertage nur 2 x täglich); die Insel Šipan hat zwei kleine Fährhäfen: Šipanska Luka und Sudurad. Ein öffentlicher Transferbus verbindet die beiden Anlegestellen (außer sonntags).

Die Linie »Brodska Linija« verkehrt täglch um 8 Uhr von Dubrovnik über Koločep und Lopud bis nach Sudurad (Abfahrt täglich 10 Uhr).

INFORMATION
Tourismusverband der Gespanschaft Dubrovnik-Neretva. Tel. 020/32 49 99. www.visitdubrovnik.hr

Kleine Steinkirche auf Šipan

SÜDDALMATIEN

46 Cavtat und Konavle
Der tiefe Süden Dalmatiens

Eine mediterrane Idylle – und ein Landstrich, der für die Republik Kroatien von enormer politischer Bedeutung ist: Der südlichste Küstenzipfel von Cavtat bis nach Molunat. Er wird die Toskana Dalmatiens genannt. Zypressen und Wein gibt es hier in Mengen, insoweit stimmt der Vergleich.

In das fruchtbare, auch als »Garten Dubrovniks« bezeichnete Konavletal zwischen dem dicht bewaldeten Höhenzug des Snježnica-Massivs und dem Meer wurde vor 50 Jahren der Flughafen Dubrovnik gepflanzt, der mittlerweile jährlich von 1,5 Millionen Passagieren frequentiert wird. Klar, dass das Gebiet im Jugoslawienkrieg heftig umkämpft war. Die Kriegsschäden sind beseitigt, dabei wurde manches Ortsbild modernisiert. Bestes Beispiel hierfür ist das Dorf Čilipi, das mit finanzieller Hilfe der UNESCO wieder aufgebaut wurde.

Volkskunst und Folklore

Konavle und die Riviera setzen voll und ganz auf kroatische Lebenslust. Da spielen Sonntag für Sonntag nach der Messe in Čilipi Volksmusikanten in traditionellen Trachten auf, da wird die gebratene Forelle im Restoran »Konavoski dvori« von Kellnerinnen in Trachtenkleidung serviert, da unterhalten Klapa-Gruppen die Hotelgäste von Cavtat bis nach Molunat und in den Souvenirläden dominieren Konavle Seidenstickereien und Trachtenpuppen das Sortiment. Gut, dass es kleine Orte wie das Fischerdorf Mlini und Srebreno mit seinem langen Strand gibt, sie bieten eigentlich alles, was der sonnenhungrige Badeurlauber nur wünschen mag.

Mitte: Zypressen und Pinien prägen Süddalmatien.
Unten: Das fruchtbare Konavle ist altes Bauernland.

Cavtat und Konavle

Charmantes Cavtat

Hier, in dieser von sanften Hügeln umgebenen Bucht siedelten schon die Illyrer, florierte in griechischer und römischer Zeit das Gemeinwesen. Den Charakter eines kultivierten alten Städtchens hat sich dieser Ort bis heute erhalten, und mit seiner gepflegten Promenaden-Atmosphäre, den vielen Cafés unter Palmen und den schönen Stränden ist er zu einer Touristenattraktion im Lichtschatten Dubrovniks geworden. Der »Cavtater Sommer« mit seinen Veranstaltungen setzt dem Ganzen da bloß noch das Sahnehäubchen auf.

Ein Tummelplatz der Künstler

Am nördlichen Ende der steingepflasterten, von Palmen gesäumten Riva lohnt ein Blick in den Rektorenpalast (Knežev dvor): hier sind nicht nur die Bibliothek und die Sammlungen des Cavtater Universalgelehrten Baltazar Bogišić (1834–1908) zu besichtigen, sondern auch antike Funde. Und in der Pinakothek der benachbarten Kirche Sv. Nikola hängen neben Gemälden aus der Renaissancezeit auch Werke des wunderbaren impressionistischen Malers Vlaho Bukovac, dessen Geburtshaus ganz in der Nähe im Gassengewirr des alten Stadtkerns liegt. Wer es aufsucht, wird nicht nur ein liebevoll restauriertes Haus mit Hintergarten und Atelier entdecken, sondern auch eine überraschende Künstlerbiographie mit Stationen in New York, Peru, Paris und Prag.

Die Seitenkapelle der Kirche Gospa od snijega des Franziskanerklosters (15. Jh.) bewahrt mit dem »Michaels-Polyptychon« von Vicko Lovrin eines der wertvollsten Renaissancewerke Dalmatiens. Das Mausoleum der wohlhabenden Reederfamilie Račić schließlich ist ein Werk des bedeutendsten kroatischen Bildhauers des 20. Jahrhunderts, Ivan Meštrović.

Infos und Adressen

SEHENSWÜRDIGKEITEN
Knežev dvor (Sammlung Baltazar Bogišić). Geöffnet Mo–Sa 9.30–13 Uhr. Zbirka Balatzara Bogišiča, Obala 18, 20210 Cavtat, Tel. 020/47 85 56

Muzej i galerija konavala (Geburtshaus Vlaho Bukovac). Geöffnet im Sommer Di–So 9–13 und 16–20 Uhr, im Winter Di–Sa 9–13 und 14–17 Uhr, So 14–17 Uhr. Ulica Vlahe Bukovaca 5, 20210 Cavtat, Tel. 020/47 86 46

ESSEN UND TRINKEN
Konavoski dvori. Nette Ausflugsgaststätte im Konavle-Tal. Pridvorje, 20217 Ljuta, Tel. 020/79 10 39

Restoran Leut. Seit 1971 das erste Haus am Platz. Trumbićev put 11, 20210 Cavtat, Tel. 020/47 84 77, www.restaurant-leut.com

Taverna Galija. Traditionelle dalmatinische Gerichte und neues, kreatives. Vuliceviceva 1, 20210 Cavtat, Tel. 020/47 85 66, www.galija.hr

ÜBERNACHTEN
Hotel Supetar. Obala Dr. A. Starčevića 27, 20210 Cavtat, Tel. 020/47 98 33, www.hotelsupetar.com

Hotel Villa Pattiera. 4-Sterne-Haus und Restaurant »Dalmacija«. Trumićev put 9, 20210 Cavtat, Tel. 020/47 88 00, www.villa-pattiera.hr

BUS
Von Dubrovnik fährt täglich die Buslinie 10 nach Cavtat und retour.

INFORMATION
Touristisches Informationszentrum Cavtat. Zidine 6, 20210 Cavtat, Tel. 020/47 80 25, www.tzcavtat-konavle.hr

NORD-KROATIEN

47 Zagreb
Die dynamische Hauptstadt 256

48 Zagorje und Međimurje
Urlaub auf dem Land 264

49 Varaždin
Ein barockes Kleinod 268

50 Highlights in Slawonien
Der Brotkorb Kroatiens 270

Seite 254/255: Der Trg Bana Jelačića ist das Herz der Einkaufscity Zagreb
Mitte: Blick auf die Türme der Kathedrale und den Zwiebelturm der barocken Marienkirche
Unten: Die Fahrt mit der Uspinjača dauert eine Minute.

NORDKROATIEN

47 Zagreb
Die dynamische Hauptstadt

Zagreb, die »Fast-Millionenstadt«, stellt sich selbstbewusst dem Wettbewerb der europäischen Metropolen. Denn Zagreb hat alles, was auch touristisch gesehen attraktiv ist: ein pulsierendes Leben rund um die Uhr, tolle Hotels und Kaffeehäuser, ein »grünes Hufeisen«, und in der Oberwie in der Unterstadt viele Sehenswürdigkeiten als Zeugnisse einer turbulenten Geschichte.

»Dinamo Zagreb« – der Name von Kroatiens berühmtestem Fußballverein könnte auch als Werbeslogan für die Hauptstadt herhalten. Mit enormem Speed hat sich die reizvoll am Fuß des Medvenica-Bergzugs in der Save-Ebene gelegene Stadt ins 21. Jahrhundert katapultiert: Schon hat sich Zagreb mit Wolkenkratzern die angesagten urbanen Statussymbole zugelegt, in Rekordzeit wurde das Autobahnnetz ausgebaut, wie die Pilze schießen Mega-Einkaufszentren an der Peripherie aus dem Boden und sorgen ebenso wie ein proppenvoller Veranstaltungskalender für einen regen Besucherstrom aus nah und fern.

Ein Blick in die Geschichte

Dabei war Zagreb eigentlich nie eine richtige Großstadt. Bis Mitte des 19. Jahrhunderts lebten hier in Agram, wie das Komitatsstädtchen zur Zeit der Donaumonarchie hieß, kaum 15 000 Menschen, es war, aus Wiener Sicht, die »Stadt hinter dem Berge«. Nach dem Ersten Weltkrieg, im Königreich Serbien, wie auch später in der sozialistischen Republik Jugoslawien, spielte Belgrad die erste Geige. Man muss weit zurückblättern in der Stadtchronik, um die Eckpfeiler der mitteleuropäi-

Zagreb

Der berühmteste der Zagreber Märkte ist der Dolač.

schen Geltung Zagrebs zu verorten: 1094, zu einem Zeitpunkt, als erst die beiden Siedlungen Kaptol und Gradec bestanden – die heutige Oberstadt –, wurde vom ungarisch-kroatischen König Ladislaus I. die Zagreber Diözese gegründet.

Knapp 600 Jahre später schuf Kaiser Leopold I. mit einer Jesuitenakademie die Keimzelle zur Universität Zagreb. Man konnte sich hier also immer wichtig fühlen, nicht zuletzt aus strategischem Kalkül: Die freie königliche Stadt Gradec musste sich zuerst als Vorposten des ungarischen Königs und später der Habsburger in der Abwehr der Tataren und Türken behaupten. Erst 1850 wurden Gradec und Kaptol zu Zagreb vereinigt, dreißig Jahre später fiel die Stadt bei einem Erdbeben in Trümmer.

Der Wiederaufbau prägt bis heute das Gesicht der Unterstadt, das von deutschen Gründerzeitarchitekten wie Friedrich von Schmidt oder Hermann Bollé entworfen wurde. Blickt man durch die Fenster des Cafés Kavkaz, blickt man auf das Nationaltheater des Wiener Architektenduos Fellner & Helmer, die zur Zeit der Donaumonarchie auch Prag, Brünn, Czernowitz, Graz, Karlsbad usw. mit ihren klassizistischen Theaterbauten möblierten.

AUTORENTIPP!

MUZEJ PREKINUTIH VEZA
Das Muzej prekinutih veza wurde 2011 als das innovativste Museum Europas ausgezeichnet, das »Museum der zerbrochenen Liebesbeziehungen«. Olinka Vištica und Dražen Grubišić, ein kroatisches Künstlerpaar, hatte nach Ende seiner Partnerschaft die Idee zu dem witzigen Museum entwickelt, weil sie nicht wussten, wohin mit ihren Liebessouvenirs. Andere Ex-Paare steuerten ihre ganz persönlichen Erinnerungsstücke bei: das Brautkleid, den selbstgebastelten Bilderrahmen, Plüschhandschellen.
Die Geschichte jedes ausgestellten Gegenstandes wird mitgeliefert. Und blickt man in die belustigten Gesichter der Besucher, so muss man dem Museum wirklich einen hohen Unterhaltungswert zugestehen: Schadenfreude ist eben die beste Freude!

Muzej prekinutih veza. Geöffnet Juni–Okt. tägl. 9–22.30 Uhr, Nov–Mai tägl. 9–21 Uhr, Eintritt 25 HRK, Ćirilometodska 2, 10000 Zagreb, www.brokenships.com

Im Mimara-Museum sind unter anderem Werke von Holbein, Rembrandt, Caravaggio oder Raffael ausgestellt.

AUTORENTIPP!

WAS WÄRE ZAGREB OHNE MAKSIMIR?

Früher lustwandelten hier Damen in Krinolinen und fuhren die Herren auf dem Hochrad spazieren. Heute ziehen Jogger ihre Runden. Der Maksimir ist seit über 200 Jahren ein Ausflugsort der Zagreber. Die 1794 geschaffene Parkanlage ist die größte Südosteuropas (316 ha) und kann es an Schönheit mit dem zur selben Zeit angelegten Englischen Garten in München aufnehmen. Es war die Idee des Bischofs Maksimilian Vrhovac (1752–1827), das östlich der Stadt gelegene Areal aus Eichenwäldern und Wiesen mit einer Promenade auszugestalten und den Bürgern zur Erholung zu öffnen.
So richtig ins Herz geschlossen haben die Zagreber ihren Maksimir erst, als ab 1892 eine Pferdetrambahn zu ihm hinausfuhr. Der mit Skulpturen und Pflanzengruppen gestaltete Park bietet mit kleinen Seen und Teichen, Lusthäusern und dem kuriosen »Echo-Pavillon« ein ideales Naherholungsgebiet. Seit 1925 befindet sich hier auch der Zoo von Zagreb. Noch früher, bereits 1912, setzte sich das Maksimir-Stadion an den Rand des Parks, das nicht nur die Heimstätte von »Dinamo Zagreb« ist, sondern seit seinem Ausbau auch als Showbühne für Weltstars wie Bon Jovi oder Madonna dient. Also im Maksimir ist immer was los!

Maksimir. Ein Besucherzentrum hält Infos bereit. Geöffnet 16. April–14. Okt. Di–Fr 10–16 Uhr, Sa, So 10–18 Uhr, 15. Okt.–15. April Do–So 10–16 Uhr. Tel. 01/23 65 612.

NORDKROATIEN

Gründerzeitarchitektur prägt das Straßenbild der Unterstadt.

Selbstverständlich wurde auch Zagrebs Theater von Kaiser Franz Joseph höchstpersönlich eingeweiht.

Unterstadt: »Donji grad«

Imperiale Grandezza, das ist der erste Eindruck, den der Bahnreisende von der Stadt erhält, wenn er seinen Koffer vor dem archaischen Denkmal König Tomislavs abstellt. Der großzügige Parkboulevard könnte in Paris nicht schöner sein, wie überhaupt die ganze Unterstadt sich in urbaner Großzügigkeit gefällt. Durch den von alten Platanen beschatteten, mit Brunnen und Marmorbüsten geschmückten Zrinjevac-Park steuert man auf die Kathedrale zu, deren neogotische Türme die Richtung vorgeben. Sie sind mit 105 Meter Höhe Zagrebs höchstes Bauwerk. Noch. Denn geht es nach dem Willen des ehrgeizigen Baulöwen Tomo Horvatincic, werden sie bald von Europas höchstem Wolkenkratzer überflügelt sein, der mit 367 Metern für Kroatien auftrumpfen soll. Ohne Nationalstolz geht es nicht. Das sieht man auch der Reiterstatue des kroatischen Nationalhelden Bela Graf Jelačić an der Säbelspitze an. Der k. u. k.-Feldherr, der 1848 führend an der Niederschlagung der Revolution beteiligt war, zeigte mit ihr

Zagreb

Spaziergang durch zwei Stadtteile

Ⓐ Botanički vrt. Botanischer Garten. Nov.–April geschlossen. Marulicev trg 9, www.hirc.botanic.hr/vrt

Ⓑ Kroatisches Nationaltheater. Trg Maršala Tita 15, www.hnk.hr

Ⓒ Galerija Strossmayerova. Zu finden in der Akademie der Wissenschaften und Künste. Geöffnet Di 10–13 und 17–19 Uhr, Mi–So 10–13 Uhr. Trg Nikole Šubića Zrinskog 11, www.info.hazu.hr

Ⓓ Trg bana Josipa Jelačića

Ⓔ Dolač. Fischhalle, Markthalle für Fleisch, Würste und Käse, Grünmarkt. Geöffnet Mo–Sa ab 6 Uhr.

Ⓕ Svetog Marka. Trg Svetog Marka

Ⓖ Atelier Meštrović. Geöffnet Di–Fr 9–14 Uhr, Sa 10–18 Uhr. Mletačka ulica 8, Tel. 01/485 11 23

Ⓗ Katedrala Marijina Uznesenja. Kaptol 31

Ⓘ Ribnjak-Park

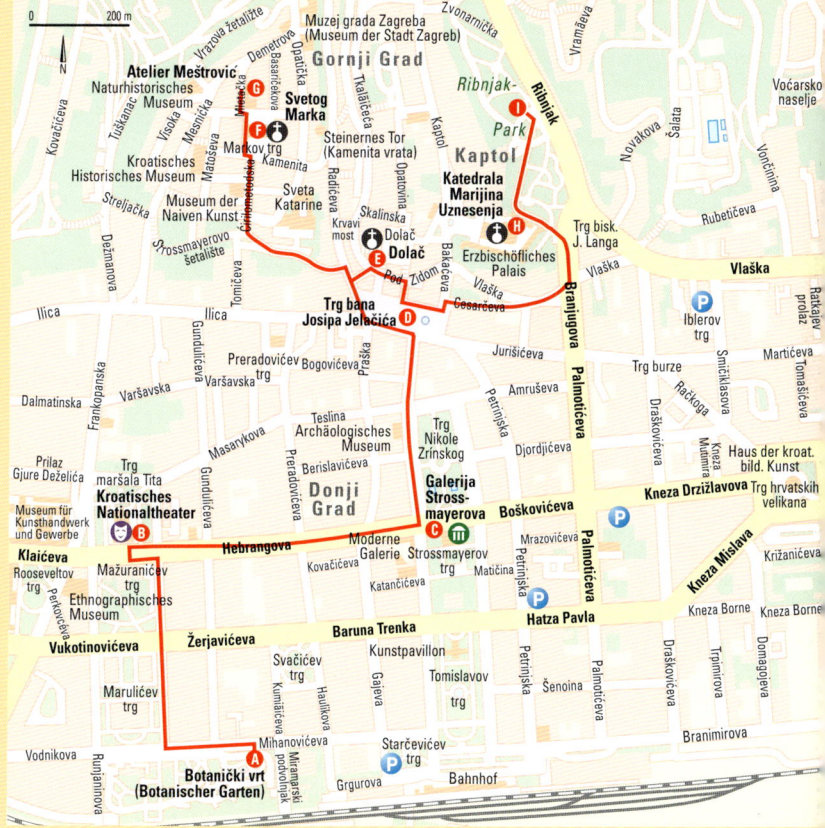

NORDKROATIEN

Oben: Der kroatische Nationalheld Bela Graf Jelačić (1801-1859)
Mitte: Kunstpavillon am König-Tomislav-Platz
Unten: Reiterstandbild des Drachentöters St. Georg auf dem Trg Maršala Tita

einst selbstbewusst gegen das aufmüpfige Ungarn. Die Kommunisten entfernten die Statue. 1990 wurde sie auf dem nach ihm benannten Platz wieder aufgestellt, seit damals zeigt sein Säbel nach Bosnien.

Oberstadt: »Gornji grad«

Von der Tomićeva, einer Quergasse der Ilica, rumpelt sie seit 1890 aufwärts, 66 steile Meter hoch: die heute elektrische, früher mit Dampf betriebene und weltweit kürzeste Standseilbahn Uspinjača. 55 Sekunden dauert die Fahrzeit, in der die Fahrgäste von der Unter- in die Oberstadt gehievt werden. Und wenn sie Punkt 12 Uhr mittags unterwegs sind, empfängt sie ein Kanonendonner vom Lotrščak-Turm.

Gleich heißt es, sich zu entscheiden: ein Spaziergang zwischen gurrenden Tauben entlang der Strossmayerovo šetalište, der Kastanienallee mit Blick auf das Dächermeer der Unterstadt, auf die Türme der Kathedrale und die Marienkirche? Oder geradeaus zur gotischen Markuskirche (13. Jh.) mit ihrem berühmten, restaurierten bunten Wappenziegeldach und danach noch rasch in das Atelier von Kroatiens prominentestem Bildhauer Ivan Meštrović (1883–1962)? Oder lieber den »Stadtbauch« Dolac ansteuern, wie der größte der Zagreber Märkte von den Einheimischen genannt wird? Die roten Marktschirme vor dem Hintergrund der barocken Marienkirche sind allein ein Foto wert!

Einige Schritte entfernt taucht man in der Tkalčić-Straße in die gute alte Zeit ein. In dieser liebenswürdig nostalgisch anmutenden Straße, die von frisch herausgeputzten, pastellfarbenen Biedermeierhäusern gesäumt wird, laden viele Kneipen und Kaffeehäuser zum Verweilen ein. Einfach gemütlich ... Noch aber fehlt die Hauptsehenswürdigkeit von Zagreb. Der Weg zu ihr führt durch das »Steinerne Tor« (Kamenita Vrata), das der einzige erhaltene Rest des ehemaligen Altstadt-Befestigungsringes ist und in dem seit der Feuersbrunst im Jahr 1731 eine Kapelle eingerichtet ist.

Der Kaptol

Eine Kathedrale, an drei Seiten vom bischöflichen Palast umfangen, der wie ein mittelalterlicher Festungswall wirkt: das ist einzigartig. Überhaupt ist das ganze Architekturensemble um den »Stephansdom«, wie traditionsbewusste Zagreber ihre Marien-Kathedrale nennen, historisch vielschichtig und aufs Engste mit der Stadtgeschichte verbunden. Bei Ausgrabungen fand sich ein Kapitell von einem Vorgängerbau aus dem 9. Jahrhundert; die eigentliche Geschichte der Kathedrale als Bischofssitz begann aber im 11. Jahrhundert, und fand mit dem Tartarensturm 1242 ihr erstes jähes Ende. In der zweiten Hälfte des 13. Jahrhunderts setzte man nochmals mit dem Bau an: Diese gotische Kirche bildet den Kern der heutigen Kathedrale, er überstand das Erdbeben von 1880. Die beiden neogotischen Türme wurden 1900 hochgezogen.

Auf dem Vorplatz steht der Madonnenbrunnen des deutsch-österreichischen historistischen Bildhauers Anton Dominik von Fernkorn, zu dessen elegantem goldenem Prunk die bescheidenen Bürgerhäuser an der Flanke des Domplatzes einen freundlichen Kontrast bilden. Nimmt man im Dom vorne beim Altar im Kirchengestühl Platz, wird man unwillkürlich aufmerksam auf Gläubige, die zielstrebig den Chor aufsuchen. Dort ruht in einem gläsernen Sarg der selige Kardinal Alojzije Stepinac (1898–1960). Sein Leben war schicksalhaft mit den Verwerfungen der Zeitgeschichte Kroatiens verwoben.

AUTORENTIPP!

SALON CROATA

Das distinguierte Geschäft residiert in bester Lage, nämlich in Zagrebs nobler Einkaufspassage Oktogon. Das ist es aber seinem Handelsgegenstand auch schuldig, der von geradezu nationaler Bedeutung ist: der Krawatte.

Von nationaler Bedeutung? Tatsächlich haben kroatische Söldner, die während des Dreißigjährigen Krieges unter Kardinal Richelieu die französischen Truppen verstärkten, die Krawatte »erfunden«. Ihr rotes, um den Hals zu knotendes Tuch fanden die Offiziere des Sonnenkönigs einfach *trés chic*. Bald trug jeder Mann am Hof Ludwigs XIV., der etwas auf sich hielt, eine seidene »Cravate« – das neue Wort entwickelte sich aus *à la croate*.

Kroatien ist mächtig stolz auf seinen textilen Beitrag zur europäischen Kulturgeschichte, und die 1990 gegründete Krawattenfirma Salon Croata unterhält mittlerweile in ganz Kroatien ein knappes Dutzend Ladengeschäfte. Zum Kundenkreis des »Flagshipstore« in der Ilica 5 zählen Politiker, Künstler, Diplomaten und Touristen, denn welches Souvenir könnte passender sein? Mit rund 20 € sind Sie dabei – exklusive Stücke in limitierter Auflage kosten leicht das Zehnfache.

Salon Croata. Geöffnet Mo–Fr 8–20 Uhr, Sa 8–15 Uhr. Ilica 5, 10000 Zagreb, www.croata.hr

NORDKROATIEN

Infos und Adressen

ESSEN UND TRINKEN

Baltazar. Eine kulinarische Institution Zagrebs im historischen Stadtkern. Das »Baltazar« ist berühmt für seine bäuerliche Regionalküche, im separaten Fischrestaurant »Gaspar« serviert der Fernsehkoch Tomislav Opicek Scampi im Speckmantel und Riso Nero. In der Weinbar »Melchior« stehen die besten Weißweine Slawoniens zur Verkostung bereit. Nova Ves 4, 10000 Zagreb, Tel. 01/466 69 99, www.restoran-baltazar.hr

Markuskirche mit den Wappen des dreieinigen Königreiches Kroatien, Dalmatien und Slawonien

Dubravkin Put. Elegant gestyltes Restaurant mit mediterraner Küche und zugleich eine hippe Weinbar, zehn Minuten von der Altstadt im Park Tuškanac. Dubravkin put 2, 10000 Zagreb, Tel. 01/483 49 75, www.dubravkin-put.com

Klub književnika. Ambitioniertes Restaurant mit internationaler Karte im Schriftstellerklub. Trg bana Josipa Jelačića 7, 10000 Zagreb, Tel. 01/481 22 90, www.klub-knjizevnika.hr

Konoba Didov San. Folkloristisch, trotzdem auch bei den Einheimischen beliebt. Mletačka 11, 1000 Zagreb, Tel. 01/485 11 54, www.konoba-didovsan.com

Okrugljak. Der Restaurantklassiker unter Zagrebs Ausflugslokalen Richtung Sljeme, am nördlichen Stadtrand: Butzenscheiben, Holztäfelung, Kamin. Mlinovi 28, 10000 Zagreb, Tel. 01/467 41 12, www.okrugljak.hr

Stari Fijaker 900. Traditionelles Restaurant in einem schönen alten Brauhausgewölbe, auf der Speisekarte Spezialitäten der Region wie Štrukli und Sarma. Mesnička 6, 10000 Zagreb, Tel. 01/483 38 29, www.starifijaker.hr

ÜBERNACHTEN

Hotel Dubrovnik. 4-Sterne-Haus, mit Blick auf den Ban-Jelačić-Platz ganz zentral gelegen. Gajeva 1, 10000 Zagreb, Tel. 01/486 35 55, www.hotel-dubrovnik.hr

Hotel Jägerhorn. 1827 gegründet und damit das älteste Hotel am Platz. Hier bekommen Sie zum gemütlichen Stadtdomizil gleich auch die Geschichte von Zagreb mitgeliefert. Ilica 14, 10000 Zagreb, Tel. 01/483 38 77, www.jaegerhorn.hr

Hotel Lisinski. Für Musikliebhaber: in unmittelbarer Nähe zur Konzerthalle Vratoslav Lisinski gelegen, modernes 3-Sterne-Hotel. Trnjanska cesta 70, 10000 Zagreb, Tel. 01/631 25 00, www.hotel-lisinski.com

The Regent Esplanade Zagreb. Im Verzeichnis der führenden Hotels der Welt: 1925 für fashionable Reisende des Orient-Express' errichtet, schwelgt die Architektur im imperialen Glamour der Gründerzeit. Allein der »Smaragd Ballsaal« ist eine Besichtigung wert! Mihanovićeva 1, 10000 Zagreb, Tel. 01/546 66 66, www.theregentzagreb.com

AUSGEHEN

K & K. »Kniza & Kava« – »Bücher & Kaffee«: das traditionsreiche Künstlercafé ist dem Zagreber Literaten Zvonimir Milčeć gewidmet; Sonntag geschlossen. Jurisiceva 5, 10000 Zagreb, Tel. 01/481 35 58

Kuća hrvatski vina. In Lučko, 10 km von Zagreb entfernt, wurde vor drei Jahren das »Haus des Kroatischen Weines« eröffnet: 1500 Qualitätsweine

Zagreb

der besten kroatischen Winzer aller Regionen sind hier versammelt. Geöffnet Mo–Fr 8–16 Uhr. Zastavnice 13c, 10251 Hrvatski Leskovac, Tel. 01/655 75 55, www.kucahrvatskihvina.hr

VERANSTALTUNGEN

Zagreber Sommerabende. www.kdz.hr

Herbst in Zagreb (vereint das Internationale Theaterfestival, Zagreb Film Festival, Queer Zagreb, VIP Zagreb Jazzfestival, »25 Fps« – Internationales Festival des experimentellen Films und Videos). www.zagrebtheatrefestival.hr

Konzert-Veranstaltungsreihen siehe auch Konzerthalle »Vratoslav Lisinski«, Info: www.lisinski.hr

Der aktuelle Veranstaltungskalender liegt gratis im Tourismusbüro am Trg bana Josipa Jelačića auf; eine laufend aktualisierte Übersicht bietet die Internetseite www.zagrebevents.com

ANREISE

Zagreb ist leicht mit seinem gut ausgebauten Flughafen im Vorort Pleso, 17 km südlich der Stadt, zu erreichen, Shuttlebusse bringen die Passagiere zum Autobusbahnhof zum Transfer in die Stadt (Ticket 25 HRK). www.zagreb-airport.hr

Autobahn: Die Autobahn A3 / A4 bildet an der südlichen Peripherie einen Ring, die A1 zweigt bei der Ausfahrt Lučko Richtung Zadar ab.

Der Zagreber Hauptbahnhof liegt zentral, von ihm gehen die Straßenbahnlinien 2 und 6 in Richtung Autobusbahnhof bzw. Ban-Jelačića-Platz.

INFORMATION

Touristisches Informationszentrum. Trg bana J. Jelačića 11, 10000 Zagreb, Tel. 01/481 40 51, www.zagreb-touristinfo.hr

Die **Zagreb Card** (Tages- und Drei-Tages-Karte) bietet Ermäßigungen bis zu 50 % für Eintrittstickets zu Museen, Theatern, Konzerten etc. und Rabatte in Restaurants, Autoverleih, Geschäften etc. Die öffentlichen Verkehrsmittel können mit ihr kostenlos genutzt werden. Die Karte ist in Reisebüros, in den touristischen Informationszentren und Hotels sowie online erhältlich: www.zagreb-touristinfo.hr

Elegante Bürgerhäuser und Repräsentationsbauten aus der Gründerzeit in der Zagreber Unterstadt

NORDKROATIEN

48 Zagorje und Međimurje
Urlaub auf dem Land

Wandern durch Wälder, angeln in Flüssen, radeln durch Weinberge: Kroatiens »Countryside« ist ideal für sanften Tourismus. Dabei gibt es hier manches zu entdecken: Weindörfer und Wallfahrtsorte, Thermalbäder und Landschlösser, Goldwäscher, Ritter und einen veritablen Neandertaler.

Hier im Landesinneren fühlt sich der Reisende noch als Entdecker, er stößt auf eine unverstellte, herzliche Gastfreundschaft und braucht kein großes Portmonee, sondern nur: Muße.

Štrukli und Kremšnita

Die anmutige Hügellandschaft der Zagorje ist selbst für Kroaten noch ein »weißer Fleck« auf der Karte. Da zieht zwar der nationale Wallfahrtsort Marija Bistrica wie ein Magnet jährlich 800 000 fromme Pilger an, aber wer sucht schon die nahe gelegene Kirche von Belec auf, die, einsam am Fuß des Ivanščica gelegen, mit ihrem üppigen Bauernbarock in Entzücken versetzt? Da kurten schon die alten Römer in den heißen Quellen der Gegend, doch dass sich traditionelle Heilbäder wie Tuhelj Toplice, Krapinske Toplice oder Stubičke Toplice selbst einem gründlichen Bodyshape unterzogen haben, hat sich noch nicht wirklich herumgesprochen. Und bald werden auch die letzten der fünfzig Burgen und Schlösser der Zagorje ebenso fein herausgeputzt sein wie Lužnica oder Miljan.

Mitte: Das liebenswerte barocke Provinzstädtchen Samobor ist ein beliebtes Wochenendziel der Zagreber.
Unten: »Schwarze Madonna« im Wallfahrtsort Marija Bistrica

Das pittoreske Freilichtmuseum »Staro selo« in Kumrovec gibt einen anrührenden Einblick in die Lebensweise der bäuerlichen Bevölkerung im Za-

Zagorje und Međimurje

Sv. Anastazija – die Pfarrkirche von Samobor

gorje, wie sie bis vor gar nicht allzu ferner Zeit üblich war. In den alten Dorfhäusern kann man in die Werkstätten von Schustern, Töpfern, Böttchern ebenso wie in Küchen und Schlafstuben blicken, und so gleichzeitig einen Eindruck von der Kinderzeit des Josip Broz Tito bekommen, der in Kumrovec geboren wurde. Natürlich ist sein Geburtshaus zu besichtigen.

Auf der Fahrt nach Samobor lockt der Weinort Klanjec zu einem kulinarischen Zwischenstopp. Schilder leiten zur Winzerfamilie Sever, deren Chardonnays, Welschrieslinge und Grauburgunder schon viele Medaillen eingeheimst haben – zur Weinprobe gibt es, vorausgesetzt man hat sich vorher telefonisch angemeldet, selbst gebackene Štrukli und hausgemachte Wurst.

Die kleine Grenzstadt Samobor endlich, idyllisch am Fuß des waldreichen Samoborsko Gorje gelegen, ist das südliche Zentrum des Zagorje. Das barocke Provinzstädtchen hat einiges zu bieten. Nicht nur die berühmte »kremšnita« (ja, das ist das, was man zu hören meint: eine dicke Schicht Vanillecreme zwischen zwei hauchfeinen Blätterteiglagen) – da wären noch eine alte Burgruine, ein Franziskanerkloster, in dem ein Likör erfunden

AUTORENTIPP!

VELIKI TABOR
Nach jahrelangen Restaurierungsarbeiten präsentiert sich die Festung der Grafen Ratkay als märchenhaftes Bilderbuchmotiv auf einer Bergkuppe inmitten einer Weinhügellandschaft. Die Burg nahe der Ortschaft Desinić ist einer der raren mitteleuropäischen Festungsbauten, die unverändert seit dem Mittelalter überdauert haben. Unverändert? Nun ja, seit der Gotik hat jede Stilepoche ihr Scherflein zu dem Bau beigetragen, aber doch so dezent, dass Veliki Tabor mit seinen imposanten bulligen Wehrtürmen wie direkt aus der Ritterzeit hergezaubert wirkt.
In die massiven Mauern soll die liebliche Veronika Desinićka eingemauert sein, die ihren Friedrich von Celje nicht heiraten durfte. Das Museum liefert die komplette Erzählung dieser Lovestory und informiert auch über die Baugeschichte von Veliki Tabor. Der Verein Grad Veliki Tabor sorgt für ein reichhaltiges Programm rund ums Thema Mittelalter.

Dvor Veliki Tabor. Geöffnet Di–So 9–17 Uhr (in den Wintermonaten 9–16 Uhr), Eintritt 20 HRK. Košnički Hum 1, 49216 Desinić, www.velikitabor.com

NORDKROATIEN

wurde, und ein sehr hübsches Stadtmuseum, dessen Gründer Ivica Sudnik als Bronzefigur mit Regenschirm und Aktentasche die Besucher begrüßt.

Veliki Tabor und Trakošćan

Auch die nördliche Zagorje hat ihre Highlights. Die Kuppen der saftig-grünen Hügellandschaft tragen Kapellen, Kirchen und Burgen, von denen Veliki Tabor und das mit Ritterrüstungen und Hellebarden vollgestopfte Trakošćan die stolzesten sind. Beide sind, jeweils in westlicher bzw. nördlicher Richtung, eine halbe Autostunde von Krapina entfernt. Die beschauliche Regionalhauptstadt ist durch einen der bedeutendsten Neandertaler-Funde weltweit berühmt geworden. Selbstverständlich ist dem »Homo Krapiensis« 2010 in der Nähe seiner Ausgrabungsstelle Hušnjakovo ein eigenes Museum eingerichtet worden: eine bunte, multimediale Show in einer ultramoderner Architektur (Info: www.mkn.mhz.hr).

Zwischen den Flüssen

Schließlich die Region zwischen Mura und Drava im nördlichsten Zwickel Kroatiens. Sveti Martin na Muri und Čakovec sind seit jeher die Zentren dieser reizvollen Landschaft, die zugleich die kleinste Gespanschaft Kroatiens ist: zahlreiche rustikale Buschenschenken laden zur Genießertour auf der »Weinstraße von Međimurje« ein, und die Ufer der Mura entlang radelnd, kann es leicht passieren, dass man einen Goldwäscher beim Sieben des Flusssandes entdeckt. Auf der Mura, bei dem Dorf Žabnik, dreht sich die 1902 errichtete Holzmühle als letzte von vielen Holzmühlen. Und in Čakovec führt kein Weg vorbei an der vierkantigen massiven Zrinski-Burg, inmitten der Stadt, einst ein habsburgisches Bollwerk gegen die Osmanen, heute Sitz des sehenswerten Međimurje-Museums.

Oben: Veliki Tabor zählt zu den schönsten Burgen des Hrvatsko Zagorje.
Unten: Der Vorplatz der Wallfahrtskirche Marija Bistrica trägt seit dem Besuch von Papst Johannes Paul II. im Jahr 1998 den Namen Trg Pape Ivana Pavla II.

Zagorje und Međimurje

Infos und Adressen

Pittoreskes altes Bauernhaus des Zagorje

ESSEN UND TRINKEN

Barok. Traditionelles Gasthaus: Hausmannskost, Pizza und Pasta. Milke Trnine 19, 40000 Čakovec, Tel. 040/36 37 26, www.barok-cakovec.com

Dvorac Gjalski. Restaurant (und Zimmer) in einem schön restaurierten Zagorje Herrenhaus, regionale Spezialitäten. Gredice Zabočke 7, 49210 Zabok, Tel. 049/20 11 00, www.dvorac-gjalski.hr

Katarina. Altertümliches Ambiente, Wildgerichte, Husaren-Steaks. Matice hrvatske 6, 40000 Čakovec, Tel. 040/31 19 90, www.restoran-katarina.com

Restoran Dvorac Terbotz. Bodenständige Küche: Räucherschinken, Buchweizenknödel, Ziegenkäse und Eigenbauweine, nahe Sveti Martin. Železna gora 113, 40312 Štrigova, Tel. 040/85 74 44

ÜBERNACHTEN

Bluesun Hotel Kaj. Modernes 4-Sterne-Hotel; ausgerichtet auch für Gruppenreisen (Wallfahrten!). Zagrebačka bb, 49246 Marija Bistrica, Tel. 049/32 66 00, www.hotelkaj.hr

Hotel Amalia. Modernisiertes Provinzhotel in ruhiger Innenstadtlage; Restaurant und Bar. Trg Sv. Trojstva 26, Tel. 042/81 08 10, 42230 Ludbreg, www.hotel-crnkovic.hr

Hotel Livadić. »Romantik-Hotel« am Hauptplatz von Samobor. Trg Kralja Tomislava 1, 10430 Samobor, Tel. 013/36 58 50, www.hotel-livadic.hr

Spa Golfer Hotel Toplice Sveti Martin. Nagelneues Thermenhotel mit aufwendiger Sauna- und Poollandschaft. Der 9-Loch-Golfplatz ist ganzjährig bespielbar (Greens und Tees aus Kunstrasen!). Grkavešćaka bb, 40313 Sveti Martin na Muri, Tel. 040/37 11 11, www.spa-golf.com.hr

INFORMATION

Touristisches Informationszentrum Region Krapina-Zagorje. Magistratska 11, 49000 Krapina, Tel. 049/37 13 30, www.krapina.hr

Touristisches Informationszentrum Region Međimurje. Kralja Tomislava 1, 40000 Čakovec, Tel. 040/31 33 19, www.tourism-cakovec.hr

NORDKROATIEN

49 Varaždin
Ein barockes Kleinod

Barock, wohin das Auge schaut: Nicht nur die pastellfarbenen Paläste der Grafen Drašković, Erdödy und Patačić, auch die Katedrala Uznesenja Blažene Djevice Marije oder die Pfarrkirche Sv. Nikole zeigen sich beschwingt verschnörkelt. Die Torbögen alter Fuhrwerkerhäuser und die Fassaden der Bürgerhäuser ebenso. Dazu auf grüner Wiese eine ausladende Trutzburg – kein Zweifel, das Städtchen am nordöstlichen Rand des Hrvatsko Zagorje ist ein liebenswürdiges Kleinod.

Varaždin war immer eine mehrheitlich kroatische Stadt, auch wenn sie während der Donaumonarchie unter ungarischer Verwaltung stand. 1209 vom ungarisch-kroatischen König Andraš respektive Andrija II. zur freien Königsstadt erklärt, war Varaždin von 1756 bis 1776 sogar Hauptstadt des Königreiches Kroatien.

Museumsreif und quicklebendig

Trotzdem pflegt man hier sehr das altösterreichische Flair. Die neue »Kavana Grofica Marica« am Hauptplatz wurde einem klassischen Wiener Kaffeehaus nachmodelliert, mit musikalischen »Barockabenden« präsentiert sich Varaždin als »Klein-Wien«, und wirken nicht auch die »Purgari«, die schmucken dunkelblauen Gardegrenadiere mit ihren Bärenfellmütze, die jeden Samstagnachmittag auf dem Rathausplatz exerzieren, wie aus einem Operetten-Film der 50er Jahre?

Doch in diesem nostalgischen Schauspiel steckt eine Menge Nationalstolz und Freiheitsliebe, war doch dieses auf die Zeit von Maria Theresia zu-

Mitte: Altstadt von Varaždin. Den Trg Kralja Tomislava schmückt das im 16. Jahrhundert errichtete Rathaus.
Unten: Die Purgari sind stolz auf ihre historischen Uniformen.

Varaždin

rückgehende Ritual der Stadtkompanie in der kommunistischen Ära strikt verboten. Historische Tiefenschärfe vermittelt ein Besuch im Stadtmuseum in der Alten Burg. Die allein ist schon eine Sehenswürdigkeit für sich mit ihren mittelalterlichen Türmen und dem Renaissance-Innenhof. Dem beinahe fensterlosen Gebäude sieht man seinen Zweck, den heranstürmenden Osmanen Widerstand zu leisten, auf den ersten Blick an.

Die Räumlichkeiten des Museums zeigen Exponate der kulturhistorischen Sammlung. Der phantastischen Insektensammlung des peniblen Gymnasialprofessors Franjo Košćec, die als eine der schönsten ihrer Art in Europa gilt, wurde ein eigenes Museum im Palais Herzer eingerichtet. Und hinter der auffälligen Medaillonfassade des Barockpalastes Prassinsky-Sermage verbirgt sich die sehenswerte Varaždiner Gemäldesammlung.

Gulaš oder Ćevapci

Ein Spaziergang durch den Altstadtkern ist eine Zeitreise in die Vergangenheit. Der Besucher wird das gemütliche provinzielle Leben genießen, eine Weile dem Drehorgelmann zuhören, im Shop des Handwerkerhofs nach einem originellen Souvenir Ausschau halten (eine Kappe? einen Zwiebeltopf? eine Tischdecke?), in einer der zahlreiche Gastwirtschaften wählen zwischen Kiseli Gulaš, Granadir Marš oder Ćevapci – hier stehen sie tatsächlich noch auf der Speisekarte! – und vor seiner Abreise noch dem berühmten Friedhof einen Besuch abstatten, der am westlichen Stadtrand liegt. 1773 eröffnet, wurde er Anfang des 20. Jahrhunderts nach dem Muster von Versailles von Hermann Haller als »Park der Lebenden« angelegt. Er ist mittlerweile so verwachsen, dass er tatsächlich als schönes Sinnbild für den Triumph des Lebendigen über den Tod gelten kann.

Infos und Adressen

SEHENSWÜRDIGKEITEN
Stari Gradksi Muzej (Stadtmuseum). Geöffnet Di–Fr 9–17 Uhr, Sa–So 9–13 Uhr. Strossmayerovo šetalište 7, 42000 Varaždin, Tel. 042/65 87 54, www.gmv.hr

Palača Herzer. Geöffnet Di–Fr 9–17 Uhr, Sa–So 9–13 Uhr. Franjevački trg 6, 42000 Varaždin, Tel. 042/65 87 60

ESSEN UND TRINKEN
Kavana Grofica Marica. Trg Kralja Tomislava 2, 42000 Varaždin, Tel. 042/32 07 77

Restoran Zlatne Gorice. Feinschmeckerlokal in einer alten Landvilla. Banjšćina 45, 42204 Gornji Kneginec, Tel. 042/66 60 54, www.zlatne-gorice.com

Zlatne Ruke. Lokal in einem schönen alten Gewölbe. Ivana Kukuljevićeva 13, 42000 Varaždin, Tel. 042/32 00 65, www.zlatneruke.com

ÜBERNACHTEN
Hotel Istra. 3-Sterne-Hotel. Ivana Kukuljevićeva 6, 42000 Varaždin, Tel. 042/65 96 59, www.istra-hitel.hr

AKTIVITÄTEN
Varaždinske Toplice. Moderne »Thermal-Riviera«. Trg Slobode 1, 42223 Varaždinske Toplice, Tel. 042/63 00 00, www.minerva.hr

INFORMATION
Touristisches Informationszentrum Varaždin (Stadt). Ivana Padovca 3, 42000 Varaždin, Tel. 042/21 09 87, www.tourism-varazdin.hr

Touristisches Informationszentrum Varaždin (Region). Uska 4, 42000 Varaždin, Tel. 042/21 00 96, www.turizam-vzz.hr

NORDKROATIEN

50 Highlights in Slawonien
Der Brotkorb Kroatiens

Dobro došli u Slavoniju! In Slawonien wird der Gast noch überschwänglich begrüßt. Der Osten Kroatiens ist ein touristisches Niemandsland. Vielleicht nicht mehr ganz so aus der Welt wie im Jahr 1935, als Agatha Christie ihren Orientexpress mitten im winterlichen Slawonien auf offener Strecke zwischen Vinkovici und Brod steckenbleiben ließ, aber in der Infrastruktur doch noch so schütter, dass eine Reise gut für Überraschungen ist.

Wer sich in die entlegene Region aufmacht, den erwartet ein ursprüngliches Bauernland, das einen reizvollen multikulturellen Mix aufweist. Es erwartet ihn eine eigenständige Genusskultur und die ungeschminkte Wahrheit einer Grenzregion, die vor zwanzig Jahren Krieg und Vertreibung erlitten hat. Doch Slawonien hat es im Lauf seiner Geschichte gelernt, Feldzüge und Feinde zu überstehen.

Blick zurück nach vorn

Von Zagreb sind es eineinhalb Stunden Autofahrt auf der A3/E70 bis zur Ausfahrt Nova Gradiška. Wenige Minuten später umfängt einen die »hinterwäldlerische« Einsamkeit der Požeska Gora, in die das »Ökodorf« Stara Kapela eingebettet ist. Es verdankt sein reizendes altertümliches Aussehen dem Arzt Antun Tucić, der nicht zusehen wollte, wie sein Heimatdorf verödet. Ein Verein wurde gegründet, die Kreisverwaltung überzeugt, und bald waren die typisch kroatischen Bauernkaten fein herausgeputzt. Doch Stara Kapela ist kein Museumsdorf, sondern eben ein »Ökodorf«, in dem die

Mitte: Schloss Kutjevo
Unten: Kreuzgang des Franziskanerklosters in Slavonski Brod

Highlights in Slawonien

Gäste das bäuerliche Leben von anno dazumal teilen können. Dabei lernt man, wie Getreide gedroschen oder Most gemacht wird, wie man ein Leintuch webt oder Kühe melkt. »Living History« ist auch einige Kilometer weiter östlich auf der Festung von Slavonski Brod zu erleben. Anfang des 18. Jahrhunderts auf Geheiß von Prinz Eugen von Savoyen als Teil des Systems von Grenzbastionen gegen das Osmanische Reich errichtet, dient das sternförmige militärische Bauwerk heute folkloristischen Vorführungen mit k. u .k. Husaren, osmanischen Prinzessinnen, Janitscharen und Reitern. Wie sonst sollte man ein solches Bollwerk nutzen?

Kulen und Keller

Auf dem Weg der Weinstraße von Slavonski Brod nach Kutjevo lohnt ein kurzer Halt in der alten Handwerkerstadt Požega, wo nicht nur die gut erhaltenen Fresken in der gotischen Kirche Sv. Lovre (14. Jh.) und der barocke Hauptplatz Eindruck machen. Hier ist das Kerngebiet der Kulen, einer Paprikasalami, die der spanischen Chorizo ähnelt. Die Wurst ist Kult, und muss natürlich verkostet werden. Am besten mit einem Wein von Vlado Krauthaker, dem berühmtesten slawonischen Winzer. Wie lange schon der Weinbau hierzulande Tradition hat, lehrt ein Besuch der Weinkeller der ehemaligen Zisterzienserabtei von Kutjevo: sie stammen aus dem Jahr 1232 und sind damit die ältesten von ganz Kroatien. Wer sich angemeldet hat, kann für einen kleinen Obolus an einer Weinkostprobe und Führung teilnehmen (www.kutjevo.com).

Osijek

Von Kutjevo geht es auf der Landstraße weiter nach Osijek, heute die viertgrößte Stadt Kroatiens. Hier, an der Flussbeuge der Drava, inmitten eines breiten Grüngürtels, hat ein einzigartiges archi-

AUTORENTIPP!

ILOČKI PODRUMI

Ilok ist berühmt für seinen Rajnski rizling (Rheinriesling), Graševina (Welschriesling) und Traminac (Traminer). In den tiefen Weinkellern, die im 14. Jahrhundert in den Hügel unterhalb des Schlosses Odescalchi hineingegraben wurden, reifen die Weine der ganzen Stadt. Bei der Führung vergisst der Kellermeister nicht zu erwähnen, dass zu den Krönungsfeierlichkeiten von Queen Elizabeth II. 11 000 Flaschen des Iloker Traminac entkorkt wurden.

Doch die Weinkellerei Ilocki podrumi zehrt nicht nur von vergangenem Ruhm. Ihre Weine räumen heute bei internationalen Weinausstellungen reihenweise Preise ab. Vor Ort werden die Kunden schnell zu Gästen. Die Degustation findet im feinsten Ambiente weit und breit statt, auf der Anhöhe Principovac. Vom modernen Glaspavillon, der dem eleganten historischen Lusthaus aufgepfropft wurde, genießt man den Blick in die Weingärten. Nach einem Spaziergang oder einer Tennispartie lädt das 4-Sterne-Restaurant zur Verkostung heimischer Spezialitäten ein. Donaufisch muss natürlich sein, und ohne Paprika geht gar nichts. Die kulinarische Schnittmenge daraus heißt: feuriger Fischpaprikasch.

Ilocki podrumi. Tel. 032/59 00 88, www.ilocki-podrumi.hr

NORDKROATIEN

Oben: In der Mitte des weiträumigen Stadtplatzes von Osijek steht die Pil, die barocke Dreifaltigkeitssäule.
Mitte: Prachtvoller Bau in Osijek
Unten: Die klassizistische Kirche der Sv. Terezije in Suhopolje bei Virovitica

tektonisches Ensemble drei Jahrhunderte überdauert: die barocke habsburgische Militärfestung, in deren Kern eine komplette Kleinstadt liegt. Seine letzte Blütezeit hatte Osijek, das Esseg der Donauschwaben, zu Beginn des 20. Jahrhunderts. Ein ganzer Stadtteil mit Jugendstilvillen erinnert an ein wohlhabendes Bürgertum, das mit dem Ersten Weltkrieg unterging. Die moderne Straßenbrücke führt hinüber zum anderen Flussufer und damit schon an die Grenze des Kopački Rit. Der Naturpark ist die größte naturbelassene Sumpflandschaft Mitteleuropas (228 km^2): Vogelkundler und Angler geraten hier in Euphorie. Silberweiden und Schwarzpappeln wehen im Wind, wie gemalt leuchten Wasserlinsen und Teichrosen auf den Tümpeln, Schilfrohr und Riesenseggen bieten ideale Brutstätten für Wildgänse, Krickenten, Kormorane und Reiher. Wer nicht am nördlichen Rand des Rieds das »Ethnodorf« Karanac mit seinen paprikageschmückten Bauernhäusern aufsucht, hält sich Richtung Südosten. Denn Vukovar und Ilok darf man nicht links liegen lassen, will man Land und Leute wirklich verstehen.

Vukovar

Jeder erinnert sich an Vukovar. Die Grenzstadt an der Dunav (Donau) war oft in den politischen Schlagzeilen. Bis heute ist Vukovar mit seinem zerschossenen Wasserturm und dem Ovčara-Mahnmal Ziel von Klassenfahrten. Zukunftsorientierte Vergangenheitsbewältigung lässt sich eher am Zusammenleben der kroatischen Mehrheit mit der serbischen Minderheit ermessen, und am Wiederaufbau: Als sichtbarstes Zeichen einer Zukunft, in die man Optimismus, Toleranz und sehr viel Geld zu investieren bereit ist, wurde das herrliche Schloss Eltz renoviert und im Oktober 2011 von der Ministerpräsidentin Jadranka Kosor höchstpersönlich eröffnet.

Highlights in Slawonien

Infos und Adressen

ESSEN UND TRINKEN
Baranjska kuća. Dorfgasthaus, gekocht und Brot gebacken wird nur bei Voranmeldung! Am Wochenende spielt die »Gipsyband« auf; Geöffnet März–Dezember täglich 11–22 Uhr. Kolodvorska 99, 31315 Karanac, Tel. 031/72 01 80, www.baranjska-kuca.com

Stari podrum. Der Fiš-Paprikasch kommt ganz rustikal im Eisenkessel auf den Tisch. Šetalište o. M. Barbarića 4, 32236 Ilok, Tel. 032/59 00 88

Vinska kuća Majetić. Sympathisches Weingut mit Straußwirtschaft und Übernachtungsmöglichkeit. Venje 2, 34340 Kutjevo, Tel. 034/25 54 50

ÜBERNACHTEN
Hotel Central. In der Donaumonarchie trug das Hotel den Namen »Zum goldenen Kreuz«, das Kaffeehaus atmet noch die k. u .k.-Atmosphäre. Trg Ante Starčevića 6, 31000 Osijek, Tel. 031/28 33 99, www.hotel-central-os.hr

Hotel Waldinger. Gediegenes Jugendstilhotel mit berühmtem Kaffeehaus. Županijska ul. 8, 31000 Osijek, Tel. 031/25 04 50, www.waldinger.hr

Hotel Osijek. Ultramodernes 4-Sterne-Stadt- und Konferenzhotel. Šamačka 4, 31000 Osijek, Tel. 031/23 03 33, www.hotelosijek.hr

Ivica i Marica. Urlaub auf dem Bauernhof im Ethnodorf Karanac: Kutschfahrten, Kochen auf offenem Feuer, rundherum Felder und Wiesen. Ive Lole Ribara 8a, 31315 Karanac, Tel. 091/137 37 93, www.ivica-marica.com

Zdjelarevic. Ein tolles Weingut mit sehenswertem Keller; das kleine Hotel liegt inmitten der Weinberge. Slavonski Brod, Vinogradska 65, 35253 Brodski Stupnik, Tel. 035/42 77 75 www.zdjelarevic.hr

INFORMATION
Websites mit touristischen Informationen:
Region Brod-Posavina: www.tzgsb.hr

Region Osijek: www.tzosijek.hr

Region Baranja: www.tzbaranje.hr

Region Vukovar: www.tz-vinkovici.hr

Stara Kapela: www.stara-kapela.hr

Naturpark Kopački rit: www.kopacki-rit.hr

Die goldgelben Traminer und gelbgrünen Rieslingweine sind der ganze Stolz der ostslawonischen Bauern.

REISEINFOS

Die kroatische Adriaküste von A bis Z   276
Anreise, Bus/Bahn, Camping, Einreisebestimmungen, Einkaufen, Elektrizität, Essen und Trinken, Fähren, Feste und Feiertage, Fremdenverkehrsämter, Geld, Gesundheit, Klima, Kroatien im Internet, Reisezeit, Umwelt- und Naturschutz, Unterkunft, Yachting

Die kroatische Adriaküste für Kinder und Jugendliche   280

Kleiner Sprachführer   284

REISEINFOS

Anreise

Große Flughäfen haben Split, Dubrovnik, Zadar und die Insel Brač.

Mit dem Auto ist die Autobahn von Graz (Österreich) über Zagreb der einfachste Weg nach Dalmatien. Die 467 km lange A 1 (Autocesta 1) auf der Route Zagreb – Split – Dubrovnik war 2011 bis Vrgorac ausgebaut, das Teilstück bis zum Hafen Ploče soll 2012 fertig gestellt sein. Bis Osojnik an der Grenze zu Bosnien und Herzegowina muss für diese Strecke die Küstenstraße benutzt werden. Die Maut für die Reise von Zagreb bis Vrgorac beträgt 191 HRK. Istrien ist durch das sogenannte Istrische Ypsilon, das sich bei Kanfanar Richtung Rijeka bzw. Westküste gabelt, sehr gut erschlossen; 2011 wurde der Autobahnabschnitt von Kanfanar bis Umag eröffnet, bis 2014 soll die Strecke von Pula bis zur slowenischen Grenze durchgehend befahrbar sein. Aktuelles Kartenmaterial: www.hac.hr und www.bina-istra.hr

Autofahrer Achtung! Die Geschwindigkeitskontrollen sind streng. In geschlossenen Ortschaften gelten 50 km/h, auf Landstraßen 90 km/h, auf Schnellstraßen 100 km/h. Die Jadranska Magistrala hat unterschiedliche Geschwindigkeitszonen.

Bus/Bahn

Die Busgesellschaften haben nicht die allerneuesten Modelle, aber die Busse fahren regelmäßig, pünktlich und sind sehr preiswert. Eine empfehlenswerte Alternative für Ausflüge ohne Parkplatzprobleme! Zagreb ist in das europäische Bahnnetz gut eingebunden. Von Zagreb aus fahren direkte Züge zu den Adriahäfen Rijeka und Split, mit Umsteigen auch nach Šibenik und Zadar. Pula und Rijeka sind per Direktzug auch von Sloweniens Hauptstadt Ljubljana aus zu erreichen.

Oben: Die Brücke bei Osor
Mitte: Ausflugsschiffe bereit zum Törn in die Kornaten
Unten: Straßenschild mit glagolitischer Schrift
Bild Seite 174/175: Im Hafen von Mali Losinj

Camping

Unter den rund 300 Campinganlagen, die in der Regel gut ausgestattet sind, gibt es auch einige FKK-Plätze. In der Hochsaison sind Platzreservierungen vor allem in Nord- und Mittelkroatien dringend angeraten. Die an der Felsküste terrassierten Plätze können oft nur über steile, schmale Zufahrten erreicht werden. Die Fährverbindungen auf die Inseln sind für Camper sehr gut und risikofrei. Zu bedenken ist, dass Tankstellen auf den Inseln generell knapp sind. Wildes Campieren ist in Kroatien verboten.

Einreisebestimmungen

Deutsche, Schweizer und Österreicher benötigen für einen Urlaubsaufenthalt weder Pass noch Visum.

Einkaufen

In Kroatien gelten keine festen Ladenschlusszeiten. In den Touristenhochburgen sind viele Läden täglich von 7–12 und 16–20 Uhr geöffnet, in den Städten meist durchgehend von 8–19 Uhr, samstags von 8–13 Uhr.

Elektrizität

Das Stromnetz in Kroatien führt 220 V Wechselspannung. Die in Deutschland, Österreich und in der Schweiz gängigen zweipoligen Stecker passen in alle Steckdosen.

Essen und Trinken

Essen gehen ist in Kroatien um bis zu einem Drittel billiger als in Deutschland. Auch in Kroatien gilt die Faustregel: Je weiter weg von der Küste, desto uriger und preiswerter. Entdeckungsfreudige werden reich belohnt: In den privat geführten

Oben: Der Bootshafen von Vrsar
Mitte: Kroatischer Benimmkurs auf der Klosterinsel Mljet: Bitte hier nicht baden!
Unten: Im istrischen Bergdorf Barban wird die Post mit dem Scooter ausgetragen.

REISEINFOS

Oben: Marine-Kirche in Pula (19. Jh.)
Mitte: Fährkai von Split
Unten: Fassadendetail des Stadtmuseums von Labin

»Hauskonobas« erwartet den Besucher große Gastfreundschaft und dazu eine opulente Tafel mit mehreren Gängen.

Fähren

Da für die Regionalfähren keine Reservierung möglich ist, sollten Autofahrer sich mindestens eine Stunde vor Ablegen im Hafen einfinden. In der Hochsaison ist bei Überlastung mit langen Wartezeiten zu rechnen. Aktuelle Infos über die Abfahrtszeiten unter www.jadrolinija.hr, dem Hauptbetreiber der kroatischen Fähren und www.rapska-plovidba.hr (Festland-Rab). Für Langstrecken und internationale Verbindungen kann online gebucht bzw. reserviert werden.

Feste und Feiertage

1. Januar   Neujahr
6. Januar   Heilige 3 Könige
Ostersonntag/Ostermontag
1. Mai   Tag der Arbeit
Fronleichnam (beweglicher Feiertag)
22. Juni   Tag des antifaschistischen Widerstandskampfes
25. Juni Staatsfeiertag
5. August   Tag des Sieges und der heimatlichen Dankbarkeit
15. August   Mariä Himmelfahrt
8. Oktober   Tag der Unabhängigkeit
1. November   Allerheiligen
25./26. Dezember   Weihnachten

Fremdenverkehrsämter

Deutschland
Kroatische Zentrale für Tourismus
Hochstraße 43, 60313 Frankfurt am Mainz
Tel. 0049/(0)69-238 53 50, info@visitkroatien.de

Rumfordstraße 7, 80469 München
Tel. 0049/(0)89-22 33 44,
kroatien-tourismus@t-online.de
Österreich
Kroatische Zentrale für Tourismus
Am Hof 13, 1010 Wien
Tel. 0043/(0)1-585 38 84, office@kroatien.at
Schweiz
Kroatische Zentrale für Tourismus
Badenerstraße 332, 8004 Zürich
Tel. 0041/(0)43-336 20 30,
info@kroatien-tourismus.ch

Geld

Die Landeswährung ist der Kuna (HRK). Geld kann problemlos mit EC- oder Kreditkarten an Geldautomaten abgehoben werden. Die Automaten sind weit verbreitet. Hotels, Restaurants, Marinas etc. nehmen alle gängigen Kreditkarten an. Der aktuelle Kurs im März 2012: 1 € = 7,53 HRK. Trinkgeld wird auf freier Basis gegeben, in Gaststätten üblich sind 3 bis 5 % des Rechnungsbetrages.

Gesundheit

Notruf und Unfallrettung: Telefon 112
(auch in deutscher und englischer Sprache)
In Krankenhäusern gibt es überall englisch bzw. deutsch sprechende Ärzte; die Adressen erfahren Sie am besten im Hotel oder in den Büros der Tourist-Information. Meist muss die Behandlung vor Ort in bar bezahlt werden, gegen Quittung erstattet Ihre Krankenkasse die Kosten normalerweise in der Höhe der in Deutschland üblichen Sätze.

Apotheken sind durch ein Grünes Kreuz deutlich sichtbar gemacht. In den touristischen Orten an der Küste sind die Apotheken Mo–Fr meistens von 8–21 Uhr geöffnet, Sa bis 14 Uhr.

Oben: Blick von der Meerseite auf Zadar
Mitte: Paški sir – frisch von der Insel!
Unten: Meerjungfrau – Detail am Rathaus von Pula

REISEINFOS

Die kroatische Adriaküste für Kinder und Jugendliche

UNTERKUNFT
Family Hotel Vespera. Das einzige Hotel in Kroatien, das Mitglied der Gruppe »Kinderhotels Europe« ist. Das 2009 generalsanierte 4-Sterne-Hotel direkt am Meer bietet ein Spielparadies mit einem riesigen Freibadkomplex und ein vielseitiges Animationsprogramm für Jung und Alt.
www.losinj-hotels.com

Abends in Veli Lošinj

URLAUB AUF DEM BAUERNHOF
»Agroturizam« spielt im kroatischen Tourismusangebot eine immer größere Rolle. Sowohl in Istrien wie im dalmatinischen Hinterland, aber auch im Zagorje, in den Dörfern um die Plitwitzer Seen und in Slawonien gibt es eine ganze Reihe von Bauernhöfen, die einen Urlaub wie in der »guten, alten Zeit« bieten: Pilze sammeln, im Bach baden, Tiere füttern, wandern, radeln, reiten. (z. B. www.histrica.com/de/angebot/agrartourismus)

STRÄNDE
Die Gretchenfrage für Kroatien lautet: Wo sind die schönsten Sandstrände für Kinder? Und weil die Länge der Anreise ein ganz wesentlicher Faktor für das Gelingen des Familienurlaubs ist, belegt das berühmte Goldene Horn auf der mit dem Flugzeug erreichbaren Insel Brač die erste Stelle in der Urlaubergunst.

Weitere kinderfreundliche Sand- und Feinkiesstrände sind, gereiht von Nord nach Süd: auf der Insel Rab die weiten Sandbuchten von Kampor, Supetarska Draga und Loparski Zaljev, die Sandstrände auf Murter (Slanica-Bucht), die Telašćica-Bucht auf Dugi Otok, der lange, sehr feine Kiesstrand von Gradac (Makarska-Riviera). An der Mündung der Cetina bei Omiš kann man ein paar hundert Meter weit knietief in die Adria hinauswaten. Saplunara an der Südspitze von Mljet besitzt einen der schönsten Sandstrände Dalmatiens, auf Lokrum macht das Baden im warmen, flachen Salzwassersee Mrtvo More einen Riesenspaß.

ABENTEUERAUSFLÜGE
Kinder lieben Dinos. Aber nicht nur deshalb hat Funtana neuerdings einen **Dinopark**. Tatsächlich wurden in der Nähe viele Fossilknochen gefunden, Beweis dafür, dass vor mehr als 120 Millionen Jahren auf dem nahrhaften Boden Istriens Dinosaurier lebten. In dem Themen- und Vergnügungspark sind 15 Repliken im Maßstab 1:1 aufgestellt. Mit Sensoren ausgestattet, reagieren sie auf Besucher mit Geräuschen und Bewegungen – für die Kleinen ein Schrecken, größere Kids haben mächtig Spaß (www.dinopark.hr).

Die alte Festung Verudela dient dem **Aquarium Pula** als Quartier: hier können die Besucher Katzenhaien in die Kiemen sehen. Kinder bis sieben Jahren zahlen nur 15 Kuna Eintritt (www.aquarium.hr).

An heißen Tagen ist es auch in den **Höhlen von Baredine** nordöstlich von Poreč angenehm kühl: die bizarre Tropfsteinwelt aus Stalagmiten und Stalaktiten regt die Phantasie mindestens genauso an wie die Grottenolme im unterirdischen See. (www.baredine.com).

Die Wanderung auf dem Waldlehrpfad Leska im Nationalpark Risnjak oder Halbwüchsige haben einen Riesenspaß beim **Rafting** auf der Cetina oder bei einem **Kletterkurs** in der Velika Paklenica.

Festungen und Ruinen finden Kinder immer interessant. Da hat Kroatien allerhand zu bieten: angefangen von den monumentalen Anlagen in Knin und Šibenik bis hin zu den kleineren, aber nicht weniger spektakulären Burgen und Ausgrabungen in Rijeka, Hvar Stadt oder Salona. Wie aus einem Märchenbuch präsentieren sich die tollen Ritterburgen Veliki Tabor und Trakošćan im Zagorje. Lebendigen Geschichtsunterricht erteilen Eltern, die sich vorher etwas schlau gemacht haben, bei der Besichtigung des Diokletianpalasts in Split oder beim Gang auf den Mauern um Dubrovnik.

TIERE

Interessant und zugleich lehrreich sind »Edutainment«-Events wie der »**Tag der Delphine**« in Veli Lošinj, wo nicht nur ein umfangreiches Informationsprogramm den vom Aussterben bedrohten Meeressäugetieren gewidmet ist, sondern wo man auch einen Delphin »adoptieren« kann: für 200 HRK im Jahr bekommt man ein Zertifikat über die Adoption und ein Foto mit Lebenslauf des neuen »Familienmitglieds« (www.blue-world.org).

Ein Besuch im **Bärendorf Kuterevo** des Velebit-Nationalpark lässt sich von den nahe gelegenen Badeorten an der Novi Vinodolski-Riviera gut in einem Tag bewältigen. (www.baerenfreunde-kuterevo.de).

In der Jama Baredine

Ähnlich engagiert im Tierschutz – in diesem Fall für Gänsegeier – ist das **Ekocentar Caput Insulae** in Beli. Bei einem Besuch dieser Einrichtung können Kinder außerdem auch noch sehen, was man aus einem alten Schulhaus machen kann!

FESTE

Schon seit rund fünfzig Jahren veranstaltet Šibenik im Juli ein vierzehntägiges **Kinderfest**: dann werden auf Bühnen und Plätzen in der Altstadt Musikveranstaltungen und Theateraufführungen geboten (www.mdf-sibenik.com).

Lustig zu geht es beim **Sommerkarneval** in Novi Vinodolski: er beginnt immer am Freitagabend mit einem großen Kinderumzug, am Samstag ziehen dann die Mitglieder der Karnevalsvereine durch die Stadt (www.tz-novidolski.hr).

Überhaupt sind die folkloristischen Sommerfeste in Kroatien immer auch für Kinder unterhaltsam: ob Piraten (Omiš, Senj) oder Morisken (Korčula), Römer (Pula) oder bloß Fischer – Kroaten lieben es, sich zu kostümieren und fröhlich zu feiern. Phantasie und Wirklichkeit verschwimmen an manchen Orten ganz besonders: Welches Kind hat noch keinen Winnetou-Film gesehen? Noch nicht das Buch von der »roten Zora« gelesen oder die TV-Serie verfolgt? Da braucht es nicht viel die Kinder zu einem Ausflug nach Senj zu überreden, oder zu einem Besuch der Plitwitzer Seen.

Von welchem Dino ist wohl dieser Fußabdruck?

Oben: Ferienbugalows auf Cres
Mitte: Kroatiens Fischmärkte muss man gesehen haben!
Unten: Ein Hotel mit Stil: das »Kvarner« in Opatija

REISEINFOS

Klima

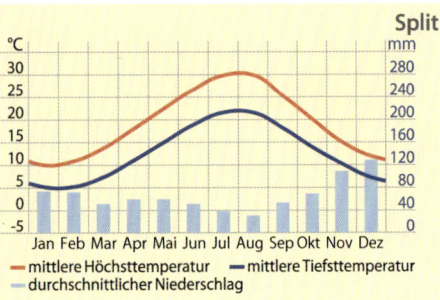

Kroatien im Internet

Offizielle Seite der Kroatischen Zentrale für Tourismus: http://croatia.hr/de-DE/Homepage
Deutsche Sammel-Site mit vielen Quartiertipps, Karten, Reiseberichten: www.mein-kroatien.info
Videos, Fotos, Infos zu verschiedenen Regionen des Landes und Tipps für verschiedenste Sport- und Kulturinteressen: www.vacationincroatia.net

Reisezeit

Kroatien ist für die meisten ein Sommerreiseziel, doch wie in allen Mittelmeerländern kann man hier auch im Winter erholsame Urlaubstage verbringen. Nicht in den touristischen Resorts: dort ist bis knapp vor Ostern nichts los. Doch Luftkurorte wie Opatija oder die Inseln Lošinj, Rab und Hvar haben eine lange Tradition für das »Überwintern« in milder Luft. Meerestemperaturen und stabile Schönwetterlage sind in der Hauptsaison am besten. Aber die beste Reisezeit für alle, die sich auf Erkundungsfahrten begeben möchten oder Aktivurlaub machen wollen, ist der späte Frühling Anfang Mai bis Ende Juni oder der Frühherbst September/Oktober. Die Badesaison fängt in Dalmatien im Mai an, in Istrien ab Anfang Juni.

Umwelt- und Naturschutz

10 % des Landes stehen unter Naturschutz. Politisches Ziel ist es, mit Kroatien ein ökologisch weitgehend intaktes Reservat mitten in Europa zu erhalten und auszubauen. Die Bilanz zwischen Natur- und Umweltschutz und wirtschaftlichen Interessen ist auch wegen der geringen Bevölkerungsdichte insgesamt recht positiv.
Wilde Müllkippen und auch die offenen Mischmülldeponien sind ein ungelöstes Problem des Landes. Kroatien hat keine Müllverbrennungsanlage, sondern die Gemeinden unterhalten Deponien. Trotzdem gilt es zu betonen: Das kroatische Meer gehört zu den saubersten Küstengewässern Europas. 80 Strände sowie 18 Yachthäfen Kroatiens können stolz auf das ihnen verliehene Ökolabel der »Blauen Flagge« hinweisen.

Unterkunft

Ein zuverlässiger Tipp: die ca. 200 Hotels, die in der Vereinigung OMH (Nationalja Udruga Obiteljskih Malih Hotela) zusammengeschlossen sind. Das Emblem mit dem blau-roten Würfelmuster signalisiert individuelle Atmosphäre, regionaltypisches Ambiente, heutigen Komfort. Verführerisch sind die kleinen Boutique-Hotels in ebenso geschmackvoll wie behutsam restaurierten historischen Häusern. Und dann wächst das Angebot an Privatquartieren von Jahr zu Jahr, vom Kajütboot über Berghütten bis zur Stancija.

Yachting

Ab 3,68 KW ist der deutsche Führerschein der Klasse B (Küstenfahrt) oder Klasse C (Seefahrt) notwendig. Die Anmeldung erfolgt bei der örtlichen Hafenmeisterei (Lucka kapetanija). Als Einreisepapiere sind Bootsführerschein und Registraturnachweis bzw. Eigentumsnachweis vorzulegen.

Oben: Über Urlaubspost freuen sich alle Daheimgebliebenen.
Mitte: Freie Zimmer findet man leicht im kroatischen Hinterland, hier in Rastoke bei Slunj.
Unten: Leinen los nach Lošinj!

Kleiner Sprachführer

ALLGEMEIN
Guten Tag/Hallo! dobar dan/bog
Auf Wiedersehen do videnja
Tschüss! zbogom!
Wie geht es Ihnen/Dir? kako ste?
Danke, und Ihnen/Dir? Hvala, a vi/ti ?
Ja/Nein da/ne
Bitte.../Danke molim/hvala
Bitte schön izvolite
Verzeihung oprostite
Mein Name ist ... ja se zovem ...
Wie bitte? kako molim?
Ich verstehe nicht... ne razumijem
Ich spreche nur wenig Kroatisch ja govorim samo mala hrvatski
Sprechen Sie Deutsch? govorite li njemački?
Wie viel Uhr ist es? koliko je sati?
um ... Uhr u ... sat
bis Morgen! do sutra!

UNTERWEGS
links/rechts lijevo/desno
geradeaus ravno
nah/fern blizu/daleko
geöffnet/ otvoreno
geschlossen zatvoreno
wo ist hier bitte...? molim Vas gdje je tu neka...
gibt es einen Strand in der Nähe? dali postoji u blizinz plaža?
wo ist die nächste Tankstelle? gdje se nalazi slijedeča benzinska stanica?
ich habe eine Panne dogodila mi se prometna nezgoda
ich möchte ein Auto mieten htio/htjela bih unajmiti auto
geben Sie mir bitte Ihren Namen und Ihre Adresse dajte me molim vas vaše ime i vašu adresu
ich brauche die Angaben zu Ihrer Autoversicherung trebam podatke od vašeg osiguranja
Touristeninformation turistički ured
Tankstelle benzinska stanica
Hauptbahnhof glavni kolodvor
Bushaltestelle autobusna stanica
Flughafen aerodrom
Museum muzej
Kirche crkva
Hilfe! U pomoć!
die Polizei policija
der Arzt liječnik/doktor

ÜBERNACHTEN
Ich habe ein Zimmer reserviert imam rezervaciju soba
Haben Sie noch ein freies Zimmer? Imate li još slobodnih soba?
Einzelzimmer jednokrevetna soba
Doppelzimmer dvokrevetna soba
... mit Bad ... oba kupaonicom
... mit Frühstück ... oba doručak
... mit Halbpension ... oba polu pansionom
... für eine Nacht ... za jednu noć
... für eine Woche ... za jedan tjedan
ich möchte um ... geweckt werden probudite me molim vas u ... sata
Gepäck prtljaga
Wo kann ich mein Gepäck lassen? Gdje mogu ostaviti moju prtljagu?

ESSEN UND TRINKEN
Haben Sie einen Tisch für ... Personen? Imate li stol za
Reservieren Sie bitte heute Abend einen Tisch für vier Personen Molim Vas rezervirajte nam za večeras stol za četiri osobe

Ober!/Fräulein! konobar/konobarica
die Speisekarte, bitte jelovnik, izvolite
Ich bin Vegetarier ja sam vegeterijanac
Ich möchte... volio bih...
Ich möchte das Tagesmenü ja bih htio/htjela dnevni meni
Guten Appetit! dobar tek!
die Rechnung bitte račun, molim
Frühstück doručak
Mittagessen ručak
Abendessen večeru
Vorspeise predjelo
Hauptspeise glavno jelo
Nachspeise desert
Weinkarte vinska karta
Glas čaša
Flasche boca
Mineralwasser mit/ohne Kohlensäure mineralna voda gazirana/negazirana
Bier pivo
Weißwein bijelo vino
Rotwein crno vino
Orangensaft narančni sok
Tee čaj
Kaffee kava
Pfeffer papar
Salz sol
Zucker šlador
Huhn piletina
Kalbfleisch teletina
Rindfleisch govedina
Schweinefleisch svinjetina
Wurst kobasica
getrockneter Schinken pršut
Fisch riba
Obst voće
Gemüse povrće
Eiscreme sladoled
Kuchen kolač
Wo sind die Toiletten? Gdje su zahodi?

EINKAUFEN

Markt tržnica
Supermarkt supermarket
Bäckerei pekaru
Apotheke ljekarnu
ich sehe mich nur um samo gledam
ich hätte gerne... hitno bih
wie viel kostet? Koliko stoji/košta?
das gefällt mir (nicht) to mi se (ne) sviđa
ich nehme es uzmem
das ist mir zu teuer to mi je preskupo
billig jeftin
Größe (Kleidung) veličina
Größe (Schuhe) broj
ich würde gerne bezahlen hitno bih platiti račune
Geld novac
Nehmen Sie Kreditkarten? primate li kreditne?
der Geldautomat bankomat

ZAHLEN

0 nula
1 jedan
2 dva
3 tri
4 četiri
5 pet
6 šest
7 sedam
8 osam
9 devet
10 deset
20 dvadeset
100 sto
1000 tisuća
1/4 četvrtina
1/2 polovina

REGISTER

Amphitheater 20 f., 56, 59
Austern 44 f., 229 f.
Banjole 58, 61
Basilika Sv. Barbara 175
Baška 100, 102 ff.
Baška Voda 198 f., 203
Beli 85, 87, 89
Betina 146, 150 ff.
Biokovo 5, 12, 18 f., 23, 171, 194 ff., 200, 203
Biševo 171, 210, 213 ff.
Blaue Grotte 171, 203, 210 f., 213, 215
Bol 186 ff., 192 f.
Bora 83, 94, 96, 103, 106, 108, 143, 220
Brač 5, 11, 12, 171, 174, 180, 185 ff., 209, 276, 280
Brela 12, 198 f., 202 f.
Brijuni 4, 23, 25, 50 ff., 60
Brod 270 f., 273
Brtonigla 27 f., 31
Budikovac 213 f.
Buje 26 ff., 31, 45
Buzet 25, 38 ff.
Cavtat 217, 252 f.
Cetina 171, 194 ff.
Čiovo 171 ff.
Cres 4, 10, 11, 14, 16, 65, 67, 71, 74, 84 ff., 95, 100
Crikvenica 76, 79
Dinara 4, 11, 125, 166 f., 169
Diokletianpalast 20, 171, 178, 181 ff., 187, 281
Dobrinj 103 ff.
Dolac 257, 260
Drevnik 171, 186 ff., 202, 209
Drvenik 185, 201
Dubrovnik 5, 7, 10, 20 ff., 111 ff., 155, 185, 188, 215 ff., 223, 227 f., 232, 235 ff., 276, 281
Dugi Otok 23, 132, 135 ff., 145, 147, 173, 280
Elafiten 217, 248 f., 251
Euphrasius-Basilika 20, 32, 35
Fazana 54 f.

Goldenes Horn 12, 186, 189, 280
Gornje Selo 96 f.
Gorski Kotar 14, 19, 75, 78 f.
Gradac 201 ff., 213
Grožnjan 28 f., 31
Hrvatsko zagorje 11, 15
Hum 25, 38 ff.
Hvar 5, 7, 11, 20 f., 171, 180, 185 f., 188, 194, 195, 202, 204 ff., 215, 281 f.
Ičići 67, 69, 71 ff.
Ist 11, 135
Iž 132, 135 f., 139
Jadranska Magistrala 4, 6, 65, 112 f., 201, 203
Jama-Tropfsteinhöhle 36
Jelsa 204, 208 f.
Jezera 150 f., 153
Jugo 70, 94, 220
Kamelienküste 65 f.
Kamenjak 107 f.
Kamerlengo 174 f.
Kampor 106 f.
Kap Kamenjak 58
Kaprije 164 f.
Kaptol 257, 259, 261
Karlovac 21, 120, 123
Kastav 71 f., 79
Knin 125, 154, 166 f., 169, 281
Koločep 248, 250 f.
Komiža 211 ff.
Konavle 217, 252 f.
Korana 118 f., 123
Korčula 5, 11, 19, 21, 185, 194 f., 202, 215, 217 ff., 237, 281
Kornaten 4, 7, 12, 14, 125, 140 ff., 152, 164
Kosirina-Bucht 148, 151
Košljun 100 f.
Kozjak-See 120 f.
Krapanj 163 ff.
Krapina 266 f.
Krk 4, 10, 14, 65, 71, 74, 76, 84 f., 89, 95, 100 ff., 109
Krka 4, 23, 125 f., 148, 154 ff., 167, 173

Krka-Nationalpark 125, 148, 154, 157 f., 159
Krka-Wasserfälle 126, 154
Kukljica 134, 138 f.
Kuterevo 19, 115, 117, 281
Kutjevo 270 f., 273
Labin 14, 62 f., 278
Lastovo 5, 23, 217, 219, 236 f.
Lavsa 142, 144 f.
Limfjord 15, 42, 44 f., 48
Livade 28 f., 31
Lokrum 242 f., 247, 280
Lopud 248, 251
Lošinj 4 f., 10, 14, 16, 19, 65, 74, 84 ff., 90 ff., 99, 280 ff.
Lovran 4, 6, 65 f., 71 ff., 112
Lubenice 86 ff.
Maestral 94, 143, 165, 187, 220, 226
Makarska 5, 12, 23, 171, 193 ff.
Maksimir 258
Mali Ston 224, 228 ff.
Malinska 100, 105
Marija Bistrica 264, 266 f.
Martinšćica 87, 89
Međimurje 255, 264 ff
Medulin 58, 61
Medvjeđak 122
Michaels-Polyptychon 253
Milna 190, 193
Minčeta-Turm 246, 247
Mljet 5, 19, 23, 188, 195, 217, 225, 227, 232 ff.
Molat 132, 135, 139, 173
Momjan 28, 31
Mošćenička 66 ff., 72
Motovun 28 ff.
Murter 125, 140 ff., 173, 280
Nerezine 87, 90, 95
Nin 15, 16, 21, 125 ff., 136
Njivice 100, 105
Novalja 110 f.
Novigrad 27 f., 31
Odisjeva špilja 234
Olib 65, 98 f.
Omiš 113, 185, 194 ff., 280 f.
Onofrio-Brunnen 240 ff.

Opatija 6, 11, 66 ff., 84, 112, 282
Orebić 223 ff.
Osijek 271 ff.
Osor 87, 88, 89
Pag 4, 13, 21, 65, 110 f., 113
Paklenica 4, 6, 23, 65, 113 ff.
Pašman 127, 132 ff., 136, 138 f., 144, 173
Pazin 25, 38 f., 41
Pelješac 5, 19, 217 ff., 224 ff, 231, 235
Peristyl 179, 181 f.
Piškera 142, 145 f.
Plitwitzer Seen 4, 7, 11, 23, 65, 114, 118 ff., 154, 280 f.
Ploče 224, 227, 243, 245
Pločica 214
Plomin 63
Podgora 199, 201
Podgorje 225
Polače 234 f.
Pomena 232 ff.
Pomer 58, 61
Poreč 4, 20 ff., 25, 28, 31 ff., 43 f., 48, 62, 280
Požega 271
Premuda 65, 95 f., 98 f.
Primošten 125, 160 f., 173
Prirovo 210 f.
Prvić 164 f.
Pučišća 190 ff.
Pula 4, 13, 20 ff., 25, 44 f., 50, 52, 55 ff., 276, 278 ff.
Punat 102, 105
Rab 4 ff., 10, 14, 65, 100, 106 ff., 111, 113, 278, 280, 282
Rabac 13, 62 f.
Rastoke 119, 123
Rava 132, 135 f., 138
Ravnik 213 f.
Rijeka 4, 9, 20, 23, 65, 69 ff., 84, 95, 100, 109, 111 f., 155, 276, 281
Risnjak 23, 280
Roč 25, 38 ff.
Rogač 188, 193
Roški slap 157, 159

Rovinj 4, 10, 18, 25, 44 ff., 55
Safaripark 53
Sali 135, 137 ff., 147
Samobor 264 f., 267
Saplunara 232, 235
Sastavci 118, 121
Senj 65, 82 f., 103
Sestrunj 132, 135
Šibenik 4, 20, 21, 125, 147, 149, 158 ff., 172 f., 187, 276, 281
Silba 65, 98 f.
Šipan 248 ff.
Skradin 154 f., 158 f.
Skradinski buk 154 ff., 159
Šolta 171, 174, 185 f., 188 ff.
Španjola 204, 205
Split 5, 9, 12, 20 ff., 73, 112 f., 123, 155, 171 f., 176, 178 ff., 193, 197, 201, 209, 215, 276, 278, 281
Stara Kapela 270, 273
Stari Pazar 179
Starigrad 114 f., 117
Staro selo 264
Ston 188, 217, 224 f., 227 ff.
Stradun 238 f., 241 ff.
Sukošan 188
Supetar 186, 189 f., 193
Supetarska Draga 106 f.
Susak 4, 65, 95 f.
Sv. Antun 90, 93
Sv. Dujma u Kraju 134
Sv. Jakov 20
Sv. Marija 233 f.
Svet Vid 77
Sveta Eufemija 46 ff.
Sveta Marija 74, 83, 111
Sveti Duje 179, 181
Sveti Dunat 102
Sveti Franje 133
Sveti Ilija 218, 224 ff.
Sveti Ivan Krstitelj 179 f.
Sveti Jakov 160
Sveti Juraj 68, 114
Sveti Jure 195 f.
Sveti Križ 128
Sveti Nikola 172, 199

Telašćica-Bucht 23, 135 f., 280
Tisno 149 f., 153
Trakošćan 266, 281
Trogir 5, 20, 21, 113, 171 ff., 185, 187, 193
Trpanj 225 ff.
Trsat 74 f.
Trstenik 225 ff., 235
Tučepi 195, 197, 200 ff.
Tvrđava Veliki kaštio 229
Učka-Gebirge 19, 23, 62, 67 ff.
Ugljan 127, 132 ff., 173
Umag 13, 26 f., 31
Unije 90, 94 ff.
Uskoken 66 f., 83, 93
Uspinjača 256, 260
Valun 86 ff.
Varaždin 5, 21, 255, 268 f.
Vela Luka 219, 223
Velebit 4, 6, 13, 18, 23, 65, 71, 84, 107, 110, 113 ff.
Veli Brijun 23, 50 ff.
Veliki Revelin 218, 220 ff.
Veliki Tabor 265 f., 281
Vestibul 181 f.
Viganj 226 f.
Vinkovici 270, 273
Vinodol 74 f., 104, 113
Vir 125 f., 129 ff.
Vis 5, 11, 15, 20, 171, 185, 195, 210 ff.
Višnjan 27, 29
Visovac 155 ff., 159
Volosko 65 ff., 69, 71 ff
Vransko Jezero 156
Vrbnik 103 ff
Vrboska 204, 208
Vrsar 25, 42 ff
Vukovar 272 f.
Zadar 4, 8, 12, 16, 22, 125 ff., 144 ff, 155, 172, 185, 276 ff.
Zagorje 255, 264 ff, 280 f.
Zagreb 5, 7, 9, 22 ff., 255 ff., 270, 276
Žirje 164 f.
Zlarin 159, 164 f., 173
Žut 141 f., 144, 146

IMPRESSUM

Unser komplettes Programm:
www.bruckmann.de

Produktmanagement: Joachim Hellmuth, Stephanie Iber
Redaktionelle und grafische Umsetzung: mcp concept GmbH, Rosenheim
Bildauswahl: Joachim Hellmuth
Umschlaggestaltung: Ulrike Huber, www.uhu-design.de, Kolbermoor
Repro: Repro Ludwig, Zell am See
Kartografie: Kartographie Huber, Heike Block, München
Herstellung: Bettina Schippel
Printed in Slovenia by Korotan, Ljubljana

Alle Angaben dieses Werkes wurden von der Autorin sorgfältig recherchiert und auf den aktuellen Stand gebracht sowie vom Verlag geprüft. Für die Richtigkeit der Angaben kann jedoch keine Haftung übernommen werden. Für Hinweise und Anregungen sind wir jederzeit dankbar. Bitte richten Sie diese an:
Bruckmann Verlag
Postfach 40 02 09
80702 München
E-Mail: lektorat@verlagshaus.de

Bildnachweis:
Alle Bilder des Innenteils und des Umschlags stammen von Rainer Hackenberg, Köln, außer:

Casa Veralda, Brtonigla: S. 27; Fotolia (www.fotolia.de): S. 169 (Schuppich, M.); Hotel Kastel, Motovun: S. 30 o.; Picture Alliance, Frankfurt a.M.: S. 36, 101 (Arco Images GmbH), 102 (CHROMORANGE/TipsImages), 103 M. (Müller, B.), 110 u. (PIXSELL); Shutterstock (www.shutterstock.de): S. 266 o. (ahkim), 29 M., 32 u., 39 u., 164 u. (Alfa), 11 M. (anshar), 51 u. (Argunov, D.), 57 u. (Ariy), 28 (Arly), 158 o., 257 o., 265 o., 266 u. (Atletic, Z.), 282 o. (Berni), 250 u. (Biancoloto), 260 u. (Boris15), 5 u., 96 M. (Botas, S.), 10 u. (Bratslavsky, N.), 243 (cescassawin), 52 (Cetrtric, Z.), 246 M. (Clouston), 30 u. (Csontos, A.), 122 o. (Czupryniak, R.), 189 M., 189 u., 190 M., 190 u., 193 u., 197, 199 o., 201 u. (darios), 256 u., 262 (Deymos), 48 u. (Drusany, I.), 19 o., 23 u. (Einherjar), 242 M. (Fotografiche), 108 o. (Havelkova, K.), 33 u. (Hect), 188 (Hirsch, R.), 7 (1. v. o.), 118 M. (hqphotografer), 156 (Ilyasov, V.), 233, 236 M., 248 u. (InavanHateren), 216/217 (JanJar), 194 M. (Jirousek, Z.), 104 u. (Kailova, V.), 23 o., 32 M., 56, 60 o., 98 M., 105 u., 281 u. (Karasi, I.), 120 u. (Karlowac), 54 u. (khomyakov), 186 u., 248 M. (Krkr), 44 u. (Kuzmin, S.), 263 (Lerich, R.), 26 o., 88 M., 104 o., 189 o., 190 o. (LianeM), 29 o., 67 (Ljubanovic, M.), 100 u. (Loretto, D.), 240 (Lucertolone), 245 (Maksym, B.), 66 u. (MIMOHE), 4 M., 120 o., 121 (Mironov, K.), 118 u. (monticello), 2/3, 33 o., 98 u., 205 u., 207, 267 (Moroz, E.), 106 M., 106 u., 108 M. (Olson, T.), 138 (Ostojic, T.), 236 u., 242 u., 244, 246 u., 251 u., 257 u. (OPIS), 42 u. (Palamarchuk, S.), 168 (paradoks_blizanaca), 7 u., 29 u., 103 o., 256 M., 264 (Phant), 198 M., 218 M., 249, 250 o. (Popova, T.), 119, 192 u., 206 u. (Prescott, P.), 11 o. (project1photography), 57 o. (Radovan), 6 (3. v. o.), 107 (Robcsee), 104 M. (Scarabaeus), 260 M. (Sermek, G.), 164 M. (Slevec, J.), 7 (3. v.o.), 204 (Strickler, S.), 6 (2. v.u.), 112 M. (Tihonovs), 90 M. (travelpeter), 60 u. (Tupungato), 4 u., 84 M., 88 u., 96 u., 105 o. (xbrchx), 85 (Zender, A.)

Umschlag:
Vorderseite:
Oben: Kirschtomaten (Shutterstock/Bark, A.).
Mitte links: Menschen in Tracht auf Brac.
Mitte rechts: Im Krka-Nationalpark.
Unten: Badebucht auf Brac (Shutterstock/darios).

Rückseite:
Links: Eine kroatische Spezialität: Tintenfisch mit Kartoffeln. (Shutterstock/Karasi, I.)
Rechts: Mali Losinj auf der Insel Losinj.

Die Deutsche Nationalbibliothek verzeichnet diese Publikation in der Deutschen Nationalbibliografie; detaillierte bibliografische Daten sind im Internet über http://dnb.d-nb.de abrufbar.

© 2012 Bruckmann Verlag GmbH, München
ISBN 978-3-7654-5849-1